图解 神秘古文明

[英] 查尔斯·金杰　萨拉·班克斯　凯瑟琳·马什　编著
曹明玉　高杨　刘剑锋　贺璐　译

中国画报出版社·北京

图书在版编目（CIP）数据

图解神秘古文明 /（英）查尔斯・金杰，（英）萨拉・班克斯，（英）凯瑟琳・马什编著；曹明玉等译. -- 北京：中国画报出版社，2023.8
ISBN 978-7-5146-2276-8

Ⅰ. ①图… Ⅱ. ①查… ②萨… ③凯… ④曹… Ⅲ. ①世界史—古代史—文化史—图解 Ⅳ. ①K12-64

中国国家版本馆CIP数据核字(2023)第128031号

图解神秘古文明

［英］查尔斯・金杰　萨拉・班克斯　凯瑟琳・马什　编著
曹明玉　高杨　刘剑锋　贺璐　译

出 版 人：方允仲
责任编辑：李　媛
内文排版：郭廷欢
责任印制：焦　洋

出版发行：中国画报出版社
地　　址：中国北京市海淀区车公庄西路33号　邮　　编：100048
发 行 部：010-88417418　010-68414683（传真）
总编室兼传真：010-88417359　版权部：010-88417359

开　　本：16开（787mm×1092mm）
印　　张：37.5
字　　数：400千字
版　　次：2023年8月第1版　2023年8月第1次印刷
印　　刷：北京汇瑞嘉合文化发展有限公司
书　　号：ISBN 978-7-5146-2276-8
定　　价：299.00元

欢迎重返

失落的古文明……

目录

法老带你走近古埃及

9 古埃及地区简图
10 纳尔迈：埃及之父
20 最初的法老
30 法老的一天
35 法老佐塞
44 胡夫：吉萨久违的法老
56 蒙图霍特普二世：再统埃及的法老
64 阿赫摩斯一世：统一的力量
70 哈特谢普苏特：成为国王的王后
78 图特摩斯三世：骁勇的法老
88 麦吉多之战
92 法老的战士
102 麦德察：精锐警察
108 阿蒙霍特普三世：和平与昌盛
116 涅菲尔缇缇：美丽的背后
126 走近尼罗河：埃及人的母亲河
129 拉美西斯二世
144 亚历山大大帝：埃及的解放者
152 托勒密王朝
156 死亡、丧葬与来世
166 法老们的建筑成就
186 开启图坦卡蒙之墓

从失落的古城一窥神秘的玛雅

206 早期玛雅社会
219 帕伦克城
228 卡拉克穆尔城
235 蒂卡尔城
243 古典玛雅衰落
255 奇琴伊察古城
265 玛雅潘城
273 玛雅的秘密
284 解读玛雅历法
287 玛雅人的日常生活
295 像玛雅人一样烹饪
306 玛雅文字
314 玛雅神话与玛雅宗教
326 中美洲的科学
336 艺术和建筑
349 西班牙人入侵
356 玛雅反抗失败
366 探索玛雅世界

重返强大的丛林帝国印加

374 印加的起源
380 印加王
391 曼科 · 卡帕克
400 经天纬地之人
412 马丘比丘空中之城
426 托帕 · 印加 · 尤潘基
437 征服奇穆王国
447 瓦伊纳 · 卡帕克
456 兄弟之争
468 印加人如何治理帝国
475 印加的军队
486 印加的语言
492 通往富庶之路
500 印加信仰
517 爱情和婚姻
524 印加的艺术
541 印加的建筑
551 印加的堡垒
559 农业和食物
569 印加帝国的倾覆
584 值得探寻之地
592 印加的遗产

法老带你走近古埃及

地中海
N
W
E
S
吉萨
赫利奥坡里斯
孟斐斯
下埃及
托尔斯
萨卡拉
赫尔摩坡里斯

古埃及地区简图
从尼罗河三角洲到肥沃的冲积平原，探究古埃及辉煌文明的诞生之地。
阿拜多斯
丹德拉
国王谷
底比斯
埃德夫
阿斯旺
努比亚
阿布辛贝勒
上埃及

纳尔迈：埃及之父

古埃及一直是整个世界历史中最有知名度、最具浪漫气息、最为人敬仰的古文明之一。每个故事都要有一个开端，在埃及建立之初，统一埃及的第一位国王名为纳尔迈（Narmer）。

距今约五千年的纳尔迈国王时代，留存下来的资料极其匮乏。然而，纳尔迈国王的地位至关重要，在很多修复后的古埃及艺术品上，都可以见到有关他伟大功绩的记录，每一份遗产基本都印证了其他艺术品的记述。

有一件艺术品值得我们予以特别的关注，它就是世界上最古老的历史档案文献之一：纳尔迈调色板（Narmer Palette）。纳尔迈调色板发现于1898年，自发现之日起，就被视作有史以来最重要的历史发现之一。纳尔迈调色板正反两面都雕刻有精致生动的图案，它们是研究纳尔迈国王本人的重要资料，调色板两面的这些图案，简要地展示了他一生的功业。

通常来讲，调色板是埃及人用来研磨和敷用化妆品的一种器具。化妆在古代埃及很普遍，很多人会在眼睛下方擦抹化妆品，以抵御阳光的强烈照射。狩猎者在狩猎前也有涂抹化

纳尔迈也被称为美尼斯，通常被看作埃及第一王朝的建立者，也是埃及的统一者

妆品的习惯。古埃及人使用这些化妆品的目的与我们今天类似，主要是为了展现时尚和突显美感。不过，纳尔迈调色板尺寸较大，很可能是在宗教神庙中举行仪式时使用的。纳尔迈调色板的尺寸是普通化妆用调色板的两倍，或许它仅仅是发挥象征性的作用，而没有什么实际功能，也或许是给神庙内的神像化妆时使用的。

在调色板一面上部中间位置和另一面紧靠国王本人形象的位置，可以看到两个象形文字：鲇鱼和凿子。在古埃及，鲇鱼的发音是“nr”，凿子有时发音是“mr”。如果从语音上考虑，这两个颇具特征的器物表明国王的名字是纳尔迈“narmer”，按照现代英语可译为“鲇鱼–凿子”。不过，有学者认为“纳尔迈”一直以来都是误称。首先，凿子有另外一个更为常见的发音。其次，鲇鱼本身可能就代指国王，而非发音音节。在调色板的其他部分，纳尔迈被描绘为鹰隼和公牛，在其他一些艺术品上，又可能被描述为蝎子。鲇鱼可能是对动物王国中强有力动物的描摹——鹰隼和蝎子一类让人心惊胆战的猎食者都是力量的代表。

纳尔迈在登上王位之前，埃及一直分为两个政权。纳尔迈的王国位于南部，即众所周知的上埃及。下埃及位于北部，与地中海相邻，与叙利亚接壤，靠近巴勒斯坦。下埃及位于北

纳尔迈权标头（Narmer Macehead）刻画的也是纳尔迈征服下埃及的故事

☼纳尔迈之后，对王冠的刻画都是上埃及和下埃及王冠融合的形象

方，这听起来似乎有些奇怪，但王国的命名要根据尼罗河河水的流向——尼罗河从南向北流过。纳尔迈成为上埃及的国王，并在不久之后将注意力转向他的邻居下埃及，他将下埃及收入囊中之后统一了上下埃及。

关于纳尔迈为何要统一上下埃及未见历史记录，不过我们根据对这个时代的了解，可以做出合理的推测。众所周知，尼罗河是埃及这片神奇土地的生命之源。希腊历史学家希罗多德在大约公元前5世纪到访埃及时，将埃及描述为“尼罗河的赠礼”。他的本意并非赞美埃及人民，而是意在表达没有尼罗河，埃及就不会发展出现有的文明高度。尼罗河的重要性确实无可争议，每年河水先变红，再变绿，接着上涨30米，漫出堤岸。河水退去之后会留下松软的、富含养料的土壤，埃及人利用这些肥沃的土壤进行耕种。古埃及人并不了解尼罗河颜色的变化是因为河水带来了上游富含矿物质的土壤和腐烂的植被，也不了解水位上涨是因为冰雪融化和夏季充沛的雨水，他们认为这是一份神奇的礼物。

几乎所有的古埃及人都居住在尼罗河附近，贫瘠的沙漠地区的农民也会迁居至此，在尼罗河沿岸定居，人口因而不断增加。也许正是因为这种情况，纳尔迈和他的宫廷官员感受到了压力，从而去扩张和获得新的土地给他们的人民。但北部可扩张的土地较为有限，依靠尼罗河才能找到富饶的土地，偏离尼罗河就毫

纳尔迈调色板背面展示的是纳尔迈国王痛击战败的敌人

无生机，一无所有。

然而，纳尔迈王国的人口数量可能很少，这一时期埃及人口的数量在20万到200万之间。有知名学者认为，上埃及并不缺乏可供耕种的土地，往北扩张除了可能是因为觊觎北部邻居丰饶的土地，也可能是因为忌妒他们的贸易关系。下埃及阻断了上埃及人与中东地区的联系，纳尔迈宫廷想要的域外商品也无法获得。占领北部地区意味着可以控制中东和地中海的边境地区，进而获取更为便利的贸易通道。

因此，纳尔迈领导的上埃及如果征服了它的邻居下埃及，就会获得更好的发展。上下埃及统一之后，政权从上埃及腹地的赫拉克里奥坡里斯（Hierakonpolis）迁移到下埃及的孟斐斯（Memphis），埃及经济中心如果迁移到孟斐斯，意义将非常深远，因此纳尔迈宫廷对下埃及更加虎视眈眈。

在纳尔迈调色板上发现的证据表明，下埃及确实是被暴力征服的，战斗中的纳尔迈国王被描绘为一头公牛的形象，正在摧毁城市的围墙。调色板的背面记载了战斗胜利之后，国王趾高气昂地站立着，左手抓着被征服者的头发，右手高举权杖准备重击对方。纳尔迈头戴高高的上埃及白色王冠。纳尔迈重击敌人的这一姿势，将在接下来的三千年里被他的继任者们不断模仿。

在调色板另一面公牛形象的上方，我们似

纳尔迈调色板正面展示的是埃及第一位统一王国的君主的仪仗队伍

纳尔迈国王让埃及成为一个统一的国家

☼这是一位早期埃及国王的石灰石头像，年代可追溯到第一王朝，有人认为这就是纳尔迈国王本人

乎穿越到了纳尔迈行进的仪仗队伍之中。纳尔迈被描绘成一个巨人，至少有他前方人物形象两倍大，他头上戴着下埃及的王冠，这也证实了他对上下埃及两个王国的统治。在行进队伍的尽头，喜爱豹皮的侍臣和旗手的后面，便是被征服的敌人。

埃及发展成为古代超级大国，纳尔迈的影响不可谓不大。他不仅将埃及的土地收归一统，置于一个统治者治下，而且从根本上说，由一位国王或者所谓后来的法老对国家进行治理，会带领埃及发展成为一个强国。

有证据表明，在纳尔迈统治时代之前，灌溉系统就已经出现了，主要是拓宽尼罗河河道，增加水流量，以形成更多肥沃的土壤。不过，以往的灌溉工程并不是统一的国家行为。纳尔迈统治时期，尼罗河附近耕地的粮食产

很多手工艺品和随葬用品都雕刻了纳尔迈的象形文字

量，比以往任何时代都要高，出现了大量的粮食盈余。以前从事农耕、渔猎和狩猎的人，从这些工作中解放出来，从而有可能加入军队。得不到大河滋养、粮食产量不够丰饶的周边地区，则无法召集那么多的士兵，也不能一直让他们成为常备军而长时间不从事农耕。粮食盈余就意味着权力，许多权力将由此而生。

纳尔迈国王身后的埃及与他出生时的埃及，是两个完全不同的实体。他将自己的国家变成了当时古代世界最伟大的文明，成为世人效仿的榜样。

在纳尔迈之前，古埃及雕刻艺术作品表现的重点通常是动物和集体狩猎。但是在法老统治时期，雕刻艺术表现的重心发生了变化，权威人物会居于作品的核心位置。继纳尔迈国王之后，法老们更愿意突显自己法老的身份地位。

最初的法老

经过几十年的悉心研究，埃及学家们发现了以下这些最有影响、最吸引人的早期法老们的故事。

杰尔

杰尔（Djer）可能是纳尔迈的孙子，是第一王朝的第三位法老。在杰尔统治埃及这个年轻王国的40年间，埃及的疆域从北部孟斐斯扩展到了南部现代阿斯旺地区。

在长期的统治结束后，杰尔与祖父及父亲葬在乌姆·卡伯最大的墓葬群当中。

丹

丹（Den）是第一王朝的第五位统治者，继承了曾曾祖父纳尔迈传承下来的早期王国，创建了王室管理和宗教仪式制度，这些制度一直延续了数百年。

☼这是一把宗教仪式用的燧石屠宰刀，黄金刀柄上刻有杰尔的名字

☼杰尔的墓葬周围是用来摆放祭品和安葬300多名陪葬侍从的墓室

丹是第一位被称作上下埃及之王的法老，很可能也是第一位被刻画为戴着红白双冠（Pschent）即象征上下埃及统一的红冠白冠合体王冠的法老。丹治下的管理部门引入了象形文字计税系统，记录每一年的大事。在此之前，人们都是使用较为晦涩难懂、容易混淆的象征物来记录年代。

丹击败敌人，文献铭文记载的是丹“痛击东部敌人”

丹在位42年，在统治的前几年是与母亲梅奈斯（Merneith）共同执政。丹是西奈半岛岩画中刻画的第一位法老，很可能在他统治时期埃及王国的势力已经向东北扩张至西奈半岛。还有一些王室铭文颂扬丹主持修建了水渠和军事要塞等工程。

丹是图像所见第一位头戴上下埃及红白双冠的法老

卡阿

卡阿（Qa'a）的统治大约33年之久，这一时期埃及内外和平，只是遵从传统，举行正常的宗教仪式活动。

卡阿统治着一个庞大的王国，埃尔卡布（Elkab）附近发现的印纹表明他在东部沙漠进行了采矿活动。通过产自叙利亚和巴勒斯坦的手工艺品，我们可以发现埃及通过商业贸易或者军事活动与西奈半岛的部落曾经有过交流。

卡阿的去世似乎引发了一场短暂的内战，战争发生在两位享国日短的统治者之间：斯奈弗卡（Sneferka，这也许是卡阿的另一个名字，如果是则说明内战在卡阿在位时就爆发了）和荷鲁斯费鸟（Horus Bird）。

在乌姆·卡伯这片埋葬第一王朝法老的土地上，四处散落着陶片

卡阿墓葬中出土的修复后的石碑（石棺板）

萨卡拉安葬的法老至少有12位，霍特普塞海姆威位列第一

霍特普塞海姆威

法老霍特普塞海姆威（Hotepsekhemwy）的王名意为“两位女主人和解”，意味着他可能是在卡阿去世、国家陷入一段纷争后登上的王位。霍特普塞海姆威的名字象征着他重新统一了上下埃及。在霍特普塞海姆威的诸多成就中，有一项是他重建了卡阿墓葬——卡阿很可能是他的岳父——这是一项聪明的宣传举措，通过重修墓葬，第二王朝的第一位统治者将自己与过去的法老联系在一起，进而加强了王位继承的合法性。

霍特普塞海姆威醉心于各种建筑工程，下令建造了许多神庙和一处全新的王宫建筑。

☼一尊花岗岩祭司雕像列出了第二王朝前三位国王的名字，即霍特普塞海姆威、拉奈布（Raneb）和奈杰尔

奈杰尔

古埃及第二王朝的第三位法老奈杰尔（Nynetjer）在位40年，很可能是幼年即位。他全面改革了税收制度，将被称为“牛数”的普查变成评估和征税的主要方法之一。

然而，直到奈杰尔去世，他最具影响力的政策才见端倪，即将埃及王国分为两个独立的实体。

奈杰尔石膏雕像，是年代最早的圆雕埃及法老像

带有奈杰尔名字的陶片，出土于一位继任者的墓当中

这个石头的雕刻提到奈杰尔和他的白冠王宫（Palace of the White Crown），白冠可能指的就是上埃及的白色王冠

哈谢海姆威

在奈杰尔分裂埃及之后的50年左右，第二王朝的最后一位法老将埃及重新统一。历史学家们断定哈谢海姆威（Khasekhemwy）一共在位18年，不过这位法老是作为下埃及国王还是上埃及国王进行统治，目前还不清楚。我们知道的是，他的王冠包括荷鲁斯和赛特——代表上下埃及神灵的标志。他还迎娶了下埃及地区的公主，以巩固自己在这一地区的地位。

哈谢海姆威是早期王朝时期最热衷于工程建造的法老。他下令在奈克恩（Nekhen）修建要塞，在乌姆·卡伯建造大型墓葬。

哈谢海姆威去世和佐塞的就任标志着古风时期（the Archaic Period）的终结，以及第三王朝和古王国（the Old Kingdom）的开始。金字塔时代到来了。

☼ 哈谢海姆威重新统一埃及，终结了埃及的古风时期

帕勒莫石碑残片，部分记录了哈谢海姆威18年的统治

哈谢海姆威是乌姆·卡伯墓葬群中安歇的最后一位法老，他的墓葬标志着墓葬传统从王室马斯塔巴转变为金字塔

法老的一天

法老半君半神，他们的生活是宗教活动与世俗统治的合体

在古埃及，法老不仅是统治者，也是神在人间的代表。三千多年来，法老是国王，是高级祭司，是战争的指挥者，是法律的制定者，这一角色在日常生活中非常重要。正因如此，法老的日常生活涵盖了与其崇高身份相契合的多种多样的职责和宗教仪式，对帝国的统治和精神层面的发展来说，这些职责和仪式是必需的。由此，我们可以观察，法老特定的一天都要从事哪些神圣事务。

为新的一天做准备

法老醒后，在仆人的侍奉下洗漱穿衣，浑身穿戴好各色珠宝。每个仆从都有自己的职责——缠腰布，穿亚麻布衣服，喷香水，等等——这些人拥有的头衔是“为圣体涂抹香油和油膏的主管”。

日常会面

接下来的任务就是与各路客人和官员们举行日常会面，客人们包括军事长官、国外使臣和各部朝臣。他们都俯伏在法老面前，根据职位高低轮流上报国家大事，并听取法老对大事的意见。

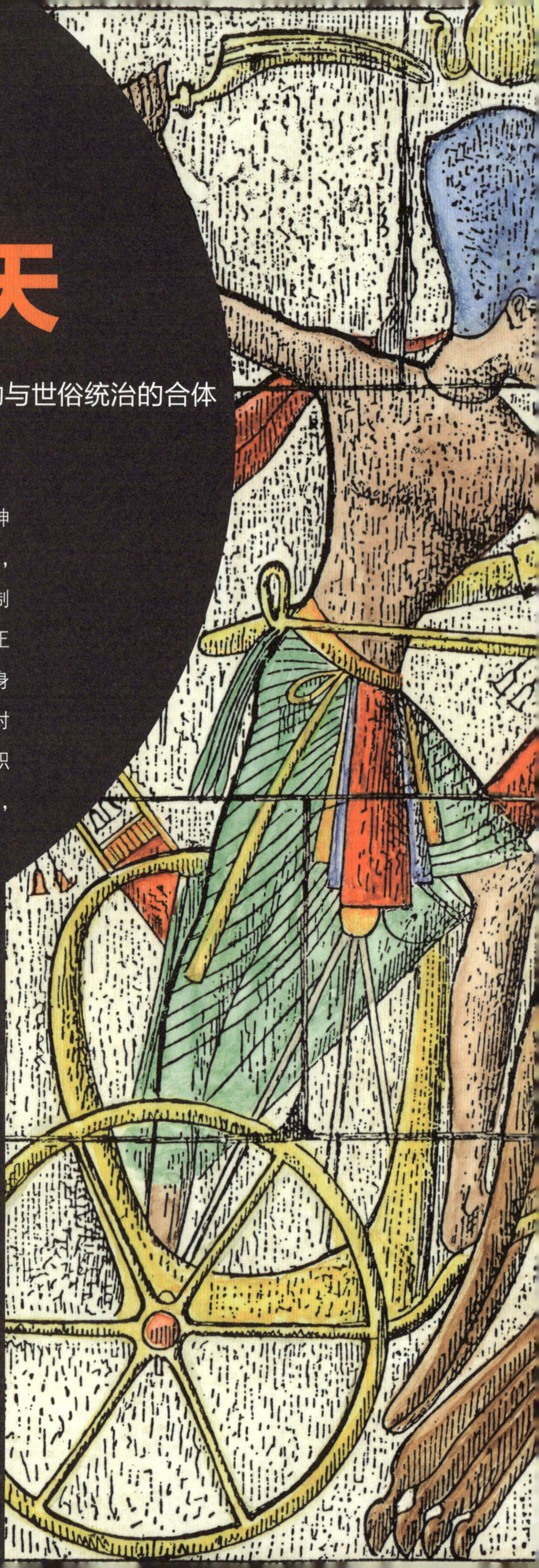

觐见神庙

接下来，法老将去觐见神庙，向主神阿蒙拉神（Amun-Ra）献祭。不去献祭就意味着整个帝国失去了神圣秩序即玛阿特（Maāt）。与神的雕像交流之后，法老会献祭一只公牛以示对众神的虔敬。

阿蒙拉神是古埃及众神之王

全城视察

吃完午饭之后，法老有时乘马车环视全城——许多百姓都能看到这样的情景。法老有时会去视察建筑工地，监督进度——负责批准建造施工的是法老本人。

娱乐时间

在履行完君主一天的日常职责和宗教职责后，法老将有一段娱乐时光，他会参加一些体育活动，例如射箭、狩猎，与家人在一起，或者在王室花园里散步。

法老负责通过修建包含金字塔和神庙在内的所有建筑的法令

通常来说，射箭是法老们较为喜欢的娱乐活动

健康检查

法老享受的自然是最优越的医疗资源。其中最主要的包括拥有一位牙医兼高级医师。从发掘出来的木乃伊看，在医学与巫术结合的情况下，法老的医生总体来说医术高明，愈后几乎很少出现后遗症。

王室宴会

一天就要结束时，法老会回到自己的宫殿，与家人和诸多客人一起享受一顿丰盛的晚宴。有些食物由神庙提供，有时为了向某些特殊的客人表达敬意，法老会私下将部分食物送给他们。

一天的结束

最后，法老要回到自己的寝室入睡，不过在此之前，他还要回到神庙进行太阳落山仪式，代表一天的结束。第二天早晨，法老将再次起床（太阳将再次升起），新的一天重新开始。

国王佐塞和他的建筑师在萨卡拉阶梯金字塔附近商议事宜

法老佐塞

让我们了解第三王朝早期的这位法老是如何缔造埃及帝国辉煌的

佐塞（Djoser）的统治年限、他真实的名字，甚至他在埃及年表中的位序，一切都是谜。

但非常确定的是，在整个埃及历史进程中，佐塞统治的时期非常重要。佐塞（djoser）就来自表示稳定的标志杰德柱（djed）一词，所以该词指代的是对佐塞统治状况保守的总结。从根本上来说，佐塞时期取得的进步意义非凡，这一时期埃及帝国的墓葬、神庙，以及其他各类纪念碑式建筑都得到了快速的发展，它们成为埃及的标志，也为日后埃及帝国的发展铺平了道路。

佐塞的母亲是尼玛塞浦（Nimaathap），父亲是哈谢海姆威（即之前第二王朝的最后一位国王）。一般认为，佐塞继承了父亲的王位，也有人认为他是继承了哥哥萨纳克特（Sanakhte）的王位。佐塞在公元前2668年左右成为法老，之后迎娶了可能是自己同父异母的妹妹赫特菲尔聂比提，他俩有一个名为艾内克卡俄斯（Inetkaes）的女儿。

佐塞实施了很多建筑工程，修建了多座早期石建筑。不过，要顺利实施这些工程，佐塞

佐塞雕像，现藏于开罗埃及博物馆

表现法老佐塞的浅浮雕，出土于赫利奥坡里斯佐塞神庙遗址

就要加强对边境地区的控制。为此，埃及军队穿越西奈半岛在东部沙漠边境地区进行了多次战役，如打击游牧的贝都因部落，打击西边的利比亚人，在利比亚战争中佐塞兼并了他们的部分土地。

佐塞加强了埃及对上述地区的控制，这些地区有大量的采石场，富产石材、铜和绿松石等珍稀矿藏。佐塞的军事才能已经在战场上得到证明，人们一致认为他蒙受神宠，因而深孚众望，埃及在和平的环境下得以顺利发展。

在这一时期，古埃及人对石材这种建筑材料格外青睐，因为石材坚固耐用。他们用坚固的石材建造了能够代表佐塞遗产的最著名的纪念碑式建筑萨卡拉阶梯金字塔，用于安葬这位法老。不过，佐塞的墓葬多年来频受盗扰，其木乃伊大部分已经丢失。阶梯金字塔留存至今

☼ 萨卡拉墓葬装饰墙上的一块浮雕饰板

依然矗立，这本身就是对佐塞统治时期能工巧匠精湛技艺的证明。

金字塔不仅因其雄伟的外观而让世人为之着迷，即使直至今日，其内部错综复杂的结构仍然让人赞叹不已。花岗岩构筑的墓室设计了一系列伪装入口，以防止盗墓者侵入，墓室通常为地下墓室，进入这些墓室要穿过一系列走廊通道。

金字塔的重要意义不仅限于它们是墓葬或者地标。作为古埃及的首都，孟斐斯的重要性自不必说，佐塞又为其增加了浓墨重彩。作为古埃及第三王朝第一位法老，他将孟斐斯作为

永久安息之地。相应地，作为古王国时期古埃及的政治和文化中心，孟斐斯也得到进一步的发展和繁荣，其影响力一直保持数百年之久。

与此同时，各种城镇和城市不断发展，规模不断扩大，一些全新的城市涌现出来。萨卡拉建筑群的修建注重纪念碑式建筑和各类装饰，这种倾向为埃及社会其他领域提供了灵

毫无疑问，萨卡拉是众多游客心中的圣地

感。这种影响既见诸日益普遍的纪念碑修建和雕像制作当中，也见诸日常生活中对各种仪式的重视当中。法老的地位越来越尊崇，他们不仅是国王和军事统帅，也是神，古埃及社会逐渐趋向认同法老应该具有崇高的神性。法老及其亲属去世后，会建造繁复宏伟的建筑群，这种现象在佐塞统治之后变得越来越普遍。

萨卡拉墓葬建筑群俯瞰图

胡夫：
吉萨久违的法老

法老胡夫通过大金字塔给这个世界留下了自己的痕迹，
这也是古代埃及世界留下的遗迹。
但是胡夫真正的安息之地却一直是一个谜

☼这是法老胡夫唯一保存完整的雕像，通高7.6厘米，象牙材质，1903年发现于阿拜多斯晚期神庙遗址

☼这个象牙头部雕像被认为刻画的是胡夫，现收藏于德国

大金字塔（the Great Pyramid，也称胡夫金字塔）展现了古埃及人的工程建造能力和聪明才智，直到今日它依然是世界上最震撼人心的建筑之一。大金字塔高146.5米，俯视着吉萨另外两座金字塔、大斯芬克斯（the Great Sphinx）和大墓地（the Necropolis）的遗迹。它非常鲜明地提醒着众人，古埃及帝国曾经是多么强大。

但是，这一让人心生敬畏的权力象征的缔造者，我们却知之甚少。在这位古埃及君主的身上，到底发生了什么？我们如何才能揭开大金字塔之谜？

胡夫是第四王朝创建者斯奈弗鲁（Sner-feru）国王的儿子。许多历史学家相信，他出生在公元前2609年左右。他的全名是克努姆-胡弗维（Khnum-Khufwy），意思为“克努姆神保护我”。父亲斯奈弗鲁死后，他登上王位，时年20多岁。

几乎一上台，胡夫就开始建造后世所谓的大金字塔。胡夫在位26~46年，大金字塔的建造就耗费了大约10~20年的时间，可以说这一伟大工程界定了他的统治生涯。

不过大量铭文和莎草纸文献都记载了这位君主频繁进行贸易和货物收购的情形。在西奈的马加里干谷（Wadi Maghareh）发现了一块岩石铭文，其内容描述胡夫头戴双重王冠，这展现了他在此地的强大地位。马加里地区的绿松石矿和铜矿负有盛名，这两种材料在埃及艺术和建筑中被广泛使用。胡夫也曾派遣使团与地中海城市比布鲁斯（Byblos）进行贸

☼ 大金字塔台地出土的“太阳船”(solar ship)，发现时几乎完全破碎

易，希望获得黎巴嫩雪松木用以造船及其他之用。他是一位热衷建造宏伟工程的国王，深谙各种自然资源和原材料的价值。

就这样，胡夫开始建造展现古埃及灿烂文明的标志性建筑，建造展现了他统治生涯中最伟大的成就：大金字塔。大金字塔的修建使用了多达230万余块石料，每块石头至少重达两吨。金字塔的地基有55000平方米，每一侧占地都要超过20000平方米，这一规模超出了古代人和现代人的想象。金字塔的转角地基都使用了套榫设计，保护金字塔免受地震灾害

☼ 修复后的巨大“太阳船”。“太阳船”当时与胡夫一同下葬，载着胡夫及其财富前往来世

☼胡夫父亲斯奈弗鲁的雕像，他修建了“弯曲金字塔”（Bent Pyramid）

☼齐阿普斯（Cheops）王名圈（齐阿普斯是胡夫的另一个名字）

的破坏。

巨石与巨石之间的黏合剂让大金字塔矗立了两千多年，这足以说明第四王朝的建造者们多么富有创造力。

大金字塔本身的建造多运用巨大石块，墓室结构并不像影视作品中展现的那样复杂，但是确实是有少量专门为法老和王后建造的墓室。金字塔内部空间结构，我们仅知道包括一段下行通道（最初的入口）、一段上行通道、大廊道、一间神秘的大墓室、一处同样神秘的地下墓室和两个主墓室。国王墓室和王后墓室，建造时一上一下。值得关注的是，很多历史学家认为王后墓室从未放置过王后木乃伊，或者说当时建造此墓室的目的就不是用来放置王后木乃伊的，而只是代表法老在生前和死后都有权力拥有王后而已。

无论是作为游客还是学者前往吉萨，都会发现大金字塔及其周边的宏伟建筑堪称人类最令人惊叹的伟大成就之一。通过这些近乎永恒的纪念碑式建筑，一个早已消亡的文化继续福荫着当今的子孙后代，就像一个默默的守护者一样。

螺旋建造理论认为，金字塔是从内部采用螺旋坡道向上修建的

从远处看，大金字塔表面齐整平滑，但实际上其外部石块呈台阶状分布，参差不齐

大金字塔墓室

大金字塔是吉萨金字塔墓葬群的中心，这座地标性建筑使用了230多万块石块，每块石块的重量都在2吨以上。它是西方古代世界七大奇迹[1]中存留至今的、规模最大的建筑，让我们得以一览胡夫国王统治下的庞大的古埃及帝国。

1　指古代西方人眼中已知世界上的七处宏伟的人造景观：埃及胡夫金字塔、巴比伦空中花园、阿尔忒弥斯神庙、奥林匹亚宙斯神像、摩索拉斯陵墓、罗德岛太阳神巨像和亚历山大灯塔。——编注

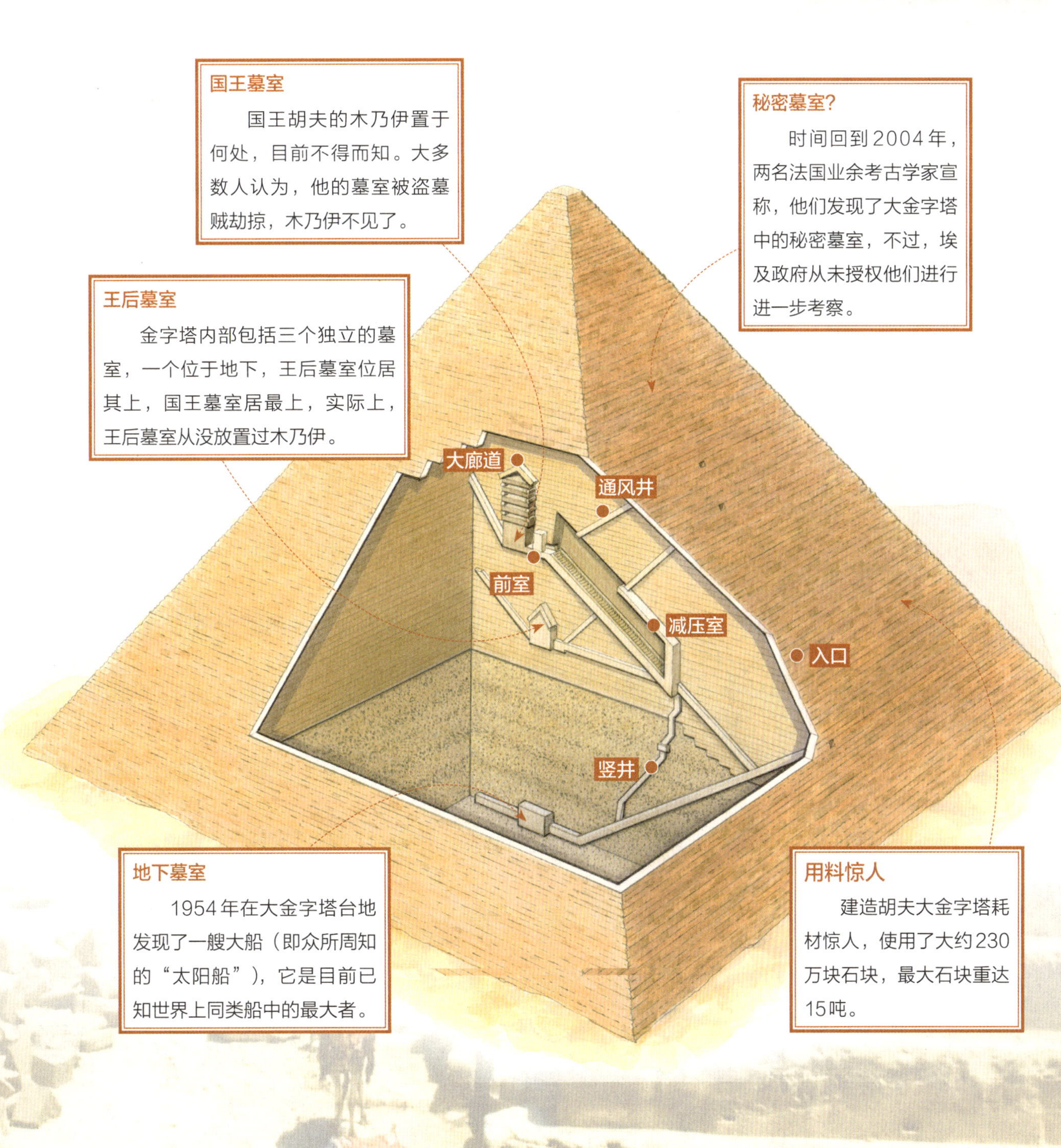

国王墓室

国王胡夫的木乃伊置于何处，目前不得而知。大多数人认为，他的墓室被盗墓贼劫掠，木乃伊不见了。

秘密墓室？

时间回到2004年，两名法国业余考古学家宣称，他们发现了大金字塔中的秘密墓室，不过，埃及政府从未授权他们进行进一步考察。

王后墓室

金字塔内部包括三个独立的墓室，一个位于地下，王后墓室位居其上，国王墓室居最上，实际上，王后墓室从没放置过木乃伊。

地下墓室

1954年在大金字塔台地发现了一艘大船（即众所周知的“太阳船”），它是目前已知世界上同类船中的最大者。

用料惊人

建造胡夫大金字塔耗材惊人，使用了大约230万块石块，最大石块重达15吨。

蒙图霍特普二世：再统埃及的法老

古王国衰落后，埃及陷入了混乱与分裂，
一个全新的王朝将国家带回正轨

蒙图霍特普二世法老重新统一埃及，为中王国的繁荣创造了稳定的环境，中王国通常被视为古埃及的黄金时代。

蒙图霍特普统治的时间相当长，在位50年，很可能他在年幼时就已经登基为王了。在他统治的前14年，埃及相对和平并无战事，留存下来的文献记录没有提到有大规模的冲突。这位年轻国王一直关注的似乎是强调自身统治的正统性，留存下来的刻画其形象的浮雕，清晰地记录着他的严正声明。沙特里加尔干谷（Wadi Shatt el-Rigal）崖壁上的浮雕，展现的是蒙图霍特普形象的巨像俯视着与之一起的三座雕像：推测分别为其父亲因泰甫三世、母亲和一位朝廷官员基提（Khety），这位官员曾担任父子二人的财政大臣。位于托德（Tod）的另一组浮雕也展现了蒙图霍特普的巨像和三位前辈统治者的雕像，这三位法老都叫因泰甫，他们的雕像规模要小得多，在蒙图霍特普身后排成一列。

☼ 法老蒙图霍特普二世的砂岩雕塑，现陈列于大都会艺术博物馆

蒙图霍特普祭庙建筑群遗迹

这具石棺属于法老的一位次妻，也可能属于哈索尔神的一位女祭司

蒙图霍特普二世祭庙建筑群复原图。中央的金字塔也可能是一个马斯塔巴，并无尖顶

蒙图霍特普的第三个头衔：“他将上下埃及归于一统”

蒙图霍特普在位期间两次改变头衔，法老头衔展现的是其统治的方略，他先是改为“戴白色王冠的神”，后来又改为“他将上下埃及归于一统”。

蒙图霍特普重新统一埃及的成就，给埃及社会和记忆留下了深刻的印记，甚至晚到第二十王朝的很多私人墓葬的铭文，都在纪念这位终结了古王国崩溃后动荡局面、再次统一埃及的人物。

蒙图霍特普祭庙建筑群航拍图

蒙图霍特普二世的彩色砂岩雕像，现陈列于开罗埃及博物馆

德尔巴赫里祭庙建筑群壁画上的蒙图霍特普二世形象

阿赫摩斯一世：统一的力量

历经多年动荡之后，有一位国王抗击了入侵者，统一了埃及王国，建立了新的王朝，组织建造了最后一座由埃及人修建的金字塔

在埃及每一段政治统一的和平时期中间，都夹杂着一个分裂或几乎完全由异族统治的时期。阿赫摩斯一世作为第十八王朝的建立者，就出生在这样的一个时期。他日后要继承的王国，彼时正被掌控下埃及已达一个多世纪之久的入侵者一分为二。现在，将要由他出来扭转这种长期的困局了。

第十四王朝末期瘟疫横行，底比斯利用权力真空时期趁势建立了一个并立的王朝，阿赫摩斯一世家族也就开始由此崛起。到阿赫摩斯一世的父亲泰奥掌权时，底比斯的国王们已经开始驱逐敌对的邻居。

阿赫摩斯一世在10岁时就继承了王位，当时下埃及和底比斯正处于交战状态，国家实际权力落到他的母亲阿霍特普（Ahhotep）手中。阿赫摩斯一世的母亲阿霍特普在文献中被称为阿霍特普一世，这表明她在摄政期间应该正式就任了女王之位。在此期间，阿霍特普巩固底比斯的力量，将埃及宫廷中被剥夺权力的王室成员团结起来，不断强化王权以应对日后的战争。

阿赫摩斯一世长大成人后，继承父兄的事

阿赫摩斯一世唯一的一座金字塔遗迹留存下来的很少，但可以确定的是，金字塔建成时的规模有大约70平方英尺[1]

1　1英尺约等于0.3048米。——译者注

业继续打击希克索斯人，此时双方剑拔弩张的态势已经持续了将近30年。埃及在经历数百年外无威胁和入侵干涉的独立统治后，分裂成两股势力对立纷争的国家。这种状况激发了埃及精英阶层积极参与到国家独立和复兴及创造更广阔世界版图的政治行动中来。在埃及人的观念中，阿赫摩斯一世正是这样一位引领埃及变革发展的理想人选。

阿赫摩斯一世驱逐希克索斯人，标志着埃及国家统一的开始。他加紧了军事远征的步伐，渴望再创埃及区域强国的局面。

阿赫摩斯一世凭借英勇无畏的领导，将埃及带入了一个崭新的时代。中王国和第二中间期政治混乱、异族入侵的局面结束了。新王国（the New Kingdom）时期得以建立，阿赫摩斯一世励精图治，希望复兴埃及往昔的荣光。重新统一的北方带来了全新的艺术和建筑技术，其中包括玻璃吹制技术的改良。阿赫摩斯一世统治期间，艺术繁荣，制陶及其他的艺术表达形式，见于底比斯的大街小巷和全国各地。阿赫摩斯一世的对外扩张给埃及带来了巨大的财富，他充分地利用这些财富，建造了许多新的神庙，并着手修建金字塔，他希望这座新的金字塔能与吉萨大金字塔相媲美。

底比斯本身也是阿赫摩斯一世瞭望欧洲新视野的重要组成部分。他将底比斯建为首都，这里是阿赫摩斯家族的所在地，所以建都于此理所当然。在中王国的繁荣时期，底比斯一直都是国家的文化和宗教中心，因此对阿赫摩斯一世来说，这座城市的历史价值意义非凡。

阿赫摩斯一世声名显赫，还缘于他是最后一位在埃及修建金字塔的国王。金字塔建在底比斯即今天的阿拜多斯附近，这项工程在他统治的最后几年竣工。按照当时的传统，金字塔的建筑材料采用沙子和碎石，以石灰石作为外层以保护金字塔。金字塔建成后，底边长约52.5米，高40米。相比之下，这座金字塔要比埃及其他地区宏伟的金字塔（吉萨大金字塔高度约为146米）规模小得多。

重要时刻

第十八王朝建立

公元前 1539 年

有意思的是，第十八王朝（阿赫摩斯一世为第一任法老）的确立，是在阿赫摩斯一世成功将希克索斯人逐出埃及之后，与埃及的许多王朝一样，第十八王朝的正式排序是后人追溯的。战胜希克索斯人，统一上下埃及，这是丰功伟绩，象征了新时代的到来。因此，阿赫摩斯一世执政被认为是第十八王朝的开端。

时间表

公元前 1720年

希克索斯人入侵

来自亚洲的一些商人和武士占领尼罗河三角洲地带，在此建立了独立王国。最终，他们占领了整个下埃及地区。

公元前 1720 年

卡摩斯去世

阿赫摩斯一世的哥哥卡摩斯死因不明，最后王位传给了这个当时只有 10 岁的弟弟。

公元前 1550 年

阿霍特普摄政

阿赫摩斯一世年幼，无法对上埃及进行真正的统治，因此他的母亲阿霍特普开始摄政。阿霍特普颇受欢迎，她延续了此前打击希克索斯人的策略。

公元前 1550 年至前 1539 年

修建金字塔

阿赫摩斯一世着手建立一座新的金字塔，这是几百年来在阿拜多斯建立的第一座金字塔。金字塔竣工时，其规模尽管比其他金字塔小很多，但依然是底比斯让人印象深刻的一景。

公元前 1528 年

重要时刻

阿赫摩斯一世去世

公元前 1525 年

阿赫摩斯一世与其兄长不同，在位时间并不短暂，实际上他的统治持续了大约 25 年，直至 35 岁时去世。其死因尚不清楚，但是到其子阿蒙霍特普一世即位时，埃及已经进入繁荣的时代。捷报频传的军事征服及其与邻国复兴的商业贸易，给埃及带来了巨额的财富，促进了商业的发展，（包括建筑业和纺织业在内）相关行业的复兴，让埃及重新焕发出活力，万象更新，献给阿蒙神的神庙和其他纪念性建筑广泛兴建。

反击希克索斯人的斗争

大约从这一时期开始，阿赫摩斯一世开始正式协调作战，反击希克索斯人。卡穆迪是当时下埃及的国王。

公元前 1532 年

阿赫摩斯一世占领阿瓦里斯

阿赫摩斯统治的第十八至十九年间，希克索斯人的首都阿瓦里斯最终陷落。底比斯的统治者控制了这一城市，将这些入侵者驱逐回迦南地区。

公元前 1529 年至前 1528 年

阿赫摩斯一世与阿赫摩斯·奈菲尔塔利结婚

按照传统，阿赫摩斯一世娶了他的很多姐妹为妻。阿赫摩斯·奈菲尔塔利是他的正妻，他还娶了自己的姐妹阿赫摩斯·西卡摩斯（Ahmose-Sitkamose）、阿赫摩斯·赫努塔美胡（Ahmose-Henuttamehu）。

公元前 1537 年

提扎鲁（Tjaru）的陷落

在阿赫摩斯一世打击希克索斯人的最初几个月里，他的军队就控制了提扎鲁要塞，有效切断了希克索斯人的首都阿瓦里斯与其故乡迦南（Canaan）之间的联系。

公元前 1532 年

重要时刻

王国的扩张

公元前 1528 年至前 1525 年

阿赫摩斯一世将希克索斯人逐回叙利亚和巴勒斯坦后，率领刚刚统一的埃及进行了大规模的对外扩张。在北方他赶走了希克索斯人，摧毁了埃及边境地区的希克索斯堡垒要塞。一些历史学家认为，阿赫摩斯一世将驱逐闪米特入侵者的斗争扩大成了侵略战争。也有一些人认为，他只是在保护领土并进行单纯的解放战争。在阿赫摩斯一世统治的第二十二年，他扩张的脚步已经远达地中海东部地区。在南方的努比亚（今北部苏丹），他也进行了多次军事征伐。

继承者莫名死亡

最初，年轻的阿赫摩斯·安克（Ahmose-ankh）被认为是阿赫摩斯一世的当然继承人，但是随着他的死去，王位继承人变为长子阿蒙霍特普。

公元前 1531 年至前 1526 年

哈特谢普苏特：成为国王的王后

埃及历经了几十年的稳步发展，当一个女人试图打破王国的现状时，却再次陷入危机之中

公元前1525年阿赫摩斯一世的继任者阿蒙霍特普一世继位，继续开展工程建设。这是一个国力雄厚、社会稳定的时代。

随后的公元前1506年至前1493年，是图特摩斯一世统治时期，他前所未有地扩张了帝国的疆域。他去世后，王位传给了儿子图特摩斯二世，图特摩斯二世是由图特摩斯一世的一位次妻所生。为了确保王权，图特摩斯二世娶了同父异母的姐姐即图特摩斯一世的女儿为妻。她是纯正的王室血统，因此成为法老的正妻。她的名字就叫哈特谢普苏特。

哈特谢普苏特在年仅12岁时，就已经在王宫具有很大的影响力。很可能图特摩斯二世比她还要年少，所以外交和内政事务都由他的妻子决断。图特摩斯二世的统治持续了不到13年，在20多岁时去世。但是图特摩斯没有男性继承人。

因此，王位传给了图特摩斯二世一个妾室的儿子，这个男孩也叫图特摩斯，当时他只不过是一个刚刚蹒跚学步的孩子，所以他需要有人摄政帮助处理政务，直到他长大成人后亲政为止。根据传统，这个责任落到了孀居的女王

也就是他的姨母暨继母身上。在这期间，摄政统治再次出现。在当时的许多纪念碑和浮雕上，都刻画了这位十几岁的图特摩斯三世和身边的哈特谢普苏特共治的形象。

☼哈特谢普苏特神庙中，女王雕像是戴着传统假胡须的形象

通过当时浮雕和铭文的一些细节变化，我们能够一窥权力的变化情况。图特摩斯三世登上王位后的几年，他们开始雕刻哈特谢普苏特承担一些本应由法老完成的工作的场景，例如向诸神献祭，下令建造方尖碑等。接着，她把自己的头衔从“国王之妻”改为“阿蒙神之妻”，又采用了一个新名字玛阿特卡里（Maatkare，源自玛阿特，意思是众神建立起来的秩序和公正）。通过这些手段，她强化了王权神授的观念，只有她具有王室血统，只有她能够维护国家的繁荣和稳定。

哈特谢普苏特着手恢复希克索斯人占领埃及期间中断的贸易路线，这一举措大大增加了第十八王朝的财政收入。这些贸易路线之一连通了蓬特（Land of Punt），蓬特是一个位于红海沿岸充满神话色彩的王国。以哈特谢普苏特之名派遣的五艘埃及船只，带回了乳香、没药和乌木。她还向巴布罗斯和西奈派遣了远征军进行奇袭。总体来说，哈特谢普苏特的外交政策是平和的。

哈特谢普苏特正是借助众多的纪念性建

☼ 浮雕表现了哈特谢普苏特女王焚香祭祀神灵的场景

筑，在历史上留下了她难以磨灭的印记。留存至今的很多建筑遗存，证明了哈特谢普苏特是古埃及最多产的纪念性建筑建造者之一，她建造的工程比中王国所有先辈都规模更大、数量更多。她雇用建筑师伊来尼（Ineni）建造卡纳克神庙的纪念建筑，这是历代法老的传统，并修缮被外族统治者破坏的建筑。她在神庙的入口处建造了双子方尖碑，高度为当时世界建筑之冠，高达100英尺。记录这一重大事件的纪念性浮雕刻画了宏大的场景，850个健壮的桨手驾着27艘船，沿着尼罗河拖拽着这对方尖碑。哈特谢普苏特在帝国全境开展了一个大

☼哈特谢普苏特祭庙位于尼罗河西岸的国王谷中

型公共建设项目，其中包括修建连通所有圣所的祭祀游行道路。

哈特谢普苏特最具代表性的建筑是尼罗河西岸的德尔巴赫里祭庙，具体位于现在所谓国王谷的入口处附近。这位女法老开启了在这一著名地点建造王室墓葬的全新时代。祭庙的中心被称为至圣之圣所（Djeser-Djeseru），是一处建在崖面、有花园环绕的廊式建筑。祭庙的设计师是塞那莫特（Senenmut），他是建筑师和政府官员，也是哈特谢普苏特女儿的老师。

哈特谢普苏特于公元前1458年去世。她

统治了22年，40多岁时去世，死因很可能是牙齿感染，或者治疗家族遗传慢性皮肤病的药膏中毒。哈特谢普苏特最后试图将自己的统治合法化，她要求将她挚爱的父亲图特摩斯一世搬到她的墓室中，这样他们就可以安息在一起了。

哈特谢普苏特的继子图特摩斯三世继续统治了埃及30年，他在修建纪念建筑方面雄心勃勃，在开疆扩土方面锐意进取。图特摩斯三世率领埃及军队对亚洲进行了17次军事行动，征服的土地北达叙利亚，南及尼罗河第四瀑布。

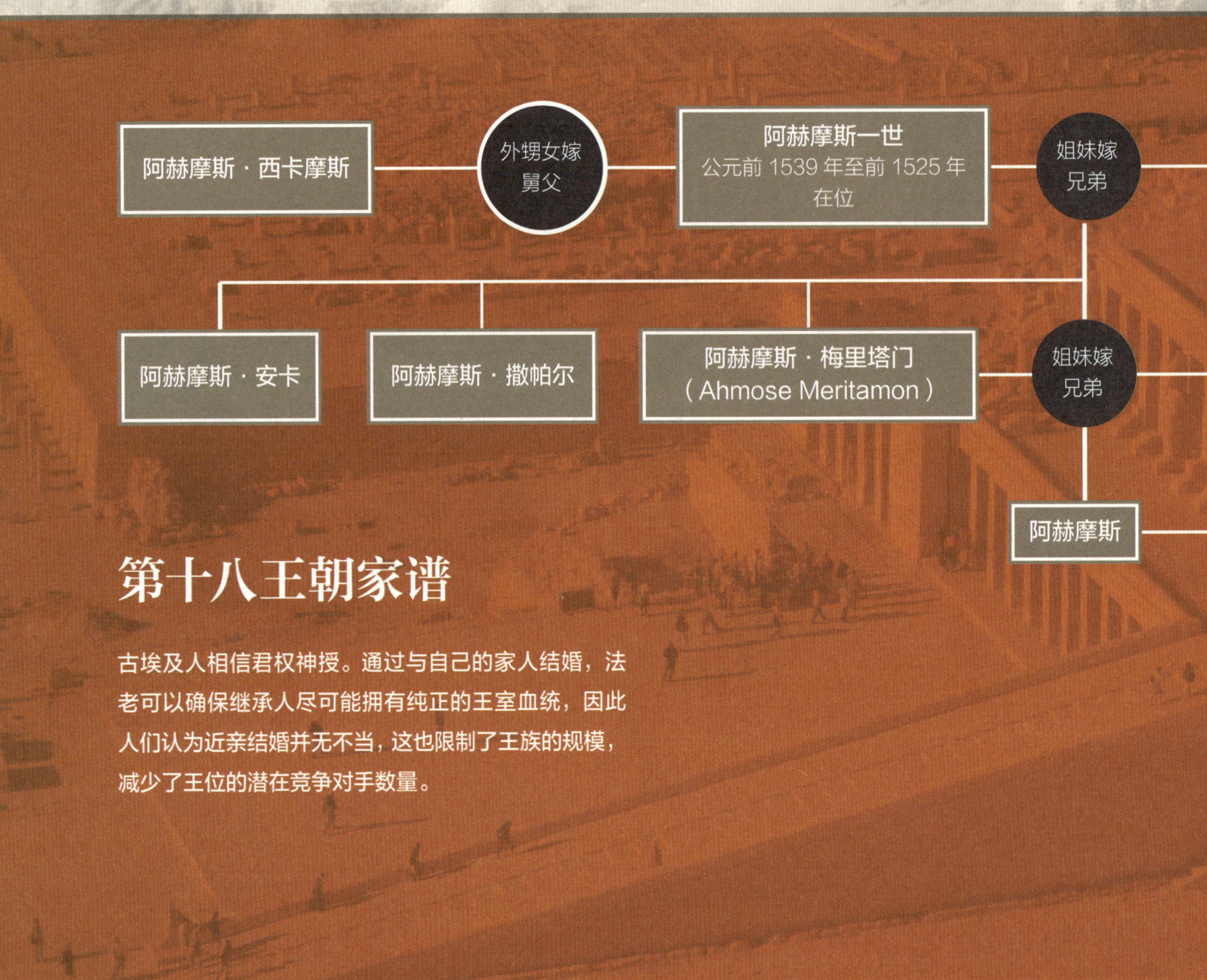

第十八王朝家谱

古埃及人相信君权神授。通过与自己的家人结婚，法老可以确保继承人尽可能拥有纯正的王室血统，因此人们认为近亲结婚并无不当，这也限制了王族的规模，减少了王位的潜在竞争对手数量。

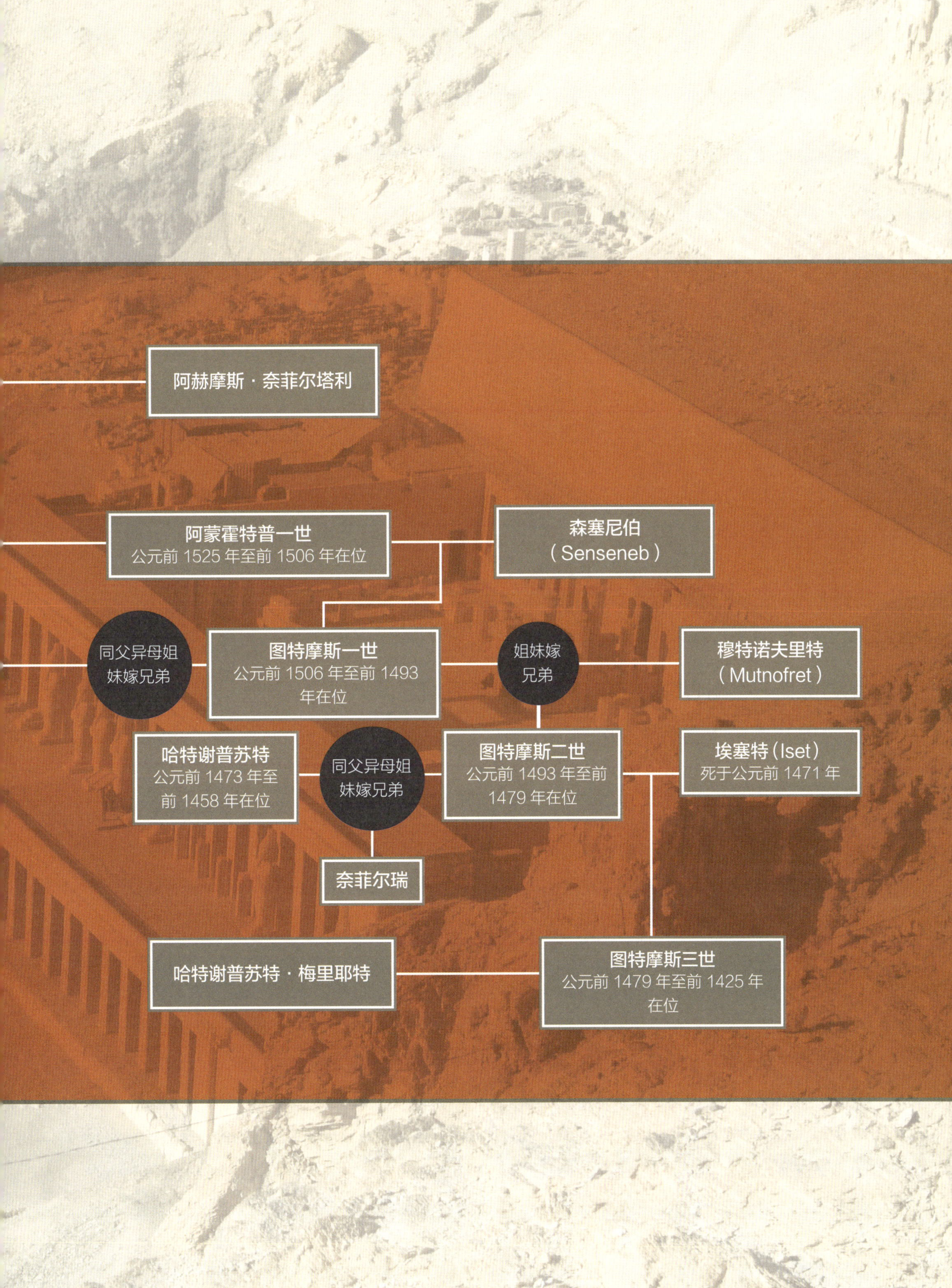

阿赫摩斯·奈菲尔塔利
阿蒙霍特普一世
公元前 1525 年至前 1506 年在位
森塞尼伯
（Senseneb）
同父异母姐妹嫁兄弟
图特摩斯一世
公元前 1506 年至前 1493 年在位
姐妹嫁兄弟
穆特诺夫里特
（Mutnofret）
哈特谢普苏特
公元前 1473 年至前 1458 年在位
同父异母姐妹嫁兄弟
图特摩斯二世
公元前 1493 年至前 1479 年在位
埃塞特（Iset）
死于公元前 1471 年
奈菲尔瑞
哈特谢普苏特·梅里耶特
图特摩斯三世
公元前 1479 年至前 1425 年在位

图特摩斯三世：骁勇的法老

图特摩斯三世耐心等待了继母执政20年后崛起，成为埃及历史上最伟大的征服者之一

经过漫长的21年后，哈特谢普苏特去世，图特摩斯三世终于走出了继母的阴影。图特摩斯三世在南部地区取得了一些军事胜利，但历经了20年的和平岁月，北部的敌人卡迭什国王变得胆大妄为，他迫使巴勒斯坦国王和犹大国王组成联军并唯其马首是瞻。哈特谢普苏特刚刚去世，卡迭什及其联军就向埃及进军，占领了麦吉多（Megiddo）城，麦吉多是连通埃及、美索不达米亚贸易路线的重要据点。胡里安人的米坦尼王国也站在卡迭什这一边，其控制范围从利凡特（Levant）横贯阿勒颇（Aleppo）直到幼发拉底河东部。

图特摩斯三世当机立断，聚集了两万人的军队，仅仅用九天时间就行军240千米，穿越西奈沙漠到达加沙（Gaza）。随后埃及军队又从加沙穿越卡梅尔山脊（Carmel Ridge），给予卡迭什联军毁灭性打击。

卡迭什都城位于奥龙特斯（Orontes）河西岸，这是叙利亚地区最为坚固的一座堡垒，控制着直通内陆的主干道，其北部由护城河环绕护卫。图特摩斯三世围攻卡迭什，仅是攻破都城城墙就靡费日久，以致河岸城镇阿瓦达

归功于图特摩斯三世，每年10月战舰返回埃及，都会满载外国的货物和奴隶，有些甚至来自遥远的爱琴海诸岛

在卡纳克神庙东边，图特摩斯三世修建了壮观的节日大厅（Festival Hall），其占地面积为3060平方米

图特摩斯三世征服的脚步远及安纳托利亚和幼发拉底河，他发动了埃及历史上最为漫长的扩张和征服活动

赫利奥坡里斯方尖碑是图特摩斯三世时期建筑成就的永恒遗产，如今矗立在伦敦，俯视着维多利亚堤岸

（Arvad）以为埃及攻势显露颓势，见风使舵起兵叛乱，扣留贡赋拒不上缴。卡迭什陷落后，图特摩斯三世率领大军回师，血腥镇压了阿瓦达，并依此将海岸的港口挨个镇压。

图特摩斯三世在他统治的第三十三年终于打败强大的卡迭什，继续东进直面真正的敌人米坦尼王国。他再次扬帆到达锡姆拉，重踏征程。这一次他沿奥龙特斯河北进，攻占了森扎尔（Senzar）城。他摧毁了一座又一座村庄，以阻击强大的米坦尼军队。占领阿勒颇后，埃及军队继续北上不断摧毁定居点，兵锋所到之处均夷为平地。图特摩斯三世继祖

在图特摩斯三世晚年，也许是出于对继母单纯的憎恨，也许是想让王位传承有序，他抹掉了哈特谢普苏特的图像和名字，让她此世无痕、来世无望

☼ 德尔巴赫里的图特摩斯三世神庙。这座神庙主要献给阿蒙神

父之后，带领埃及军队再次劫掠了幼发拉底河流域，尽管米坦尼一直拒绝与埃及公开交战。

图特摩斯三世回师西部，攻取了尼耶（Niy）城，在尼耶城率领军队围猎象群。米坦尼的地方贵族们意识到大难临近，卑微地前去献贡。图特摩斯三世在回程路上，还收到了来自巴比伦尼亚的礼物，就连安纳托利亚新崛起的赫梯人也献上了礼物。有了强大的水路供给，图特摩斯三世将埃及建设成了一个强大的海上强国，其影响力不仅限于塞浦路斯，还远及爱琴海诸岛屿。

在图特摩斯三世之前，一般的统治者平均五年发动一次战争，但是图特摩斯几乎一年发动一次战争，开展了埃及历史上最为漫长的扩张和征服战争。

每逢冬季，图特摩斯三世会巡视国内各地，治理地方政权的腐败和征税问题。埃及人对10月翘首以盼，那时埃及的战船会返回国内，满载来自异域的工艺品、器具和农产品，还有金银贡品及外邦的奴隶。国库每年能聚敛超过350千克的黄金，有一次竟然入库4056千克的金银合金。

埃及王国在图特摩斯三世的统治下日益强盛，史无前例。然而他的健康状况每况愈下，于是任命自己的儿子阿蒙霍特普二世与自己联合执政，在一年之后即大约公元前1447年，图特摩斯三世去世。这位法老死后葬在国王谷，他的名字让几代西亚北非人闻之胆寒，他的名字被刻饰在埃及护身符，即底比斯崛起的强大公牛上。

图特摩斯三世是图特摩斯二世与一位次妻之子，他在阿蒙神庙被其他祭司奉为法老

法老军队是机动灵活的多兵种组合，20000名士兵包括战车兵、近战步兵及使用大杀伤力复合弓的弓箭手

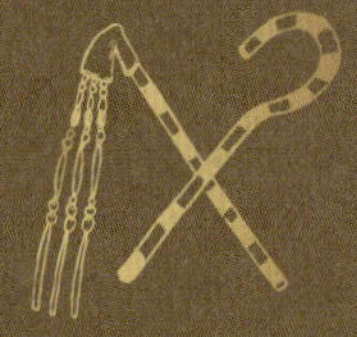

麦吉多之战

揭秘这场反对埃及帝国的叛乱是如何被挫败的

麦吉多之战（Battle of Megiddo）通常被认为是第一场记录最详尽的战斗，但发生在公元前1457年的这场战斗的重大历史意义绝不止于此。图特摩斯三世法老的胜利，标志着一个更加繁荣的帝国时代的黎明正在到来。

在图特摩斯三世统治最初的20年里，他与继母哈特谢普苏特实行共治。大约公元前1458年哈特谢普苏特去世，图特摩斯三世独立执政，埃及平静的局势之下暗流涌动。卡迭什国王对埃及宗主国地位的不满情绪由来已久，此时公然挑起叛乱。

卡迭什联合米坦尼及迦南各邦如麦吉多反叛，给刚刚独立执政的图特摩斯三世带来了重要的挑战。麦吉多控制着埃及重要的贸易路线维亚马里斯（Via Maris），同时麦吉多也是埃及与赫梯帝国之间的缓冲带。一场战争不可避免。

埃及

军队：10000—20000人

战车：10000辆

图特摩斯三世

统帅

作为埃及法老，他不仅是国王，也是埃及帝国军队的指挥官。

优势：作为埃及帝国的领袖，他拥有更多经验丰富的军事指挥官，有更多的支持。

劣势：新登法老王位，年龄较轻、执政经验不足，引起了迦南反叛。

战车

作战单位

在古代相当于主战坦克，可以出其不意给敌人毁灭性打击。

优势：速度快，冲力强，相对步兵而言具有制高点，可使用弓箭射杀敌人。

劣势：难以灵活和娴熟地使用弓箭。

复合弓

重要武器

优势：最新发明，用于战车攻击，可对敌军步兵单兵造成致命杀伤力。

劣势：仅能携带有限羽箭，一旦射尽基本毫无他用。

卡迭什国王

军队：10000—15000人

战车：100辆

卡迭什国王

统帅

反抗埃及帝国的叛乱联军实际首领，联军来自迦南、卡迭什、麦吉多和米坦尼。

优势：与埃及军队数量相当，后方基地是防卫森严的城市。

劣势：低估了这位年轻法老的军事能力，造成重大战略失误。

步兵

作战单位

这些标准化步兵是叛军的主力。

优势：装备精良，仅需要全力守卫住三个通道。

劣势：军事指挥权分散于不同地区叛军首领手中，难以就共同战略形成一致意见。

长矛

重要武器

步兵主要武器，运用得当会产生良好的攻击效果。

优势：使用相对简单，作为手持性武器，攻击长度占有一定优势。

劣势：不能完全有效抵挡战车上弓箭手的攻击。

8. 埃及人劫掠营地

战场上几无敌军反抗，埃及人转而开始劫掠敌营。他们的战利品包括340名囚犯、38名军官、84个儿童、2041匹马、924辆战车、200套甲胄、502张弓、1796个奴隶，还有数不清的牲畜、器皿、武器及其他诸多物品。图特摩斯三世的指挥官和随军书吏塔内尼（Tjaneni）详细记录了埃及人实际所获的战利品。

6. 战车进击

迦南联军由多支军队组成，每支军队指挥官差别很大，观念也不同。侦察兵向图特摩斯三世报告，说联军内部各自为政、貌合神离，这位法老得知情况后抓住时机先发制人，命令战车兵从西侧和北侧进攻，在这一过程中迦南联军遭受重创。

4. 诡计被识破

事实证明，图特摩斯三世的决策是正确的。迦南步兵分两部驻守在塔纳赫和杰夫提山路，战车居中间位置，靠近麦吉多城。他们预料埃及人会先进攻他们的步兵，然后他们的步兵“撤退”，埃及人追击，他们再用战车截击。

2. 图特摩斯三世军务会

耶胡姆和麦吉多之间为卡梅尔山脊，主要有三条通道穿越这座山脊：北线，经杰夫提（Djefti）北部山路，到达麦吉多北部；南线，到达麦吉多南部塔纳赫（Taanach）；中线，达到阿鲁纳（Aruna）附近，这是达到麦吉多城路程最短的路线。中线是行军最便捷的路线，也最容易防御，因此也是最危险的。

1. 进军加沙

图特摩斯三世在提扎鲁边境堡垒集结军队，主要是步兵和战车兵，开始了为期10天的行军，进军加沙，然后是耶胡姆（Yehum）。

10. 围攻

最后，麦吉多居民在埃及军队的围攻下坚持了7个月之久，然后投降。图特摩斯三世颁布命令，建造护城河和尖桩栅栏。尽管卡迭什国王本人在围城期间逃走了，但这对图特摩斯三世来说只能算是小挫败。图特摩斯三世已经成功地消除了敌人对埃及的严重威胁，同时巩固了自己的力量，为未来辉煌的军事胜利奠定了基础。

9. 迦南联军防守麦吉多

埃及人注意力被分散之后，迦南联军抓住机会挽救他们溃散的军队，同时进一步加强城防，以应对即将到来的埃及人的进攻。

7. 迦南联军溃退

埃及军队凭借出色的机动能力和高效的配合，迅速攻破了迦南军队防线，迦南人即刻掉头逃窜，向麦吉多城溃逃，其中就包括麦吉多和卡迭什的国王。退回麦吉多城后他们关上了城门。

5. 先锋驻扎，后军跟进

埃及人计划已定，朝麦吉多进军，军队分为三支。一支驻守麦吉多西北，另一支步兵驻扎希纳（Qinah）南部，图特摩斯三世则率领战车兵驻扎在麦吉多西部的阿鲁纳城。

3. 穿越狭窄山路

图特摩斯三世的将军们获得情报，说迦南联军在中线沿途设置了障碍，但是图特摩斯三世并没有接受他们的建议，还是选择走中线中央山路。敌人采取虚虚实实的诡计，妄图干扰迷惑图特摩斯三世，但是他看清了敌人的伎俩，选择了最直接的行军路线。

法老的战士

在法老统治时期，埃及军事力量不断持续发展

在古王国时期，埃及军队主要为地方组建的军事力量，其核心是雇佣军。所有的步兵都不穿戴铠甲，主要武器为矛。古王国末期，中央集权崩溃，至中王国时期复又重建。军队中的弓箭手最初都是努比亚人，后来军队开始培养埃及人自己的弓箭手。

埃及周围有沙漠、地中海和红海这样的天然地理屏障，人们最关心的是如何抵御来自沙漠部族和南部努比亚人的威胁。由此出现了“推进政策”，埃及人借此积极向临近地区推进，一直发展到对叙利亚、巴勒斯坦、利比亚、努比亚和库什（埃塞俄比亚）的战争。

在新王国时期，埃及军事发展达到顶峰，战车和攻城器械变得越来越重要，尽管实际上攻城器械的使用似乎还很受限。

战车

战车并非埃及军队的传统武器，埃及人是在远征亚洲时才接触战车和其他新型的军事技术的。在古王国和中王国时期，埃及人并没有充分利用马匹，只是将其用于侦察和传递

据说在卡迭什战役中，拉美西斯二世几乎单枪匹马冲入敌阵与赫梯人战斗

图坦卡蒙墓葬里发现的镀金战车

信息。

希克索斯人入侵埃及后，控制了东部三角洲地区，人们最初认为是希克索斯人的入侵导致战车的大规模使用，但现在这一观点尚有争议。我们清楚的是，埃及人在了解战车后，迅速接受了战车的观念。战车的设计也稳步改进，最初车轮是实心的，后来改为空心轮加四根辐条，然后是六辐条空心轮，这样战车更加坚固，速度更快，它们一直是埃及军队的制胜法宝。

埃及人对战车的使用与其他民族形成了鲜明对比。例如，赫梯人的重型战车由三人操控，包括一个驭者、两个持矛兵。埃及人则驾驭轻型战车，即一个驭者和一个弓箭手，最为高效。成千上万辆这样的战车，可以从安全距离有效阻击敌人。最晚到新王国时期，箭头已改由青铜铸造，而非原来的燧石。

很快，战车就在战场上声名远播，在埃及常见法老在疾驰战车上拉弓射箭的形象。图坦卡蒙墓葬中发现的镀金战车，可以证明战车在古代被推崇备至，是军事实力的象征。

武器

纵观埃及军事发展的不同时期，重矛一直都是主要的武器。这种矛用于刺杀，而非像投矛一样投掷使用。重矛常和一个较宽的木盾牌配合使用，矛头最初用燧石或者红铜制作，晚期则使用青铜。

重装步兵会列队进攻，他们以木盾组成盾牌墙，然后用矛从盾牌上方刺杀敌人。这种作战方式与高度整齐、训练有素的希腊方阵战术不同，埃及的矛要短得多。埃及典型的盾牌高约85厘米，法老和其他贵族常会随葬装饰有精美图案或饰物的盾牌。战车的驭手通常也会握持盾牌。

除矛外，重要的武器就是斧，各种各样的战斧可谓琳琅满目。斧属于近身搏斗武器，铜制斧头固定于木杆之上，砍杀敌人。

弓的制作材料最初使用的是兽角，然后是木质，到新王国时期开始出现复合弓，当然，这种复合弓是从希克索斯人那里引入的。相对传统弓而言，复合弓的射程和杀伤力都有所提升，但所需拉力也变大了，所以此前的传统弓也并没有完全退出舞台。

拉美西斯二世挥舞长矛击杀敌人

埃及重装步兵
列队前进

步兵

在新王国时期，埃及军队发展成为一支更具组织性和战斗力的军事力量，这一点在步兵中表现最为明显。到拉美西斯二世统治时期，步兵已经成为重要的精锐军事力量。所有步兵划分为若干个军团，每个军团5000人左右。拉美西斯在进行卡迭什战役时率领了四个军团，这四个军团的名字分别为“阿蒙”“拉”“普塔”和“苏特赫”（Sutekh）。每个军团分为20队，每队250人。每队进一步划分为小队，每小队50人，这些人要听从小队中“50人中的佼佼者”的指挥。

重装步兵不穿戴铠甲，但是携带大盾牌，主要武器是矛，也使用战斧和刀。与重装步兵一同辅助进攻的是弓箭手，新王国时期埃及在本地招募了大量弓箭手，配备了复合弓。弓箭手的任务是，在重装步兵近距离作战时，他们从远处放箭袭扰敌人。弓箭手经常乘战车作战，这样他们能够与敌人保持一定距离来射杀敌人。如果不得不近距离作战，他们会使用配备的小盾牌和匕首。

坚实有力的后勤保障系统为士兵和战马提供食物和水，其中包括大量的辎重车和补给船。

埃及第十八王朝重装步兵俑

新王国时期的浮雕残片，刻画的是配备弓箭的弓箭手

☼墓室壁画中描绘的埃及战船，公元前11世纪左右

☼ 拉美西斯三世统治时期的战船模型

水师

埃及水师最初的活动水域主要局限在尼罗河，不过也承担补给和运输功能。人们认为，埃及水师从属于步兵。他们的船只可能是使用芦苇或者木板制造的，木板船比较适合作战。奴隶坐在底层划桨，步兵和弓箭手在上层或者远距离交战，或者登上敌船近身搏斗。

在拉美西斯三世统治期间，埃及受到“海上民族”的威胁，在与入侵者的海战中，虽然埃及战船较差，但是埃及人似乎凭借优越的战术技巧赢得了胜利。他们借鉴陆上战车的作战技巧，使用轻型船只从远处袭扰敌人，用弓箭和甩石器射燃烧的火箭引燃敌船和击杀敌人。

麦德察：精锐警察

这些士兵出身于训练有素的雇佣军，他们是法老的保护者

公元前16世纪到前11世纪为埃及的新王国时期，这一时期出现了保卫法老安全、保卫土地免受外族入侵的准军事力量，这支精锐力量被称为麦德察（Medjay）。

这支让人谈之色变的皇家卫队来自东部苏丹的一个族群，他们与努比亚人有一定关系。因为拥有出色的搏斗技巧和勇猛的战斗能力，他们受埃及人雇用成为雇佣军。事实证明了他们完全胜任雇佣军职责，这一群体从而逐渐演化成我们所知的国家警力。

从公元前2040年到前1750年的中王国时期，从约公元前1539年到前1292年的第十八王朝时期，麦德察在维持国家较长时间的和平上厥功至伟。但在从约公元前1189年到前1077年的第二十王朝统治时期，麦德察很少被提及。

麦德察对埃及的影响与日俱增，随之一切也都发生变化。他们从单纯的努比亚勇士发展成为一支重要的武装力量，影响力不断加强，武器也越来越复杂。

麦德察重点保护的地方也就是法老关注之地，例如大城市、王室墓葬及国家疆域。麦德察内部有完备的等级制度，官员们在各自职责范围内承担各自的责任。

麦德察的等级制度

与现代警察部队一样，麦德察内部有一套指挥体系。其中，等级最低的是士兵，他们负责保护边境地区的常住平民及其财产。士兵之上是负责各区的队长，再之上是总队长，总队长的副手高于各区队长，向总队长报告。

这种等级制度的证据，见于图特摩斯四世（Thutmose IV）法老统治时期，有文献提到“城市西部麦德察队长”一职，其职责是保护底比斯西岸地区。外来移民可以成为麦德察士兵，但是身居高位者通常是埃及人，麦德察的总队长可能也是由法老选定的。

☼法老图特摩斯四世有一支麦德察分遣队，负责保护边境地区

受训的动物

跟我们今天会训练警犬抓捕罪犯一样，狗在古埃及的使用也是出于同一目的。麦德察驯养犬，在守护公共安全时帮助自己追捕罪犯。他们喜欢驯养的犬种包括巴辛吉猎犬（Basenji）和伊比莎猎犬（Ibizan），伊比莎猎犬见于法老图坦卡蒙（Tutankhamen）及其他人的墓葬当中。除犬类外，协助麦德察的还有狒狒和猴子。这些灵长类动物与古埃及有着神秘的紧密联系，埃及人信奉的巴比神［Babi，或者巴布（Babu）］形貌就是狒狒，是冥界生命的象征。狒狒因为与神祇形貌相似，所以被认为是人类死后的化身，也正是出于同一原因，狒狒会被训练成为麦德察的一员执行任务，它们会抱住罪犯的大腿以免他们逃跑。

埃及人制作的猴雕像。猴也经常为麦德察所用

狗除了看家护院外，
也经常用于狩猎活动

☼ 与右侧三个士兵相比，左边这两个古代努比亚士兵并未穿戴护具，轻装上阵

麦德察的武器

新王国时期之前，古埃及武器的发展受当时知识和技术的限制，在实战中杀伤力和可靠性较为有限。希克索斯人入侵埃及时，也给埃及带来了先进的武器装备，这些武器后来为麦德察所用。

弓箭是希克索斯入侵带来的军事武器。埃及人后来将单体弓发展成复合弓，复合弓用木制成，以牛的筋角加固。复合弓拉力更大，可以将箭射得更远。

还有一个特别有意思的武器是克赫帕什（Khopesh，也称作Khepesh）。克赫帕什是一种镰刀形的剑，弯度像一个钩子，通体由青铜制成，剑柄部分用兽皮和布料缠裹。常见的克赫帕什镰刀剑长50—60厘米，它们深受士兵喜爱，因为这种武器比之前的刀剑更有杀伤力，能够快速击杀敌人，使其丧失反抗能力。

除了增加这些重要的武器装备外，麦德察的武器还包括紫铜制作的战斧和短刃匕首，这些要比希克索斯人入侵前他们普遍使用的锡或者青铜武器更锋利。

铠甲和军服

因为北非天气炎热，士兵作战时身穿重甲并不是一个很好的选择。他们会选择轻便的衣物，尽可能减少对护体铠甲的依赖。在中王国时期，麦德察身穿普通匠人所穿的短麻布裙。麦德察来自努比亚，文献从未记载过努比亚人戴头盔，所以历史学家认为麦德察士兵头部也未有任何保护。

说到保护措施，古埃及士兵在战斗中会携带盾牌。虽然盾牌的形状和尺寸通常取决于士兵所用的武器，但都包括一个表面蒙有牛皮或其他皮革的木质框架。虽然新王国时期已经使用铜器，但用铜制作会让盾牌变得比较笨重，与皮革盾牌比较而言，也更容易被矛刺穿，因为皮革材质有很好的弹性。

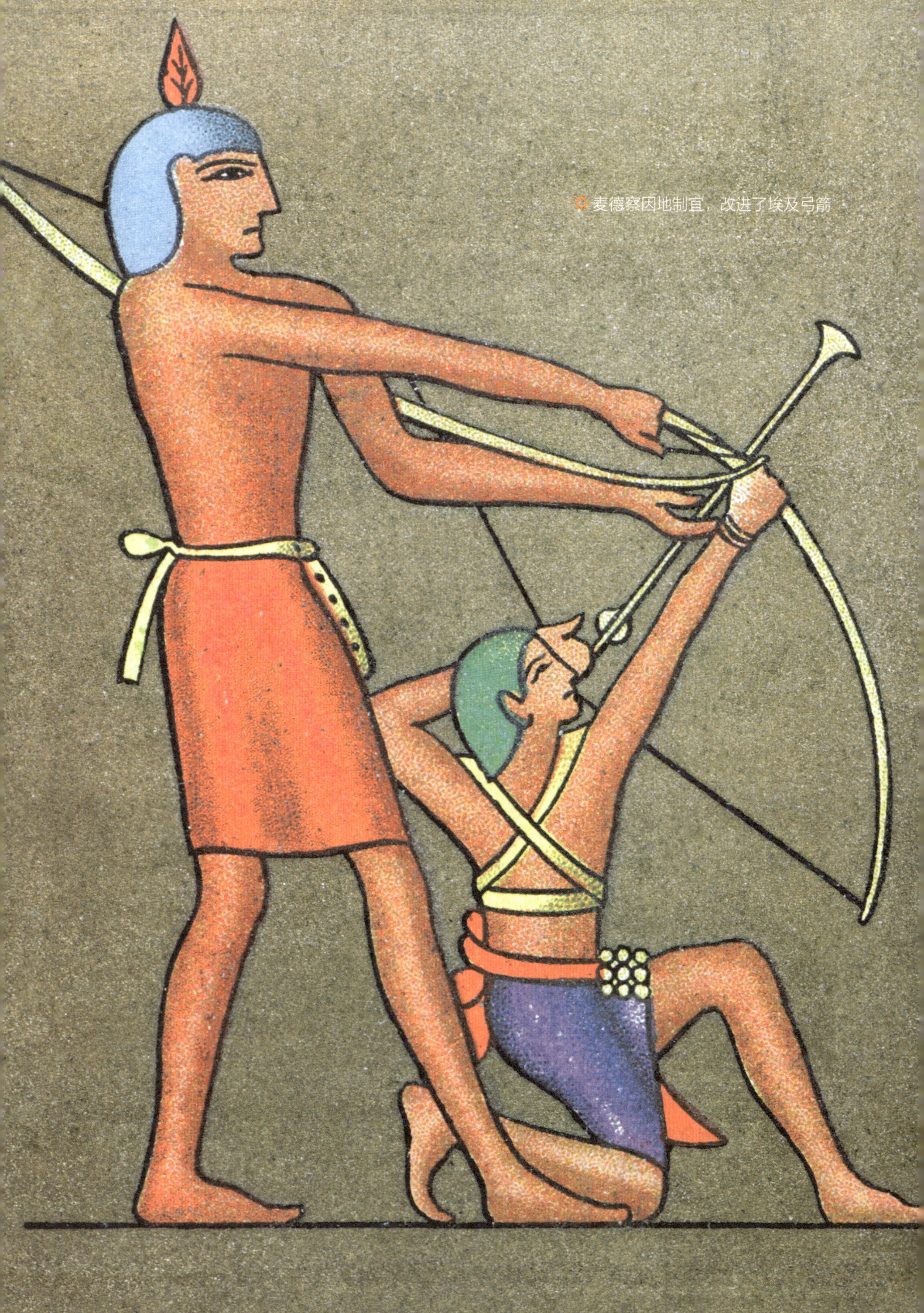

麦德察因地制宜，改进了埃及弓箭

阿蒙霍特普三世：和平与昌盛

在一个相对和平的时期，图特摩斯四世（Thutmose IV）之子率领埃及进入一个政治和经济都高度繁荣的时代

当第十八王朝第九任法老阿蒙霍特普三世登上王座时，他继承的是一个臻于全盛时期的王国。他的祖先阿赫摩斯一世（及王朝的其他先辈）在150年前发动军事战争并取得胜利，将埃及带入变革的时代。随后的诸位法老励精图治，埃及王国抛弃了孤立、保守的旧有政策，借助贸易和经济实力向外扩张。国家进入一个崭新的黄金时代，深谙政治谋略的阿蒙霍特普三世摒弃战争和流血方式，通过联姻和外交手段保证了王国的繁荣。

阿蒙霍特普三世大约在公元前1411年出生，他几乎没有受到特别的看顾。作为图特摩斯四世和穆特维娅（Mutemwiya）的儿子，这位年轻王子的地位并不稳固。他的母亲被认为是图特摩斯四世的“姬妾”，生活在受宠的强大的奈菲尔塔利王后及后来的亚莱特王后（Queen Iaret）的阴影之下。

阿蒙霍特普三世大概在6~12岁时成为

在古代埃及，圣甲虫配饰通常会承载很多信息。这枚圣甲虫配饰是为庆祝阿蒙霍特普三世的一次婚礼专门制作的

埃及的法老，登上法老宝座两年后他就结婚了。他的第一个妻子叫泰雅（Tiye），泰雅王后一直是他最宠爱的王后，为他生育了三个儿子，大王子图特摩斯（本来要培养他成为一名祭司，但在他父亲还未登上王位时就先于父亲去世了）、二王子阿蒙霍特普（即阿蒙霍特普四世、埃赫那吞）、三王子塞门卡勒（Smenkhkare，多年后他继承了哥哥的王位）。阿蒙霍特普三世夫妇还生育了四个女儿：埃塞特、西塔蒙（Sitamun）、奈贝塔（Nebetah）、赫努塔奈布（Henuttaneb）。

在很早的时候，阿蒙霍特普三世就梦想能再造古王国时期黄金时代的极致之美和审美盛势。因此，一个兴盛的统治时代来临了。纪念碑的建造高潮持续了30年。阿蒙霍特普三世统治期间，建造了250多座雕像、神庙建筑和方尖碑（也经常借助泥板文献宣传君主的文治武功和绝对统治）。

☼ 阿蒙霍特普三世建造的祭庙已基本成为一片废墟。在残垣断壁中，只有显眼的门农巨像幸存下来

阿蒙霍特普三世下令在（尼罗河西岸底比斯对面的）马卡塔（Malkata）建造一座新的行宫，并在卡纳克的穆特神庙里建造了600座赛赫麦特（Sekhmet）女神像，这样的数量让人震惊。作为墓葬群建设的一部分，他还在底比斯建造了两座他和泰雅王后的20米高巨型坐像。遗憾的是，阿蒙霍特普三世的很多纪念性建筑并没有经受住岁月的洗礼，只有位于今天卢克索的那对门农巨像（Colossi of Memnon），流露出第十八王朝这位国王装点埃及的恢弘气势。

阿蒙霍特普三世在其统治期间也非常重视外交关系。他摒弃战争手段，利用政治合约保持埃及相对稳定的局面。阿蒙霍特普三世与其

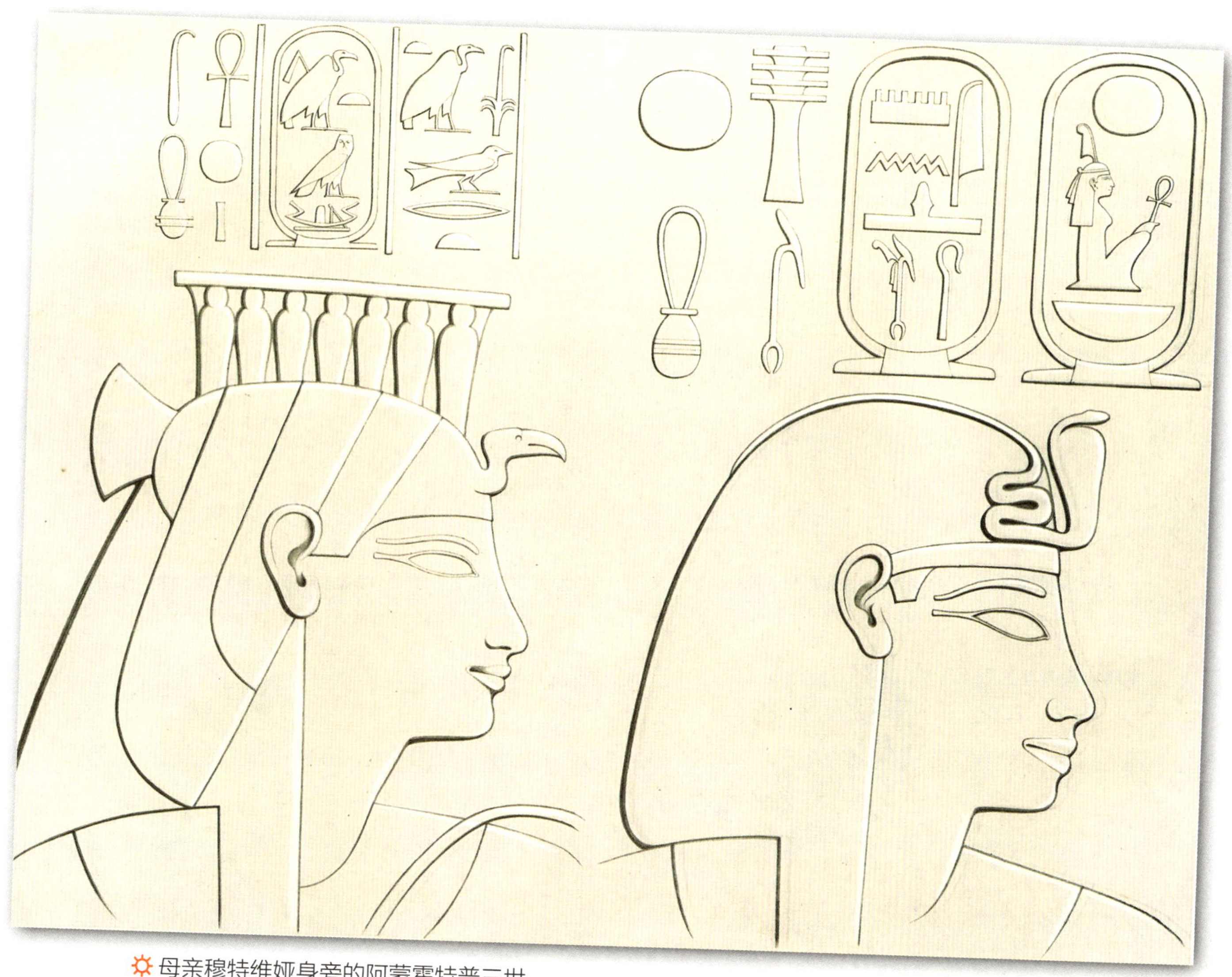

母亲穆特维娅身旁的阿蒙霍特普三世

他很多国家建立了外交关系，最著名的是与米坦尼王国的国王舒塔尔纳二世（Shuttarna II）及其子图施拉塔（Tushratta）建立了外交关系。他们之间的外交关系非常亲密，阿蒙霍特普三世甚至迎娶了舒塔尔纳二世的两位公主。

阿蒙霍特普三世大约死于公元前1353年，死因很可能是多种疾病，包括关节炎、严重的牙齿疾病，或许还有肥胖。他被安葬在国王谷的西部山谷当中。当阿蒙霍特普三世把王位传给他的儿子阿蒙霍特普四世时，他留下的是一个实力和影响都臻于巅峰的王国。然而，在这个国家当中，阿蒙祭司阶层的势力也十分突出，在接下来的宗教改革运动中，王权将被彻底动摇。

重要时刻

阿蒙霍特普三世成为国王

公元前 1388 年至前 1386 年

这位王子在父亲图特摩斯四世死后，在首都底比斯举行的一场仪式中登上王位。年轻的法老接手的王国正处于高度繁荣、影响巨大、军力强盛的鼎盛时期。他的祖辈们通过战争和军事征伐将埃及打造成当时世界上最强大的国家之一，此时的埃及正身处前所未有的和平时代。

时间表

公元前1411年

阿蒙霍特普三世出生

阿蒙霍特普三世是图特摩斯四世和他最宠爱的妻子穆特维娅所生之子，他是王族两子中的次子。

公元前1387年

建立石灰石采石场

阿蒙霍特普三世甫登王位的作为之一，是在图拉（Tura）开建众多石灰石采石场，为日后大规模兴建纪念性建筑做准备。

重要时刻

阿蒙霍特普三世去世

公元前 1353 年

在历经 30 多年的和平统治后，阿蒙霍特普三世去世。通过对其木乃伊的研究，可以发现阿蒙霍特普三世很可能饱受严重关节炎和蛀牙的折磨。

这两种疾病可能给他带来了巨大的痛楚，这或许有助于理解有关阿蒙霍特普三世在统治的最后几年容貌形象出现改变的传说。有些历史学家提出，阿蒙霍特普三世曾经与年轻的阿蒙霍特普四世父子联合执政，但是大多数历史学家和大众历史作家都认为，阿蒙霍特普三世是与其妻子联合执政直到去世。

重要时刻

次子出生

公元前 1380 年

阿蒙霍特普（即后来的阿蒙霍特普四世、埃赫那吞）出生。他的哥哥大王子图特摩斯，在阿蒙神庙做祭司期间死去。父亲阿蒙霍特普三世希望继续维持新王国时代相对和平的状态，但是阿蒙霍特普四世最终却让父亲巩固埃及政治和经济繁荣的努力付之东流。阿蒙霍特普四世耳濡目染阿蒙神庙势力的崛起及其产生的负面影响，（采用新名衔埃赫那吞的）他耗尽国库营建新都，忽视民众传统信仰，迫使整个国家独尊一神。

公元前 1386年

● 阿蒙霍特普三世迎娶王后泰雅

阿蒙霍特普三世一生娶过许多女人（大约九个，其中包括自己的两个女儿），但是没有谁能与泰雅争宠，王后泰雅的影响和地位无可撼动。

公元前 1383年

● 短暂的努比亚战役

阿蒙霍特普三世在登上王位的第五年，进行了第一次也是唯一的一次军事征伐。这次战役并不是特别重要，更多只是为了象征性地展示埃及的实力。

公元前 1378年

● 阿蒙霍特普三世迎娶吉鲁克西帕（Gilukhepa）

阿蒙霍特普三世悉心经营与周边国家的同盟关系，为了维护这种外交关系，他决定迎娶米坦尼国王舒塔尔纳二世之女吉鲁克西帕。

公元前 1370年

● 女儿降生

阿蒙霍特普三世和泰雅女王的女儿西塔蒙降生。西塔蒙与妹妹最终嫁给了自己的父亲。

公元前 1356年

● 第一次塞德节（First Jubilee Sed Festival）

阿蒙霍特普三世与王后在位统治 30 年后，举行了第一次纪念庆典。这一全国范围内的节庆活动，得名于狼神塞德。

公元前 1350年

● 门农巨像落成

历经多年精心设计和建造后，阿蒙霍特普三世及其王后泰雅的巨大雕像终于在底比斯大墓地落成。

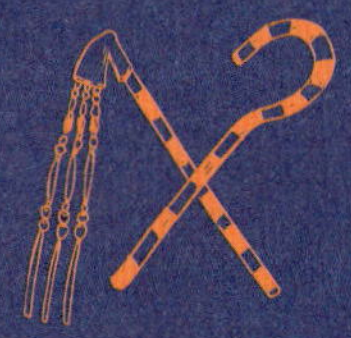

涅菲尔缇缇：美丽的背后

其石灰石胸像的容貌特征和完美比例备受推崇。
但是，这一杰作背后的女人是谁呢？

1912年12月6日，埃及的一个工人正在尼罗河沿岸进行发掘，他发现了埃及学历史上最珍贵的宝藏。当他感到鹤嘴锄触碰坚硬石头发出的震颤时，便刷去浮土，里面露出了古代漆画独有的色彩，他立即向上级做了报告。博查特回忆道：“我把工具放到一边，开始徒手挖掘。”倒置埋于土下的石灰石胸像的纤细脖颈显露出来，再向下挖，露出两片丰满的红唇，一个醒目的高挺的鼻子，杏仁眼，弧形的黑色眼眉。最后露出来的是一个巨大的圆柱形王冠。在古埃及现存为数不多的象形文字资料中，这种王冠曾用来描述一个古埃及人：王后涅菲尔缇缇。

这具胸像自重见天日后，成为埃及古王国参观人数最多、最具展示性的艺术品，并一直萦绕着神秘的气息。涅菲尔缇缇和她的丈夫埃赫那吞法老（阿蒙霍特普四世）的继任统治者，将他们两人从埃及的历史记录中抹去，把他们的面孔从浮雕上凿去，名字从铭文中划掉。二人做了什么事，竟然激起埃及人如此的仇恨？直到现在，在他们死后三千多年答案才开始揭晓。涅菲尔缇缇的出身难以确定，

☼阿玛尔纳时代浮雕上的涅菲尔缇缇女王形象

很可能并非出身王族，或许是一位宫廷维齐尔的女儿，也或许是一位米坦尼王国的公主，被送往埃及联姻。不过，可以确定的是，她的美丽穿越时空，涅菲尔缇缇的意思就是“绝美之人已然到来”，她应该是埃及王子阿蒙霍特普的理想伴侣。这对夫妇15岁左右结婚，之后不久诞下第一个孩子，阿蒙霍特普在公元前1351年左右登上王位。对他们早期的统治情况，目前我们仅知概略，不过考古学家根据证据推断，第十八王朝统治期间阿蒙神崇拜极为盛行，一直到阿蒙霍特普四世加冕时为止，主持宗教仪式的祭司权力之大，几乎能与法老平起平坐。

但是，在阿蒙霍特普四世统治的第五年，发生了一起重大事件。阿蒙霍特普把自己的名字改为埃赫那吞，关闭了阿蒙神庙，将祭司们驱逐出神殿。埃及的多神教延续了几千年，现在埃赫那吞和涅菲尔缇缇宣布，埃及只有一位真神：太阳圆盘形态的阿吞神。法老则是连通阿吞神和世俗的唯一中介。接着，埃赫那吞着

☼ 涅菲尔缇缇很可能领导了宗教崇拜，这表明她拥有巨大的权力

手将首都从底比斯迁走，开始在沙漠中营建新的城市，他称其为阿玛尔纳。阿玛尔纳将成为古代埃及帝国新的中心。这座城市三面围绕着几乎寸草不生的峭壁，这是抵御敌人的天然屏障，年轻的法老知道自己的所作所为并不受欢迎，整个王国民怨沸腾，暗流涌动。

埃赫那吞的宗教革命也带来了文化上的革命。先前埃及的艺术僵化拘谨，现在变得更具自然主义风格。对埃赫那吞的刻画增加了女性化的特征，如浑圆的臀部和突出的胸部。王室家族场景也刻画得更加亲密，夫妇相互亲吻，孩子跃越膝上。可能阿玛尔纳艺术最与众不同的就是对涅菲尔缇缇王后的塑造方式。浮雕和雕像都展现了涅菲尔缇缇王后驾驭战车、横扫强敌甚至引领宗教崇拜的形象，这些角色以往都是由法老来担任的。在他们统治的前五年，涅菲尔缇缇出现在浮雕上的次数几乎比她的丈夫多一倍，雕刻的尺寸通常与法老同等大小，这表明涅菲尔缇缇比法老其他的妻子权力更大。

如图所见，阿玛尔纳废墟周围是几乎寸草不生的峭壁

这尊雕塑刻画的是涅菲尔缇缇和埃赫那吞

☼王室家族的形象，表现得比以往任何时代都要亲密温馨

但是不久之后，这一文化发达的和平时期就戛然而止。埃赫那吞为了营建新的城市，几乎耗尽了所有的资源，国家陷于崩溃的边缘。整个国家叛乱迭起，当公元前1334年左右埃赫那吞去世的时候，埃及王国已经分崩离析。

从公元前1339年起，神庙和王宫墙壁的装饰就再也没有出现涅菲尔缇缇的形象，有关她的所有记录和刻画消失无踪。在法老钟爱的这位王后的身上，究竟发生了什么？有些历史学家认为涅菲尔缇缇失宠了，很可能是因为她无法为埃赫那吞生育子嗣，而法老特别盼望能有一个儿子。也有人认为涅菲尔缇缇死于当时席卷全国的流行性感冒，也可能死于埃赫那吞其他心怀忌妒的侍妾手中。

但是，一件被称作科雷根西方尖碑（Co-regency Stela）的艺术品表明，涅菲尔缇缇并没有消失，而是成为另外一个人。该作品刻画的是涅菲尔缇缇、埃赫那吞与他们的一

石灰石浮雕刻画了涅菲尔缇缇向太阳神阿吞神献祭的情形

个女儿。涅菲尔缇缇的名字已经被凿掉，取而代之的是一个不同的名字——埃赫凯普茹勒·奈菲尔奈菲尔阿吞（Ankhkheperure Neferneferuaten）。这个名字是与埃赫那吞联合执政者的名字，埃赫凯普茹勒大约是在涅菲尔缇缇的名字从历史上消失的同一时间登上王位的。

这幅壁画描绘的是埃赫那吞、涅菲尔缇缇及他们的孩子

走近尼罗河：埃及人的母亲河

游览尼罗河标志性的水路，探寻世界最强大古代文明之一的命脉

船帆

这些方形的船帆由纸莎草纤维制成，系于船桥桅杆之上。

河畔生活

泛滥的洪水虽然会影响两岸居民的生活，但尼罗河对埃及经济有着至关重要的作用。

动力

在独木舟中，乘客或坐着用桨划船，或站着以长杆撑水前进。

商船

商船载着士兵和书吏，从一个码头到另一个码头。这些商船有的长达40多米，船体呈弧线型，配有船帆。

独木舟

由芦苇或者纸莎草制成的不同类型的独木舟，充当了商人与消费者之间交流的媒介。

运输支柱

数个世纪以来，埃及文明在尼罗河下游沿岸1300千米的土地上逐渐生根发芽。在沿岸地区，农业占据主导地位。尼罗河也是埃及人主要的交流媒介。普通日常工作由小独木舟即可胜任，但是贸易或者乘客运输就要使用大型帆船。

尼罗河长达7507千米，给贫瘠的沙漠之地带来了生机。富饶的尼罗河谷庇佑了埃及，帮助埃及应对极端的自然条件。尼罗河盛产丰富的鱼类和禽类，季节性的泛滥将富含矿物质的淤泥自高地冲刷而下，滋润了埃及的土地，带来了前所未有的丰饶农业。

这条赋予埃及生命的河流，在拉美西斯时代被称为哈皮（Hapi）河，作为神灵正式崇拜。尼罗河水网是整个埃及进行谷物、黄金和武器运输的主要通道。拉美西斯二世甚至将他的祭庙拉美西姆（Ramesseum）建在底比斯的上尼罗河沿岸。以外，尼罗河沿岸还可供仓储驳船停泊之用，它可以容纳350艘装满谷物的船只长期停靠，出现饥馑之年就可以启运这种移动粮仓。

法老依靠天文祭司了解星辰的运行，从而计算尼罗河季节性泛滥的时间，这对埃及农业至关重要。拉美西斯在尼罗河上游使用水位标记石记录河水的水位，然后传信给三角洲地区各城市，通知他们河水开始上涨的时间。河水上涨之时，就是举国欢庆的时候，人们赞颂神灵，吟唱赞美诗。

航运中心

尼罗河是连接埃及各个城市的交通纽带，从下努比亚第二瀑布一直到地中海。熙熙攘攘的船只穿流而过，将船客和货物从帝国的一边运到另一边。

拉美西斯二世

在传说和诗歌中，拉美西斯二世是埃及帝国最伟大和最强有力的法老

时间定格在公元前1274年，在埃及的行军队伍中有一位神屹立其间，他就是拉美西斯二世。拉美西斯二世身高6英尺，脸庞下颚棱角分明，有着厚厚的嘴唇和尖挺的鼻子，他驾着黄金战车，率领两万名弓箭手、战车手和脚纳凉鞋的步兵前行。拉美西斯二世刚刚做了五年法老，就已经把自己打造成一个骁勇善战的勇士和具有战略头脑的统帅。他是新生的第十九王朝法老的继承人，血统纯正，奉伊西斯（Isis）女神为自己的母亲。

拉美西斯二世从出生起，就做好了当法老的准备。他的祖父拉美西斯一世在位18个月，之后父亲塞提一世继承了法老王位。拉美西斯二世在奢华的王宫中长大，由保姆和侍女悉心照料，有专门的教师教授写作、诗歌和艺术，以及重要的军事作战技能。塞提一世任命拉美西斯二世为军队统帅，当时这位小王子只有10岁大。拉美西斯二世14岁的时候随父参战，不止一次目睹埃及战车在战场上席卷一切的力量。

现在，拉美西斯二世已不再是置身事外观战的男孩儿，他是一个成人，他要引领埃及的

军队击败顽敌。

这一刻见证了拉美西斯大帝的诞生：这位埃及法老驾着战车冲向赫梯军阵，左冲右突砍杀敌人，重整军队投入战斗。拉美西斯二世站在黄金战车上，愤怒地拉开弓弦，战车飞驰碾过敌人的尸体。拉美西斯二世的这一形象雕刻于神庙墙壁之上，在埃及帝国三千年的漫长历史中，没有哪个故事能像这个故事一样被频繁地展现。卡纳克神庙、卢克索神庙和阿布辛贝勒神庙及其他诸多神庙的墙壁上都展现了拉美西斯二世神圣的形象。

为了了解拉美西斯二世在位期间让人惊叹的庞大建筑规模，我们可以去了解一下以其命名的王家城市培尔-拉美西斯（Per-Ramesses或Piramesse，意为拉美西斯之家）。培尔-拉美西斯距离现在的开罗120千米，最初是拉美西斯二世父亲塞提一世修建的一处简易夏宫，位于尼罗河三角洲东岸边界区其家族兴起之地的附近。培尔-拉美西斯经过18年的营建和扩张，上升为埃及第三大宗教中心，地位仅次于孟斐斯和底比斯，成为整个国家的政治首都。王宫区位于一座小山之上，俯视着尼罗河，大街两侧林列王室宅邸和神庙，占地10平方千米的高耸廊柱，宽敞的庭院和彩砖装饰的阶梯。埃及帝国最富有的家族、政府官员和高级祭司

☼ 拉美西斯二世在位期间，修建的建筑数量超过以往任何法老

居住在周边的别墅里，运河和葱翠的水上花园将其勾连交通起来。

肥沃的农田环绕城市，这些最为丰饶的土地为培尔-拉美西斯提供了丰富的谷物、水果和蔬菜，滋养着三万人口，填满了法老的仓廪。拉美西斯二世选择这座城市，很可能是因为它临近塞尔要塞（the fortress at Sile）。塞尔要塞是进入东部行省巴勒斯坦、叙利亚和更远的其他亚洲国家的传统通道。外交使节、商人和外来劳动力成群结队来到这座新建的城市。

拉美西斯二世在其漫长的统治生涯中，修缮或者新建的神庙数量在整个古埃及王朝的所有法老中是最多的。他也会将自己的雕像摆放在这些神庙中的显著位置，通常与诸神齐平。乍看起来，这样的做法显得非常骄傲和自大，不过从埃及宗教思想的视角来看，这种精神自我提升的做法就说得通了。

拉美西斯二世建造了一些非常精致巧妙的神庙，特别是他在父亲塞提一世的阿拜多斯大型神庙建筑群中建造了一座自己的小型神庙。实际上，建造优雅精巧的神庙并非拉美西斯二世的本愿。建造神庙伊始，他喜欢速战速决，按照神庙建造传统，神庙外部所有装饰性主题都采用凹雕方式进行雕刻，人物图像和象形文字阴刻于石头之上，强调光线明暗对比。神庙内部光线偏暗，工匠雕刻时会采用更加耗时的

☼拉美西斯二世最宠爱的妻子奈菲尔塔利驾驭王室战车

浅浮雕方式，将绘画和神的象征物提升为背景。拉美西斯二世考虑到工程时间关系，命令所有神庙修建无论内外都采用凹雕形式进行刻画。这就是为什么拉美西斯二世比此前或之后任何一位国王建造神庙的数量都要多的原因。

评论家们认为，拉美西斯二世在阿布辛贝勒修建的两座神庙，完美地展现了这位法老自我颂扬是何等的极致。这两座建筑是用悬崖峭壁的原生岩石凿刻而成，俯瞰着努比亚尼罗河的“之”字形河曲。拉美西斯二世放下了对神的虔敬之心，建造了阿布辛贝勒大神庙，当地称之为“阿蒙神所钟爱的拉美西斯神庙”。四尊巨大的拉美西斯二世雕像守卫着宏伟神庙的入口，每尊雕像高度超过21米。在神庙的内部，伟大法老拉美西斯二世的形象遍布墙壁。大厅的每根圆柱都雕刻了奥西里斯形象的拉美西斯二世。墙壁浮雕描绘了拉美西斯二世英勇的军事征伐功绩。在内殿深处雕刻着埃及万神殿中最受尊敬的三位神——创造神普塔、阿蒙神和拉神的坐像，旁边是拉美西斯二世自我神化的坐像。

在那个时代，拉美西斯二世可以说是世界上最强大的人。他治下的文明繁荣而又充满凝聚力。作为埃及的法老，他在每个领域的表现都堪称完美：统率军队击败外敌，维护国内安定秩序，建造遍布埃及的献给诸神的大型建筑，辉煌的遗产留存至今。

阿布辛贝勒神庙的内殿

战车

埃及人和赫梯人借鉴了亚洲草原文化中的马拉战车。马被运用于战争，不是骑乘而是驾驭战车，配有一个驭者和一个或者多个战士。敏捷的战车在战场左冲右突，以弓箭、近距投枪和长矛配合击杀敌人。赫梯战车兵赫赫有名，数千辆战车拉着身穿锁子甲的士兵集团式冲锋。埃及战车是轻型战车，车体框架使用木头裹以韧性帆布制作而成，底板则采用由皮条编织的网。

骁勇的法老

在拉美西斯二世的父亲成为法老的那一刻起，年轻的王子就已经准备好，要成为一名锐意进取的军事统帅，他训练驾驭战车和射箭的技巧，这是古代两大致命武器。在拉美西斯二世正式登上法老王位之前，这位22岁的王子就已经开始独自统率埃及军队。拉美西斯统御军队粉碎了加利利及位于今以色列和黎巴嫩边境附近港口城市阿卡（Akko）的叛乱，强化了埃及帝国的统治。他还利用赫梯王位继承出现危机之时，向北进军重新攻占了争议地区的阿姆鲁王国。如果是在过去，这一行动将会引发全面的战争，但是由于双方当时都面临东部兴起的亚述帝国的威胁，于是埃及与赫梯签订协约，以共同巩固两国的边境安全。在拉美西斯二世统治的最后时期，他在尼罗河三角洲西部建立了战略防御工事，用以抵御利比亚人的崛起，利比亚人的威胁后来被拉美西斯二世之子美尔奈普塔粉碎。

拉美西斯的伟大建筑

阿布辛贝勒神庙

公元前 1264 年或前 1244 年

尼罗河沿岸的这两座神庙，就是献给拉美西斯二世和王后奈菲尔塔利的宏伟赞歌。规模较小的神庙有两座 12 米高的奈菲尔塔利雕像，其两侧共分列四座更高大的拉美西斯阿波罗神巨像。另一座规模较大的神庙门外有四尊巨大的拉美西斯二世坐像守护，每尊约 21 米高。内殿则是等身而坐的拉美西斯二世和神祇的雕像。在一年当中，只有两天阳光可以穿越幽暗的长廊直射内殿雕像身上，其中一天是拉美西斯二世的生日。

培尔－拉美西斯（或者派拉美西斯）

公元前 1280 年

拉美西斯二世在尼罗河三角洲东北岸建造了这座新城市，作为拉美西斯王朝的首都。此地最初的建筑群是拉美西斯父亲塞提一世建造的普通夏日行宫，但是拉美西斯二世进行了空前的大规模扩建，增建了 10 平方千米的府邸、军营，以及铺饰豪华的巨大王座室，这些都与法老拉美西斯二世的身份相称。

拉美西姆祭庙

公元前 1270 年

底比斯附近这座宏大的建筑是拉美西斯二世的正式祭祀神庙。在神庙建筑群的每一面墙上，都刻画了歌颂拉美西斯二世军事胜利的内容，尤其是夸耀击败赫梯人的战役，壁画浮雕总计有 285 平方千米之多。在当时，每根柱子上都装饰着拉美西斯二世威风凛凛的浮雕形象。而现在，最大的石雕巨像却倾倒在地上。

大柱厅

公元前 1290 年至前 1224 年

拉美西斯二世统治期间，在卡纳克神庙建成了大柱厅（the Great Hypostyle Hall），装饰性图案的内容一如其他建筑，也是赞颂法老的力量。这座 5500 平方米的建筑由 16 行 134 根圆柱组成，其中大多数柱子实际高度超过 15 米。后来的法老们又不断装饰，丰富柱厅。大柱厅是古代世界最伟大的建筑奇迹之一。

卡迭什战役

赫梯军队　赫梯军队调遣路线
埃及军团　埃及军队调遣路线

01 拉美西斯二世统率军队

拉美西斯二世率领的埃及军队数量庞大，但赫梯间谍提供了假情报，让埃及人认为赫梯战车远在几百千米外。

02 一场奇袭

在卡迭什另一侧的森林中，穆瓦塔里和2500名赫梯战车兵准备伏击埃及人。埃及诸军团距离拉美西斯二世军营有数千米远，赫梯战车兵冲锋，猛力冲击这些军团的侧翼，埃及士兵四处溃逃，赫梯士兵紧追不舍。

03 拉美西斯二世的抵抗

赫梯战车兵向尚未准备好防卫的拉美西斯二世营帐展开进攻，猛力冲击。根据拉美西斯二世的记述，他仅凭一己之力就击退了赫梯军队。有人认为，击退赫梯应该归功于法老的精英卫队。

04 增援部队

埃及的军事战略家们已经预见赫梯人可能会进行伏击，于是从海上派遣战车部队增援卡迭什。援军将穆瓦塔里的军队击退到奥龙特斯河对岸。

05 毫无战果的血战

第二天，双方军队要面对的是争霸战。但是，在前一天的战斗中，埃及和赫梯都伤亡惨重，双方兵力消耗殆尽。经历一场毫无战果的血战之后，双方希望停战。

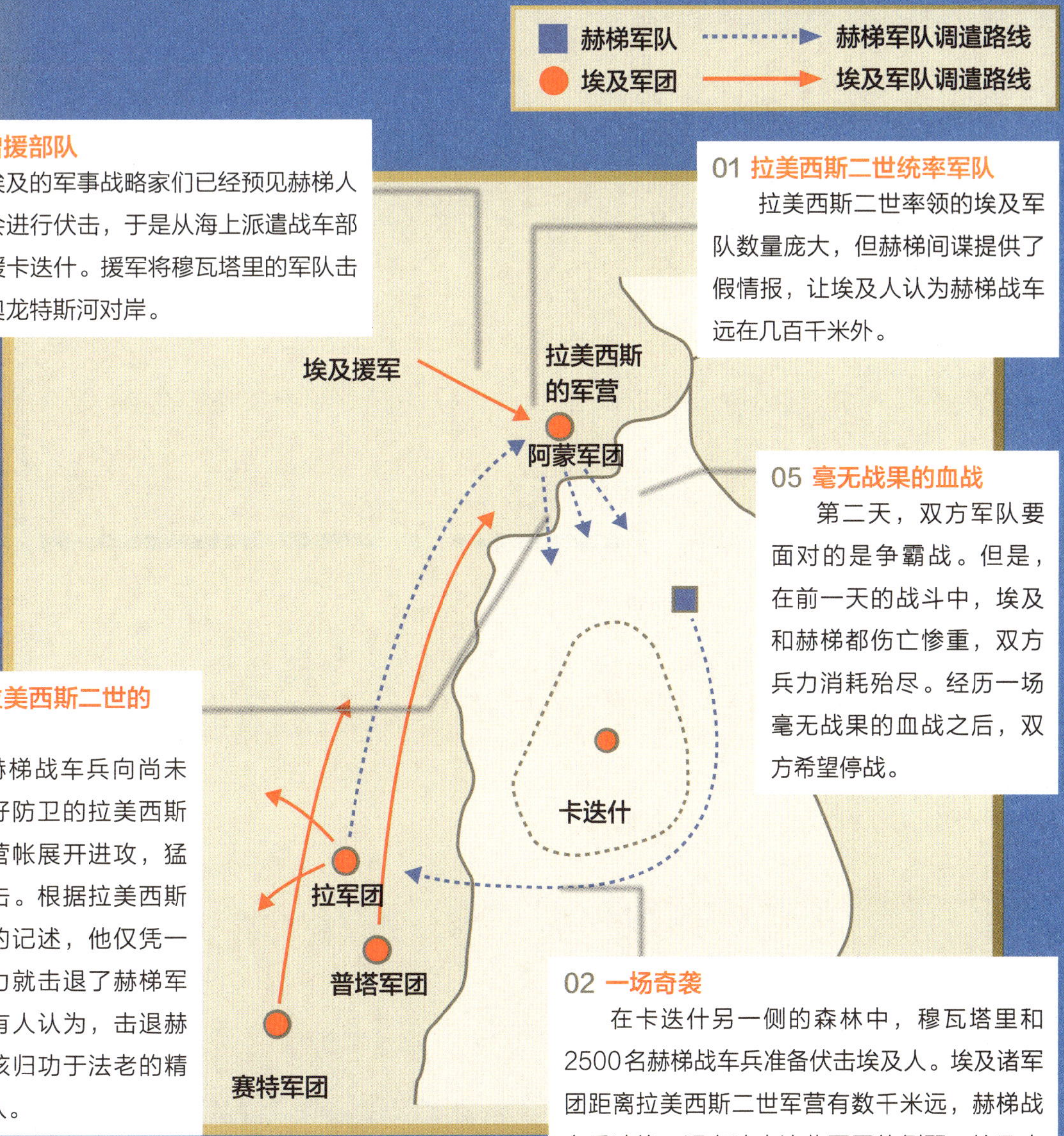

埃及援军
拉美西斯的军营
阿蒙军团
卡迭什
拉军团
普塔军团
赛特军团

辉煌的统治

生来伟大
拉美西斯二世祖上并非王室血统，他的爷爷拉美西斯一世是一位勇士，作战勇猛，受到后继无人的法老霍莱姆赫布的赏识并传位于他。拉美西斯二世出生的时候，埃及军事和政治力量正处于上升期。
公元前 1303 年

少年统帅
拉美西斯在年仅 10 岁时，就被任命为军队的统帅。四年之后，他跟随塞提一世参加了对利比亚和巴勒斯坦的几次军事战斗。
公元前 1299 年

联合执政
拉美西斯二世在塞提一世统治的第八年，正式与父亲联合执政。大约在这一时期，拉美西斯二世和他两个年少的儿子率领埃及军队镇压努比亚叛乱，其中的战车突袭让人心惊胆寒。
公元前 1283 年

加冕为王
塞提一世死后，拉美西斯二世将自己塑造成一个能力超群的军事统帅，以及王位的合法继承人，由此开始了他长达 66 年的统治。
公元前 1279 年

公元前
1303年

日后为王的男孩儿
拉美西斯二世在父亲塞提一世成为法老时，还是一个小男孩儿。在塞提一世壮观的阿卜多（Abdju）神庙中，有一面彩色的浮雕墙，上面刻画了年轻王子拉美西斯手持卷轴的形象，卷轴上是可追溯到第一任法老美尼斯（纳尔迈）的王族家谱。埃及学家认为，拉美西斯可能只是几个有资格继承王位的王子之一，但是正统文献记载宣称只有拉美西斯一人拥有王位继承权。
公元前 1300 年

与奈菲尔塔利的婚姻
奈菲尔塔利是拉美西斯二世第一位也是最著名的妻子。他还是王子的时候，就娶了奈菲尔塔利，奈菲尔塔利在拉美西斯登上王位之前就生育了四个子女。她来自埃及的名门望族，是一位高级官员的女儿，是底比斯行政长官的妹妹。拉美西斯二世对奈菲尔塔利的宠爱之情，见于阿布辛贝勒小神庙的雕像及他给最爱的奈菲尔塔利的挽歌作品。
公元前 1293 年

卡迭什战役的"胜利"

公元前 13 世纪的阿姆鲁生存于赫梯和埃及这两个超级大国的夹缝之间，公元前 1274 年，赫梯人和埃及人都宣称对阿姆鲁王国具有统治权。双方的军事冲突最终在卡迭什爆发，并载入了史册。卡迭什战役成为古代世界规模最宏大、资料记录最丰富的军事交锋，双方都宣称自己取得了胜利，不过拉美西斯二世更擅长宣传，他编写了《潘道尔之歌》，将其记录在埃及五座重要神庙的墙壁上，"毫不夸张地说，他凭一己之力抵挡了成百上千人的协同进攻"。

公元前 1274 年

永恒的国王

拉美西斯二世非常长寿，有 12 个儿子先他而去，而他直到 96 岁才离世，统治时间之久让人惊叹。他的木乃伊表明他患有退行性关节炎，以及严重的天花，这说明他最后的日子过得并不舒适。

公元前 1213 年

公元前
1213年

工程建设繁荣期

卡迭什战役后，拉美西斯二世享受了一段相对和平的时期，在这段时间内，他在底比斯、孟斐斯、卡纳克和阿布辛姆贝勒重修和新建了一些神庙。除了没有建造金字塔外，他是古代埃及最具影响力的纪念性建筑的修建者。

公元前 1275 年

自我神化

拉美西斯二世在他统治的第三十年，庆祝了第一次塞德节，当时他已经年近 60 岁。这一古老的典礼可以追溯到最早期的法老，举办的目的是更新王权，让法老的身体和精神重新焕发活力。拉美西斯二世一共庆祝了 13 次塞德节，每次庆祝活动都将他的宗教地位提升到一个更高的层次。在埃及人的世界观中，法老拉美西斯二世生来即为神，只不过驻留人间。

公元前 1249 年

亚历山大大帝：埃及的解放者

作为一位拥有雄才大略的统治者，亚历山大大帝军威所至，强大的埃及王国俯首称臣

马其顿王国位于希腊北部。公元前356年，马其顿国王腓力二世（Philip II）和王后奥林匹娅丝（Olympias）诞下亚历山大，这个孩子茁壮成长，成为一个身强体健、才干超群的年轻人。

亚历山大16岁的时候，开始代父统治马其顿，当时他的父亲正在进行反波斯的战争。两年之后，作为国王腓力二世军队左翼的指挥官，亚历山大果敢用兵取得了喀罗尼亚（Chaeronea）战役的胜利，获得了三重桂冠绶带（the Great Triple Laurel Crown Ribbon），至此雅典置于马其顿王国的统治

大继承了王位，同时也承继了父亲进行的波斯战争。

亚历山大从孟斐斯出发，沿尼罗河而下登陆卡诺珀斯（Canopus）。公元前331年，他在此着手创造其一生中最为辉煌的成就之一，即建造亚历山大城。他将城市港口的位置选在马里奥蒂斯（Mareotis）湖和大海之间的土地之上，正对着法洛斯（Pharos）岛，也正是在法洛斯，在随后的一个世纪里耸立起世界上第一座灯塔，它成为古代世界七大奇迹之一，永垂后世。

公元前323年，亚历山大在巴比伦突然去

科技

这一时期，亚历山大城成为先进的科技文化中心，吸引了许多学者和哲学家来到这座城市进行理论研究。希帕克斯（Hipparchus）在亚历山大城天文台观测研究，提出地月和太阳距离的理论。

天文学家希帕克斯在亚历山大城

在亚历山大城，希腊神塞拉匹斯和埃及神奥西里斯都受到崇拜

教育

亚历山大城图书馆在古代世界前所未有，这一点足以让这座城市自矜。不过，这里的学生学习只能使用希腊语。亚历山大城还有数量庞大的埃及人和犹太人，而高等教育通常只限于希腊人。

宗教

宗教对于亚历山大城的人来说，地位至高无上。托勒密将希腊和埃及诸神结合在一起，创造了新的宗教仪式和崇拜神庙。冥神奥西里斯成为更具希腊风格的神塞拉匹斯（Serapis）。

图书馆囊括了来自世界各地的抄本

携带标志性圆盾和长矛的希腊士兵

艺术

亚历山大城的艺术反映了希腊人的品位，不过这座城市也迎合了普通少数人例如埃及人的爱好。这里到处都是埃及风格的胸像，官方建筑内部也能见到埃及象形文字。

政府

亚历山大城的统治者希腊人国王托勒密二世遵从埃及的风俗，自称法老，穿戴埃及服饰。埃及人把他当作神来崇拜，但是希腊人地位要稍高一些，他们并不慑服于托勒密二世的绝对专制。

军队

亚历山大城的统治者们必须从平民中征召军队守卫城市。军队组建仿照亚历山大的模式，身穿盔甲、携带长矛的士兵组成马其顿方阵，这些士兵通常都是希腊人，而非埃及人。

国王托勒密二世

产业

城市港口中的原材料贸易和谷物交换，将亚历山大城打造成当时世界上最重要的港口之一。亚历山大城成为尼罗河三角洲庞大食物供应出口的重要口岸。

法洛斯灯塔指引强大的贸易舰队安全地进入亚历山大城

亚历山大城，公元前250年

体味古代世界最繁华的城市，它生机勃勃、文化多姿，不同的文化在这里碰撞交融，璀璨生辉

古代亚历山大城作为一个世界性的、自由繁华的城市，融合了古希腊和古埃及两个伟大文明的文化。

这座城市与其建立者亚历山大大帝同名，亚历山大公元前332年征服了尼罗河三角洲，在一个名为拉克提斯（Rhacotis）的小城选址建立了亚历山大城。这座城市成为扩张后的希腊帝国的一部分，亚历山大旨在促进其发展和转化成一个融汇文化与知识的大都市。城市街道的设计风格折射出这座城市改造的激情，宽阔的街道和科林斯式石柱，围绕在一系列的神庙和巨大的集会场所周围。

埃及和犹太文化的影响得以保留，让这座城市成为一个与众不同的、多样化的港口，并凭借其强大的商业和文化影响力，迅速成为古代世界的中心。

到托勒密二世统治这座城市时，亚历山大城已经发展成古代世界最繁华的大都市。它郊区延展，街道宽广，规模壮观，远胜迦太基和罗马。帝国兴衰交替，亚历山大城一直是通向尼罗河富饶丰产之地的黄金水道，也一直是一座独立之城，直到公元前30年克莱奥帕特拉覆亡为止。

时间表

重要时刻

亚历山大成为马其顿国王

公元前 336 年

腓力二世在与克莱奥帕特拉（不要跟著名的埃及女王克莱奥帕特拉混淆）的婚礼上被保萨尼亚斯（Pausanias）刺杀。这场阴谋的始作俑者并不清楚，奥林匹娅丝和亚历山大都成为嫌疑对象，不过国王腓力忠实的将军安提帕特（Antipater）和帕曼纽（Parmenio）都向亚历山大表示效忠，这就帮助亚历山大摆脱了嫌疑。此前臣服的希腊诸邦获悉腓力死讯，想趁乱摆脱马其顿王国的控制，与此同时，克莱奥帕特拉的父亲支持女儿的幼子继承马其顿王位。但是，亚历山大很快就让这些臣属国明白，马其顿的实力不容置疑。

公元前
356年

马其顿的亚历山大出生

马其顿王国腓力二世和王后奥林匹娅丝诞下儿子亚历山大。凭借卓越的政治才能和军事实力，腓力二世控制了整个希腊，随后又向东发动了波斯战争。

公元前 356 年

喀罗尼亚战役

腓力二世击败雅典大获全胜，在此役中亚历山大负责指挥左翼重装骑兵，希腊霸权——从雅典到斯巴达再到底比斯——尽归马其顿王国。

公元前 338 年

重要时刻

索格迪亚纳堡垒

公元前 327 年

亚历山大继续推进对远东地区的征服，他攻下了赫卡尼亚（Hyrcania）、阿雷亚（Areia）、巴克特里亚（Bactria）和索格迪亚纳（Sogdiana）。在今天中亚地区的撒马尔罕，他与奥克亚提斯（Oxyartes）领导下的最后一支索格迪亚纳叛军对战。影响此役的关键并不在于军力的强弱，而是当地地势险要，索格迪亚纳堡垒这个天然要塞几乎难以被攻破。根据记载，有 300 名士兵爬上堡垒，挥动亚麻布条向下面的军队表示他们已胜利登顶。亚历山大派传令官告知对方的守城者他的“飞人士兵”已到堡垒。守城者投降，后来亚历山大娶了奥克亚提斯的女儿罗克珊妮，欧亚联结统一。随后，亚历山大挥师征服印度。

海达斯佩斯战役（Battle of the Hydaspes）

亚历山大横穿印度河，与当地统治者波鲁斯（Porus）展开作战。波鲁斯驱赶 200 头战象参战，亚历山大的轻装步兵猛攻在前冲锋的印度军队。之后马其顿方阵推进，将这些战象反向朝印度人驱赶。

公元前 326 年

停止征服的脚步

海达斯佩斯战役是亚历山大征服战争的转折点，战役虽胜但也损失良多。军队不愿意再继续作战，于是几乎处在“世界之巅”的亚历山大被迫返回巴比伦。

公元前 326 年

沙漠行军

亚历山大回到巴比伦，他试图带领军队穿越严酷的格德罗西亚沙漠（the Gedrosian desert），但这一决策是个失误。沙漠行军过程中，很多厌战的士兵死于高温、疲敝和缺水。

公元前 325 年

亚历山大入侵波斯帝国

亚历山大整个冬季都在备战，春季时他率领 30000 步兵，包括 6 个军团的马其顿方阵及 5000 名骑兵，穿过达达尼尔海峡进行作战。

公元前 334 年

伊苏斯战役

在格拉尼卡斯（Granicus）河击败波斯人和占领米利都（Miletus）之后，亚历山大在伊苏斯第一次同波斯国王大流士三世遭遇，此役他大获全胜，大流士从战场败逃，置自己的妻子和母亲于不顾。

公元前 333 年

围攻推罗

当亚历山大的军队进入腓尼基时，希顿（Sidon）和巴布罗斯这样的大城市纷纷请降，但是强大的推罗拒绝亚历山大入城，并进行了坚决的抵抗。然而，在波斯舰队归顺亚历山大之后，推罗之围形势逆转，不久之后推罗城破。

公元前 332 年

征服埃及

在征服菲利士人（Philistines）的城市加沙之后，亚历山大如入无人之境进入埃及，埃及总督顷刻请降。现在，亚历山大成为埃及、腓尼基和叙利亚之主，随后他开始向波斯腹地进军。

公元前 332 年

高加米拉战役

伊苏斯战役之后，大流士用 18 个月的时间组建了一支新的军队，他希望凭借庞大的军队同亚历山大在高加米拉一决雌雄。亚历山大设计化解了波斯刀轮战车的强势冲击，之后指挥马其顿方阵和塞萨利（Thessaly）骑兵赢得了战斗的胜利。

公元前 331 年

布朗奇达伊大屠杀（Branchidae massacre）传说

虽然学者们认为这次大屠杀并不属实，但它依然是亚历山大诸多传奇中最耸人听闻的。据说这位征服者屠杀了全城无辜的百姓，仅仅是为了报复他们祖辈在波斯战争期间从希腊逃亡亚洲。

公元前 327 年

赫菲斯提安（Hephaestion）之死

驻军米底首都埃克巴坦纳时，亚历山大最挚爱的朋友和精神伴侣赫菲斯提安病死，这让亚历山大悲痛欲绝。据说，亚历山大将治疗赫菲斯提安无果的医生钉上了十字架。

公元前 324 年

重要时刻

亚历山大之死

公元前 323 年

亚历山大在准备远征阿拉伯地区时，在巴比伦生病死去，年仅 32 岁。在 12 年的东征过程中，亚历山大占领了整个西亚地区，虽然他的许多雄心壮志还没有实现。或许在这位帝王眼中，真正的悲剧是其建立的广袤帝国在自己死后土崩瓦解，整个帝国被他那些精明强悍的马其顿将领瓜分殆尽。尽管如此，亚历山大的政治文化等遗产仍为罗马帝国以及随后基督教世界的发展铺平了道路。

托勒密王朝

托勒密家族因统治埃及近三个世纪而闻名，
托勒密王朝也是古埃及最后一个王朝

托勒密王朝之闻名，在于它体现了许多人想象中的古埃及精神。从托勒密一世“拯救者”开始，托勒密王朝统治了275年，从公元前305年直到30年。托勒密一世并不是埃及人，他之后的埃及诸王也非埃及人。亚历山大大帝在公元前323年去世，死时没有指定继承人，他建立起来的庞大帝国分崩离析。那些一直追随其左右的将领瓜分了他的帝国，其中之一就有托勒密，他是马其顿贵族，也是亚历山大最信任的指挥官之一。托勒密曾经是亚历山大的七大近身护卫官之一，也可以称其为私人侍卫，他替亚历山大品尝食物，以防意外，保护亚历山大不被他人投毒。

亚历山大大帝死后，托勒密希望作为忠诚追随这位伟大君主的回报，自己能获得统治埃及这个土地肥沃、农业发达的国家的权力，与他的祖国马其顿和平相处，彼此独立，互不干扰。托勒密梦想成真，他成为古埃及托勒密王朝的第一位君主，被称作托勒密一世或者“拯救者”。

事实证明，托勒密一世是一位拥有雄心壮志、能力卓著的统治者。他并不热衷于开疆扩土，而是把精力放在巩固国本之上，在他统治时期埃及蓬勃发展。后继国王都采用了托勒密的名号，王后们都取名克莱奥帕特拉、贝蕾尼斯（Berenice）或者阿尔西诺（Arsinoe）。托勒密王朝的统治获得了埃及人的认可，埃及人视他们为历代法老的天然继承者，不过托勒密诸王从来都没想成为埃及人。他们治理亚历山大城，保持了这座城市的原貌，倡导希腊语，希望希腊语成为这座城市的官方语言，他们也保留和延续了希腊人的一些传统和习惯。在托勒密王朝末期，他们认为自己是马其顿人，为了保持身份血统的纯正，他们鼓励家族内部通婚，甚至兄弟姐妹之间通婚。

托勒密一世的继承者是其子托勒密二世。托勒密二世奉行对外扩张政策并初见成效，在父辈奠定的江山基础之上，他进一步巩固夯实了托勒密家族的根基。然而，整个托勒密家族，只有托勒密一世和托勒密二世是合格的领导者，其后诸王都只是在竭力维系而已，王室内斗连续不断。一些国王登基时年龄尚幼，野心勃勃的掌权者和逢迎投机者彼此争权夺利，整个国家世风日下。

随着托勒密王朝统治的延续，亚历山大城民众拥有的权利被剥夺殆尽。最终，在托勒密八世统治时期，埃及爆发了内战。这场战争从公元前132年开始，持续了将近十年的时间，内战摧毁了亚历山大城。来自罗马的威胁也一直存在，公元前96年，托勒密·阿毗翁（Ptolemy Apion）将宝贵的埃及领土交给罗马。自此，托勒密家族逐渐依附罗马而掌权。托勒密十一世及其后继者成为埃及国王正是源于罗马的任命，在埃及人心中，他们已经与罗马的傀儡无异。

最终，也是罗马敲响了托勒密王朝的丧钟。在克莱奥帕特拉十二世长达20年的统治期间，凭着她对治下埃及这片土地文化、传统甚至语言的热爱，托勒密王朝君臣关系才有所恢复。尽管如此，托勒密王朝依然无法逃脱短命的命运。克莱奥帕特拉在公元前30年自杀，她的儿子与共治者托勒密十五世，在埃及臣服罗马时被屋大维·恺撒（Octavian Caesar）处死。充满传奇色彩的托勒密王朝，以及那些根本不是埃及人的埃及君主，最终退出了历史的舞台。

☼托勒密一世“拯救者”是埃及托勒密王朝的建立者

托勒密家族的统治

托勒密一世

托勒密一世“拯救者”是托勒密王朝的建立者，亚历山大最信赖的盟友之一，是一个具有文韬武略的将军和政治家。

托勒密二世

托勒密二世“爱兄弟者”（Ptolemy II Philadelphus）统治时期，亚历山大城的宫廷熠熠生辉。在他统治期间，亚历山大城学术研究和艺术发展臻于顶峰，修建了包括亚历山大城图书馆等诸多建筑。

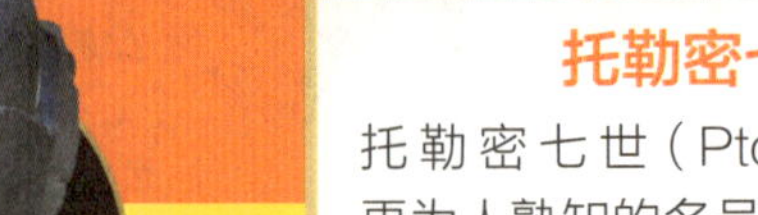

托勒密八世

托勒密八世“啤酒肚”（Ptolemy VIII Physcon）通过暴力和阴谋夺得王位，迫害与其敌对的知识分子，驱逐他们出埃及，最终引发了一场内战。

托勒密七世

托勒密七世（Ptolemy VII）更为人熟知的名号是“爱父者二世”（Neos Pilopator），如果他真的曾经为王，也是享国日短。他的叔叔将其谋杀，并夺取了权力。

托勒密九世

托勒密九世“救星二世”（Ptolemy IX Lathyros）与其母亲克莱奥帕特拉三世（Cleopatra III）共同执政，他在重返埃及之前甚至一度放弃埃及王位，只统治塞浦路斯。

托勒密十世

托勒密十世（Ptolemy X）弑母后独自执政。

克莱奥帕特拉七世

克莱奥帕特拉或许是托勒密王朝最知名的君主，她已经成为一个浪漫传奇。这个著名的女君主最终自杀。

托勒密十五世

即恺撒里昂（Caesarion），他是克莱奥帕特拉和尤利乌斯·恺撒的儿子，曾与母亲共治。母亲自杀后，罗马将托勒密十五世处死。

托勒密三世

托勒密三世“施惠者”（Ptolemy III Euergetes）之闻名，得益于他的碑刻法令。他对埃及宗教传统秉持开放的态度，扩建了亚历山大城图书馆。

托勒密四世

托勒密四世“爱父者”（Ptolemy IV Pilopator）统治时期，托勒密王朝走向衰败。他在母亲遭谋杀后登上王位，统治权却很难掌控在自己手中。

托勒密五世

托勒密五世“神显者”（Ptolemy V Epiphanes）即位时年仅5岁，实际统治权掌控在野心勃勃的摄政者手中。成年后，他曾经残酷地镇压民众的叛乱。

托勒密六世

在王位被哥哥攫取后，托勒密六世“爱母者”（Ptolemy VI Philometer）别无选择，只好寻求罗马的支持以夺回权力。

托勒密十一世

托勒密十一世（Ptolemy XI）在位仅仅三周就被亚历山大城民众私刑绞死，因为他杀死了自己深孚众望的新娘，这个女子也是他的继母。

托勒密十二世

托勒密十二世（Ptolemy XII）与罗马建立了盟友关系。当他被废黜时，罗马又扶持他重登王位。

托勒密十三世

十几岁的少年托勒密十三世（Ptolemy XIII）统治的是一个因内战而四分五裂的国家，他的姐妹们与其分庭抗礼。他在逃跑时溺毙水中。

托勒密十四世

托勒密十四世（Ptolemy XIV）娶了姐姐克莱奥帕特拉，后者才是这个国家真正的统治者。他的命运不甚清楚，可能是克莱奥帕特拉杀死了他。

死亡、丧葬与来世

埃及大地孕育了璀璨的文明，但是古埃及人相信，在死后世界的那片土地上，他们才会真正地重获新生

在东部沙漠灼热的黄沙之下，埋藏着我们所知的世界上极伟大的一个文明的遗存。公元前3千纪到前1千纪期间，古埃及人在尼罗河岸繁荣发展，埃及帝国疆域北部远及今天的叙利亚，南部到达北苏丹的努比亚。

人们在这里过着富庶的生活，丰饶的土地促进了农业社会的繁荣发展，古埃及人创造出了古代世界最先进的农耕技术。他们的建造工程无与伦比，他们用高耸宏伟的神庙和壮丽巍峨的金字塔改变了埃及的地平线。他们的军队无可匹敌，科学不断创新，他们的艺术创作为文艺复兴时期的大师们提供了蓝图。

不过，古埃及人相信，他们在死亡中才能真正获得重生。古埃及人对来世的信仰坚如磐石，但是要进入来世并非一帆风顺。亡者的灵魂，首先必须穿过危机四伏的地下世界，通过争斗的神灵、怪兽、守门者，最后到达审判厅。在审判厅，灵魂会被带到42位审判神

面前，要在他们面前证明自己有资格进入来世。如果成功通过审判，灵魂将会继续进入称心仪式的环节。心脏记录了亡者生前所做的好事和坏事，它要与玛阿特女神的羽毛称重比较。如果心脏的重量更沉一些，它就会被扔给鳄首怪物阿姆特（Ammut）吞噬，灵魂则被投入无边的黑暗之中。如果天平保持平衡，灵魂将继续前进到达灯心草之地（the Field of Rushes），那里是反映人间生活的天堂之地。

因为死后要面对诸多挑战，所以古埃及人在活着的时候会穷其一生为来世做准备。除了要避免犯罪外，还要购买随葬物品，准备棺材，建造坟墓，埃及很多墓葬修造得比活人住的房屋还要精美。

不过，古埃及人在死后对尸体的处置是最能引发人们想象的，也是人们对古埃及文化一直痴迷的核心所在。

木乃伊制作过程

永生不仅是要保存亡者的灵魂，也要保存亡者的尸体，因为古埃及人相信人的灵魂（ba）和生命力（ka）要回到尸体当中。为了防止尸体腐坏，要对其进行一个冗长的木乃伊制作程序。历经千年成熟发达的木乃伊制作技术，让古埃及制作出了古代世界保存最完好的木乃伊，现在我们看到的木乃伊男女和孩童的脸庞，几乎与两千多年前一模一样。

埃及最早的木乃伊可以追溯到大约公元前3500年。在那之前，所有的人，无论其处于社会哪个阶层，死后都要葬在沙漠的坟墓中，尸体会通过脱水过程自然得到保存。以人工方法对尸体进行防腐处理后，尸体能够获得更好的保存，在墓葬中保持不腐。到大约公元前1550年，木乃伊的制作技术已经极为成熟，能够很好地保存尸体。通过这种方法，一些脏器被移除，肉身进行脱水，尸体被包裹在亚麻布中。这样的工序需要70天的时间，费用昂

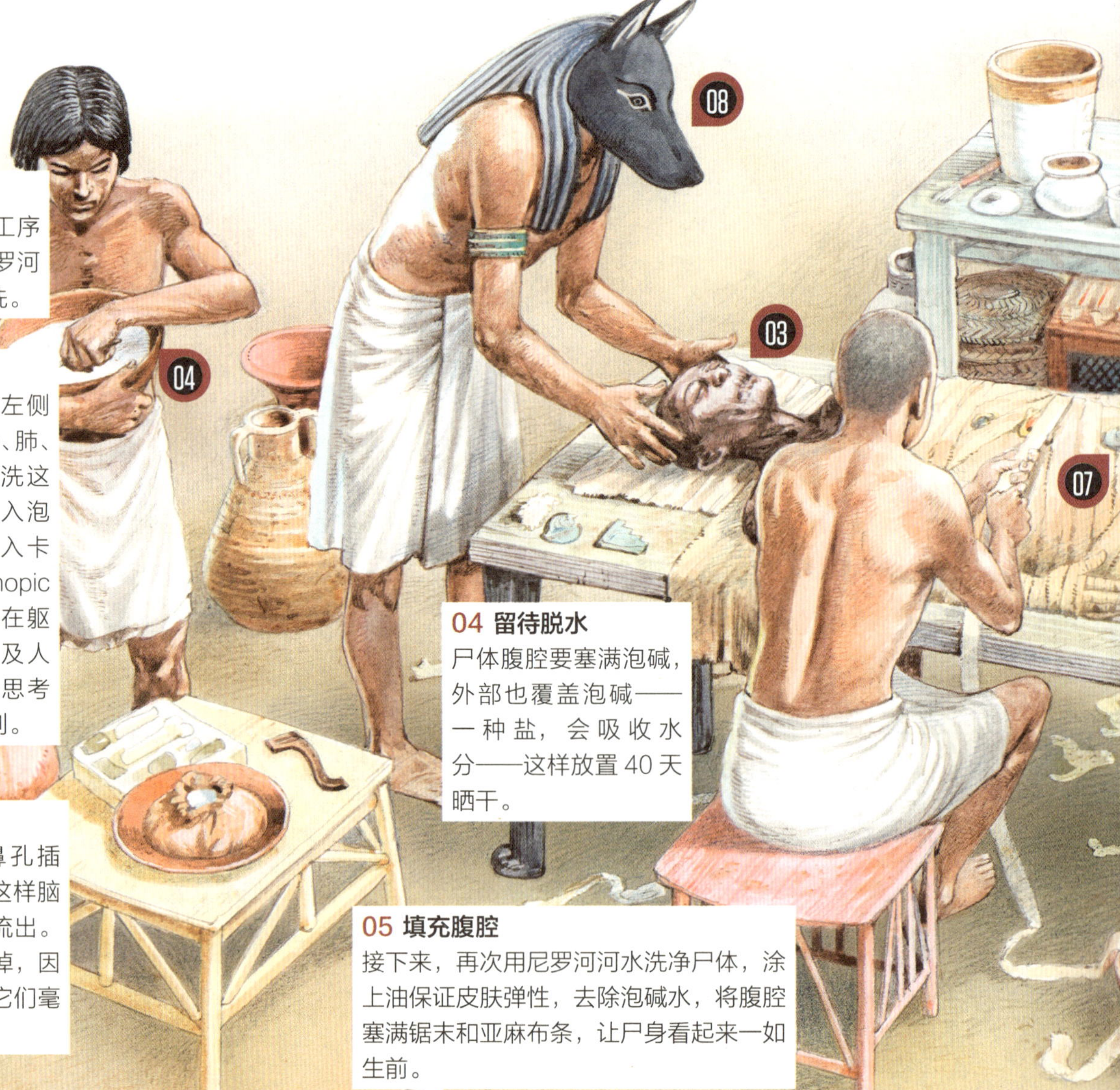

01 净化尸体
在进行尸体防腐工序前，尸体要用尼罗河河水和棕榈酒清洗。

02 摘除内脏
首先在尸体腹部左侧切一个小口，将肝、肺、肠和胃取出，清洗这些脏器并将其放入泡碱中，之后再放入卡诺皮克罐（canopic jar）。心脏要留在躯体中，因为古埃及人认为心脏是用于思考的，在来世会用到。

03 去除大脑
把一根细棍从鼻孔插入，直入颅内，这样脑浆就可以从鼻孔流出。这些脑浆会被扔掉，因为古埃及人认为它们毫无用处。

04 留待脱水
尸体腹腔要塞满泡碱，外部也覆盖泡碱——一种盐，会吸收水分——这样放置40天晒干。

05 填充腹腔
接下来，再次用尼罗河河水洗净尸体，涂上油保证皮肤弹性，去除泡碱水，将腹腔塞满锯末和亚麻布条，让尸身看起来一如生前。

贵，只有富人才能负担得起。普通人只能采用另一种尸体保存方法，即用松树脂将内脏器官液化，通过直肠将它们排出，然后将尸体放进含盐的泡碱当中，对尸体进行脱水。

尸体防腐过程在红地（the Red Land）上进行，这是一片远离人口密集区的沙漠地带，距离尼罗河不远。人死之后，尸体会被带到伊布（Ibu）或称作“净化之地”（Place of Purification）的地方，在那里用尼罗河河水清洗干净。之后被运到佩尔奈弗尔（per-nefer），或称作“木乃伊制作之屋”，这是一个通风良好的开放式帐篷。里面摆放一张桌子，由防腐师对尸体进行处理。这些防腐师都是技术高超的匠人，积累了丰富的人体解剖学知识，手法老练。他们通常也是祭司，为亡者举行宗教仪式也是防腐过程中非常重要的一部分。经验丰富的祭司负责木乃伊制作的大部分工序，如包裹尸体等，在这期间他们会头戴豺狼面具。这表明了阿努比斯神在木乃伊制作过程中的地位，他是尸体防腐和来世之神。

08 祈祷语

在缠裹亚麻布的过程中，祭司要诵读咒语驱逐邪灵。祭司常常戴着阿努比斯的面罩，阿努比斯是与防腐过程和来世密切相关的神。

07 加入护身符

为尸身缠裹亚麻布的过程中，每层要裹入护身符等符咒，以保护亡者在去往来生的路上畅通无阻。

06 缠裹亚麻布

首先用亚麻布缠裹头部和颈部，然后是手指和脚趾，将双臂和双腿分别缠裹后再裹绑在一起，中间以液化松香为黏合胶。

丧葬

古埃及人的安息之地，可能与他们活着的时候一样应有尽有

富裕的古埃及人在生前就开始建造奢侈的坟墓，并在坟墓中放好能在来世保护和帮助他们生活的随葬品。随葬品的范围，从简单的物品如碗、梳、衣物，到战车、家具、武器和珠宝，应有尽有。在古埃及墓葬中发现的珠宝都价值不菲，这表明地位的标志在来世一样重要。坟墓中也要储放一些食物，填埋墓葬后它们可以作为祭品为生命力提供能量，生命力是构成人类灵魂的五要素之一。墓室墙壁上雕刻的食物，也是为亡者提供的营养物品。

入葬那天，亡者即从生的世界去往死的世界。无论穷人还是富人，都要举行一个葬礼仪

☼国王谷一座墓葬中的石棺

☼托勒密时期的一位男性木乃伊

式，这是保证亡者灵魂进入来世的必要程序。王室成员和富人的葬礼比较复杂，下葬过程中会有一队送葬者和跳舞者伴随棺材进入墓室，墓室或位于地下，或在马斯塔巴中，或在金字塔中。同时出场的还有两个被称为“哭丧妇”的女人，她们的工作就是当众放声痛哭，引领别人像她们一样痛哭。为亡者进行哀悼，可以确保他们进入来世，参加葬礼的人表现出极大的悲伤，也被认为有助于亡者顺利通过审判厅。

到达墓地后，祭司会举行开口仪式（the Opening of the Mouth ceremony）。木乃伊被向上竖直撑起，祭司开始念诵咒语，用刀片抵在亡者嘴部（让亡者能够呼吸、吃饭、喝水）、眼睛（让亡者能够看到）、四肢（让亡者能够移动）等部位。人们会献祭食物和礼物，以帮助亡者的灵魂在来世生活无虞，然后还会举行葬礼宴饮活动。最后，人们将棺材放至墓中，王室成员的木乃伊会放在石棺里。石棺的用处意在提供一层额外的保护，以防止盗墓者侵扰，因为在尼罗河谷盗墓贼比较常见。接下来，祭司诵读咒语和祷词，之后将墓室封闭，永远不再开启，或者说他们希望如此。

沙卜泰（Shabtai）

这些小雕像与亡者一同埋葬，古埃及人认为这些小雕像在来世可以充当仆人。雕像通常由木头、黏土或者石头制成，尺寸通常非常小，稍早时期也发现了与真人一样大小的模型。许多小雕像是荷锄挎篮的形象，因为古埃及人相信在来世他们会分到一块田地，自己要去耕种来维持生活。仅仅在塔哈尔卡（Taharqa）法老的墓葬中就发现了1000多个小雕像，这种雕像是埃及最常见的一类艺术品。

埃及防腐师护身符使用指南

这些护身符放在木乃伊裹尸布的每层中间，但是每个符咒的功能是什么呢？

心形护身符

这种护身符用来保护心脏，古埃及人认为心脏是最重要的器官。心脏护身符下面通常刻有《亡灵书》咒语，帮助灵魂在冥界顺利通行。

伊西斯之结

伊西斯之结通常被用作护身符，古埃及人相信它们能够连结和释放魔力。这些结通常戴在颈部，据说能够保护佩戴者免受伤害。

杰德柱

这种护身符代表了来世神奥西里斯的脊骨，它被紧紧包裹在木乃伊脊柱附近，让木乃伊在来世能够坐立起来，确保亡者重生。

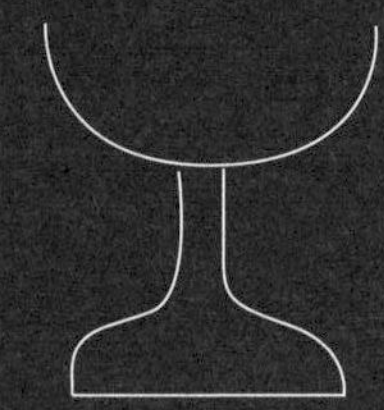

头枕护身符

根据《亡灵书》记载，如果把头枕护身符放在颈部下方，会让亡者身体舒适，还能防止他们被斩首。

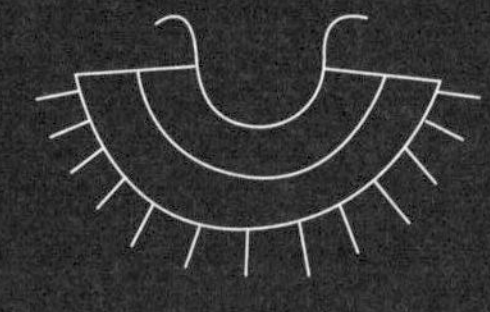

衣领护身符

衣领护身符被放置在木乃伊颈部下方，这样颈部可以在来世摆脱亚麻绷带的束缚。

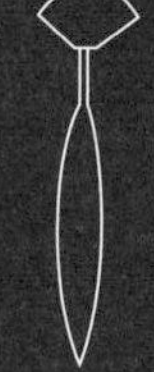

纸草权杖

纸草植物代表了新生和重生，古埃及人相信纸草会给亡者带来能量和活力，帮助他们抵御冥界各种恐怖的磨难。

双指护身符

双指护身符放在摘除内脏器官的切口附近，可能是为了让切口密封和愈合好，阻止邪灵侵入身体。

蛇护身符

蛇护身符可以放在身体任何部位，阻止灵魂进入冥界时被蛇咬噬。

青蛙护身符

青蛙护身符被认为具有生命与丰饶之神蛙首女神的能量，将青蛙护身符放在木乃伊上，有助于亡者回归生命。

动物木乃伊

古埃及人相信，许多神祇是以动物的外形生活在大地上。阿蒙神采取的是公羊的形象，托特神是朱鹭或者狒狒的形象，巴斯特女神是猫的形象。这些动物都被像神一样对待，它们死后也像人一样被制成木乃伊。在公元前661年至前332年，动物木乃伊已进行商业制作，作为祭品售卖。X射线检查表明，饲养这些动物明显是用作祭品，有一些是被故意杀死的。留存下来的许多动物木乃伊都只有小块的碎骨，或者完全是中空的，说明这些神圣物品在古埃及当时供不应求。

层层包裹的木乃伊

死后被制成木乃伊还不能直接进入永生。尸体要被放进几个椁套和棺材中，有时多达 8 层棺椁，这样亡者才能获得安息

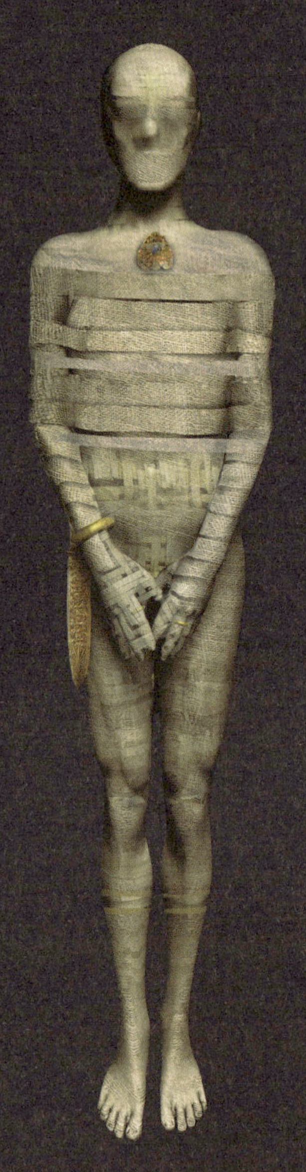

01 来世用品

尸身用层层亚麻布缠裹后，一些物件例如珠宝和匕首会放在木乃伊身上以备来世使用。圣甲虫护身符戴在颈部，能在称心仪式中帮助和指导灵魂通过检验。

02 木乃伊封套

木乃伊处理完毕后，人们会制造一个木乃伊封套。先用干草和泥巴做人形内芯，然后用经松香或动物油脂浸泡过的石膏与亚麻布即类似混凝纸浆的绷带敷上。固定晾干后，砸开封套取出内芯填充物，将尸体放入。

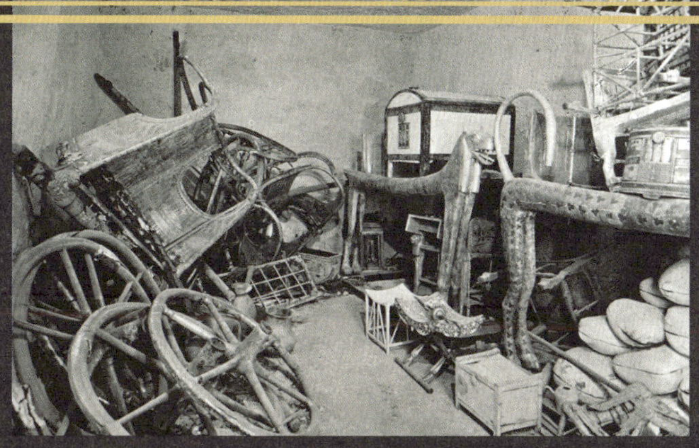

☼ 1922年发现的图坦卡蒙陵墓内景

☼ 尼托克里斯（Nitocris）的石棺

03 **封套绘饰**

再加一层木乃伊封套，表面涂上一层石膏或者用松香和白垩岩粉制成的石膏粉。然后，用靛蓝、茜草和赭石等天然颜料为木乃伊封套绘制复杂的装饰图案，最常见的图案是冥神奥西里斯的审判。

04 **木棺**

将亡者的尸体放入人形木棺。王室成员的棺材可能用金箔绘饰，用珍贵宝石装点。用木头或者贵金属制成死亡面具，就放在木乃伊的头部，确保死后灵魂能够认出自己的身体。

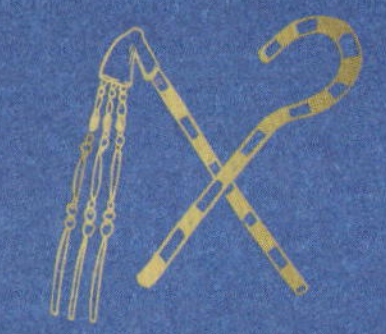

法老们的建筑成就

法老们为了展示自己的财富、权力和先进的建筑技术，
建造了这些伟大的工程，这些建筑时至今日依然让参观者叹为观止

金字塔和斯芬克斯让埃及蜚声内外，但是，古埃及文明的建筑成就远远不限于此。奴隶们借助斜坡原理和杠杆工具修建了古埃及有史以来最大的宫殿、纪念碑和墓葬建筑。古埃及历史绵延三千年，历经170多位法老的统治，他们的建筑和装饰风格迥异。我们知道，一些法老会拆除或者挪移前任国王的建筑以获取材料，来达成自己建造宏伟工程的理想。

埃及缺乏木材，大多数建筑都是用泥砖和石灰石建造而成的，泥砖和石灰石这些材料在埃及本土很容易获得。当地矿场也会开采、运输花岗岩和砂岩石材，用来修建神庙和墓葬建筑。当时的大多数建筑师都青睐门

柱门梁建筑模式，用厚重且常常装饰繁缛的柱子支撑房顶水平结构。留存下来的古埃及泥砖建筑寥寥无几，但是，人们认为神庙和金字塔一类石质建筑的某些设计灵感，即源自这些更为简朴的泥质建筑，其稳定性都是依靠坡度较小的墙壁支撑实现的。

在第二王朝时期，古埃及出现了石质建筑物和方尖碑。方尖碑常常成对竖立，尖指天空，古埃及人相信，在世界各处的神灵王国，都存在着这样成对放置的方尖碑。这些方尖碑通常由整块巨石雕刻而成，古埃及人运用聪明智慧，借助尼罗河水路和陆路运输这些沉重的石料。随着拱顶结构的出现，第四王朝的纪念碑式建筑变得更为复杂，因为拱顶结构让设计别致入口和通道成为可能。

古埃及人测量并记录天体运行和天文大事，宗教建筑的设计与春分、秋分、冬至、夏至相匹配。人们相信法老们在死后也会成为星辰，所以他们的墓葬通常朝向某些星辰。古埃及人详细的文字记录体系，让我们能够一览他们的设计、规划和各种说明，一些新建筑的设计也可以参照以前成功的范例。

这座金字塔被认为是埃及最古老的巨石建筑

佐塞金字塔

佐塞金字塔坐落在孟斐斯城的西北部，通常被称为阶梯金字塔。法老佐塞属于古王国时期，他大约在公元前27世纪的某一时期登上王位，大臣伊姆霍特普为他设计和建造了这种金字塔陵墓。法老佐塞的石灰石雕像曾经伫立在陵墓之前，这是目前已知古埃及最古老的真人等身雕像。这座雕像现藏于开罗埃及博物馆。佐塞在建造自己的安息之地时，采取的设计风格与以往不同，他修建了第一座大型石建筑，为后来真正金字塔的出现铺就了道路。

这座拥有七层台阶的金字塔，曾经位于墓葬建筑群的中央庭院位置，其通高62.5米，外层覆以石灰石块。阶梯墓葬和神庙这种有时被称作原始金字塔的建筑，在世界各地都有发现，包括墨西哥、意大利和伊朗。佐塞金字塔除最顶层外，每一层都是一个马斯塔巴，所谓马斯塔巴是一种长方形、顶部扁平的早期墓葬形式。第三王朝时期的这些阶梯建筑的重要意义目前还不清楚，不过人们推测金字塔的这种形状可能象征了法老的王冠，或者是有助于法老在死后到达北极星。

在金字塔肉眼可见的外观之下，进入内部我们可以看到，在分成不同层级的马斯塔巴下面，有一系列的墓室、长廊和通道，它们连接起来绵延约有6千米，核心墓室深达28米。这一地下空间是埋葬法老及其家人的遗体之处，也是储藏供奉神祇的祭品之处。佐塞的木乃伊一直未被发现，这座金字塔曾经遭到盗墓贼的劫掠，墓中物品几乎所剩无存。

阶梯金字塔建筑群由柱廊、庭院、墓葬和围墙构成

佐塞金字塔，为法老及其家人建造的墓室

哈特谢普苏特神庙

哈特谢普苏特神庙位于尼罗河西部的德尔巴赫里，这座神庙被许多人认为是古代埃及祭庙中最美丽的一座。尽管神庙现在看起来光秃秃的，背后的崖壁和高山也很荒凉，但是神庙初建之时，带有廊柱的平台是一座种满异域奇花异草的大花园，臣属和崇拜者们常出入斜坡梯道之上。

古埃及人在设计建造这座神庙时，考虑到冬至这一天，阳光能够直射照到圣所的墙壁及内殿门两侧的奥西里斯雕像之上。光箱将额外的光线投到阿蒙神和哈比神的雕像上，以及最里面的圣所当中。

哈特谢普苏特女王是古埃及第二位得到证实的女性法老，这座神庙内部的雕刻讲述了她神圣出身的故事。斯芬克斯大道、两座奥西里斯雕像及诸多展现女王特点的建筑，让整座建筑熠熠生辉，不过，神庙的大部分建筑在其继子图特摩斯三世的命令之下，遭到损毁，或者被盗墓者洗劫。

哈特谢普苏特神庙经过大规模的修缮，得以重现往昔的荣光

☼哈特谢普苏特神庙位于蒙图霍特普二世神庙附近，是参考后者这一早期建筑修建而成的

卡纳克

古埃及人称卡纳克神庙建筑群为伊佩特-伊苏特（*Ipet-Isut*），即“最神圣之地”，它一度包括卢克索附近的区域。留存至今的建筑大多数修建于新王国时期，当时的首都是底比斯。卡纳克神庙的修建，始于中王国时期的法老辛努赛尔特（Senusret，约公元前1971年至前1926年）统治时期，前后持续了将近两千年的时间。在此期间，大约有30位法老对其进行了扩建，因此这座神庙的建筑风格包罗万象，但独树一帜。

卡纳克神庙建筑遗址面积广大，占地5000平方米，其多柱式建筑大柱厅由134根圆柱支撑，是世界宗教建筑中空间最大的屋宇。其中的122根石柱高10米，其他12根石柱高度接近24米。这一大型建筑群可以容纳成千上万人来祭拜底比斯三神（Theban Triad）：阿蒙神、穆特神和孔苏神（Khonsu）。每位神祇在此都有属于自己的界域，为了突显三神中的主神阿蒙的地位，其界域占地最大，其中包括一些大型雕像和一处圣湖。

在漫长的历史发展过程中，卡纳克神庙建筑群的布局有所变化，一些建筑被增建、拆除、改建或者用作他途。在卡纳克神庙遗址，游客们还能看到一些圣所、神庙、廊柱、方尖碑和雕像。不过，目前只有阿蒙神的界域作为卡纳克神庙露天博物馆（the Karnak Open Air Museum）的一部分向公众开放。

卡纳克阿蒙神庙的雕刻拱门

☼ 卡纳克神庙是除金字塔之外埃及最受欢迎的景点

☼ 在古代埃及，卡纳克神庙是祭祀底比斯三神的主要神庙

这些雕像展现的应该是阿蒙霍特普三世的形象

门农巨像

门农巨像高达20米，是底比斯大墓葬群中最引人瞩目的建筑。这对巨大的双子石像建于公元前1350年左右，参照了第十八王朝法老阿蒙霍特普三世的形象，高大的坐像面向东方凝视着尼罗河的方向。王座正面部分雕刻了两个小雕像，分别是法老的母亲和妻子。

制作雕像用的石英岩砂岩，是从近700千米外的采石场经陆路运输过来的，可能是石料太重，难以使用尼罗河水路。建造这些巨像的目的是护卫法老的祭庙，阿蒙霍特普三世无论在位期间还是死后都被视为神，埃及人要在祭庙中对其进行祭拜。

底比斯大墓葬建筑群是当时整个埃及规模最大、气势最宏伟的建筑群，占地面积0.348平方千米。时至今日，这一规模庞大的建筑群仅剩下门农巨像。公元前1200年左右的一次地震摧毁了这片建筑群，大约在公元前27年这里再次发生地震，人们不得不重建巨像。尼罗河一年一度的泛滥，逐渐侵蚀了建筑物的地基，此外很可能是阿蒙霍特普三世之后的法老们将这里的建筑材料陆续搬走了，用来建造自己的伟大工程。

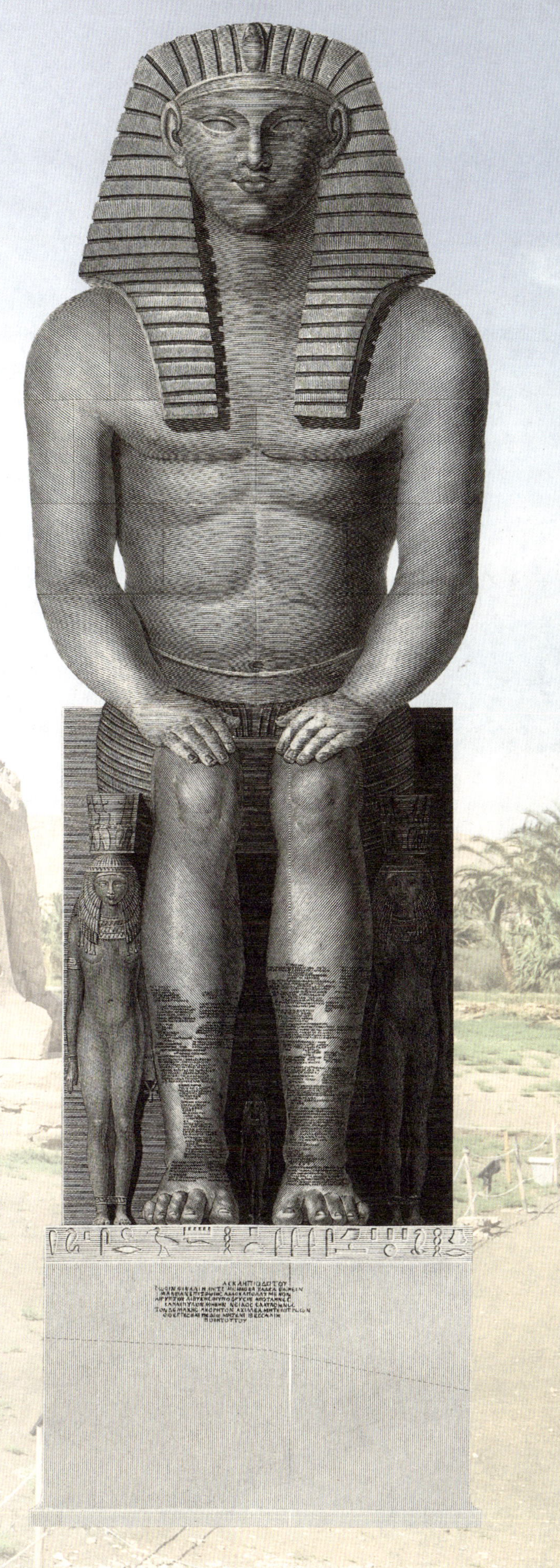

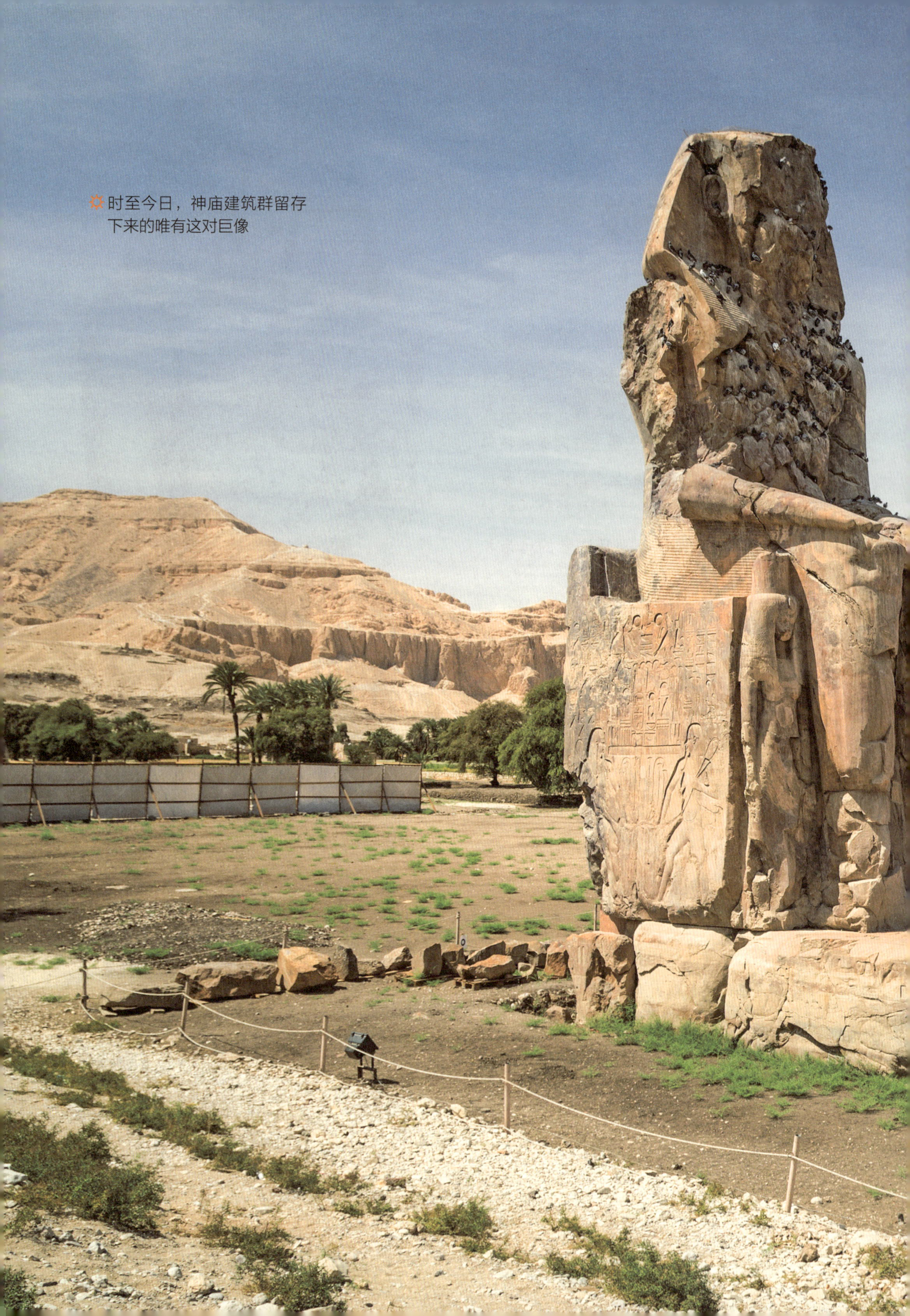

时至今日，神庙建筑群留存下来的唯有这对巨像

拉美西姆

在所有的法老中，拉美西斯二世统治年限最长，在位时间66年，他建造的神庙数量也最多，古埃及历史上任何一位法老都无法与其比拟。拉美西斯二世最伟大的工程是建造了他的祭庙拉美西姆。这座祭庙位于底比斯大墓葬群之中，花费20年的时间才建造完成。神庙的现代名字源自1829年，当时法国学者让-弗朗索瓦·商博良（Jean-François Champollion）率先破解了墙壁上指代拉美西斯二世名字的象形文字。

根据祭庙的建筑传统，两座拉美西斯二世巨像凝视着墓葬建筑。拉美西斯二世取得的胜利、他的子嗣及他一生对诸神的虔敬之心，都被生动地刻画在墙壁和塔门之上。在这里，崇拜者们将拉美西斯二世当作世间的神来崇拜。一些规模较小的神庙，包括祭献母亲和正妻的神庙、纪念父亲塞提一世的神庙等，都围绕在这座主要纪念建筑的周围，此外还有焙烤房、厨房、储存室及围绕整个建筑群的泥墙。

拉美西姆建在尼罗河冲积平原的边缘区域，建筑的许多部分受到水流的冲刷破坏。1818年，人们借助意大利工程师纪梵尼·贝尔佐尼（Giovanni Belzoni）发明的液压机，将一座雕像的花岗岩头像部分拆卸运到英国。今天，我们能在大英博物馆看到这个头像。

这些雕像以冥界之神奥西里斯的样貌展现了法老的形象，不过它们的头部都不见了

卢克索神庙入口的两侧均有塔门，其中一座塔门被搬到了巴黎

卢克索神庙

卢克索神庙距离卡纳克神庙并不远，这两座宏伟的纪念碑式建筑及（曾被称为底比斯的）卢克索内的其他遗址，让这座城市获得了“世界最宏伟露天博物馆”的美称。卢克索神庙是献给底比斯三神的，人们认为新国王是在这里登基加冕的。

建造卢克索神庙使用的砂岩来自努比亚，采石场沿尼罗河岸距离卢克索150千米。阿蒙霍特普三世建造了最初的阳光庭院、塔门、方尖碑、雕像和圣所，后来由图坦卡蒙和拉美西斯二世继续建造。卢克索神庙是底比斯奥佩特节（The Opet Festival）活动的终点，奥佩特节是每年都要举行的庆典活动，在庆典中卡纳克神庙底比斯三神雕像的游行队伍会穿过连接两大神庙的斯芬克斯大道，此外还有法老的重新加冕仪式。

中世纪时期，卢克索的居民在神庙之上和周围增添了一系列建筑，这座遗址四分之三的区域都被巨大的碎石堆占据了。1884年，法国埃及学家伽斯通·马斯佩罗（Gaston Maspero）对这里进行了考古发掘，发掘活动一直持续到20世纪。拆除包括塔楼、小房屋及堡垒营房在内的一些后期建筑后，神庙真容得以再现。

卢克索神庙曾经掩藏在成堆的砾石和新建筑之下，现在它熠熠生辉屹立于尼罗河东岸

阿布辛贝勒

阿布辛贝勒建在尼罗河西岸坚固的石山上，包括两座神庙。神庙入口处矗立着这位法老和王后奈菲尔塔利的巨型石雕像，王后雕像的尺寸与法老雕像的尺寸相当，这种情况在古埃及是极为罕见的。

两座神庙中规模较大的神庙，历经20年修建而成。在这座神庙的内部，巨大的内殿采用了石柱结构进行支撑，周围饰以王后和诸神的形象。

拉美西斯二世下令建造阿布辛贝勒神庙，目的是纪念自己的统治、崇拜太阳神阿蒙拉和拉・霍拉胡提神（Re-Horakhty），后者是阿蒙神和荷鲁斯神与拉神的结合体。神庙的内殿呈一条直线，这样一年当中，有两天阳光可以穿过幽暗的长廊直射内殿深处的众神雕像之上。这两天的日期为2月22日、10月22日，据说这两个日期分别是拉美西斯二世登上王位的时间和他的生日。

大神庙入口的两侧矗立着高20米的巨型雕像

阿布辛贝勒神庙位置偏僻，长久废弃后即被沙石逐渐掩埋，消失了几百年。1813年让-路易·布克哈特（Jean-Louis Burckhardt）重新发现了这座神庙，1817年探险家们发现了通往一个内殿的入口。1959年，埃及政府决定将神庙搬迁，因为尼罗河水位上升会将其毁掉。从1964年开始，埃及耗费4000万美元，耗时4年时间，将阿布辛贝勒神庙整体迁移到距离尼罗河200米远的高地位置。

阿布辛贝勒大神庙献祭的对象是阿蒙拉神、拉·霍拉胡提神、普塔神，以及神化的拉美西斯二世

开启图坦卡蒙之墓

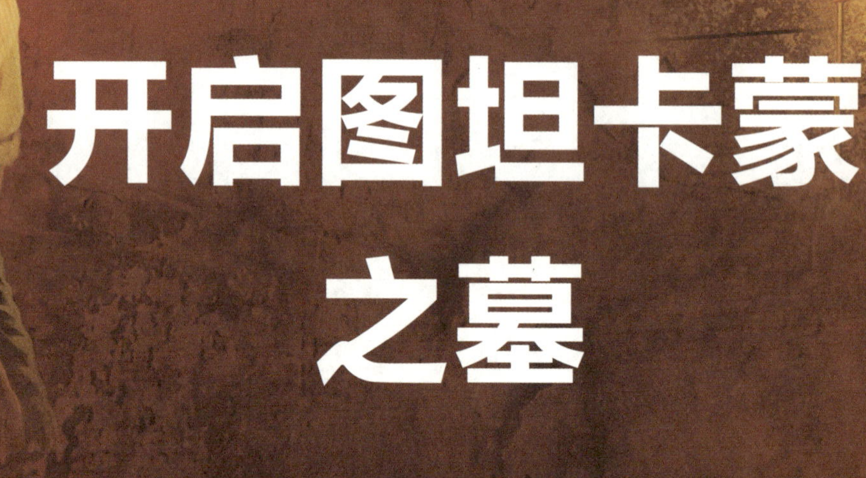

清理墓门前的碎石，仿佛耗费了一辈子的时间。卡纳冯勋爵一直在狭小的甬道里来回踱着步子，他的女儿伊芙琳夫人（Lady Evelyn）焦虑地摆弄着自己的头发。不过，霍华德·卡特（Howard Carter）安静地站在那里观察着，等待着。当整扇门都清理干净之后，他朝门的方向走去。凿子越往里探，卡特的手就颤抖得越厉害。等他把石膏层钻下去以后，他听到了轻微的“叮当声”，他钻通了一个极小的孔洞。接着，他把一根长铁杆伸进孔去，谢天谢地，情况表明不管孔洞的那一边有什么，但至少不再是满地的碎石了。燃烧的蜡烛也说明里面并没有什么有毒气体。他一言不发，将孔洞一点点扩大，等到足够可以伸进一支蜡烛的时候，他借着烛光向里看去，一片漆黑。他的眼睛努力地适应着黑暗，当尘封的一股热气从狭小孔隙中涌出来时，烛光开始摇曳起来。厚厚的尘雾慢慢变薄，影像逐渐呈现出来。在飘忽不定的迷雾中，他看到了奇特的形象，一些前所未见的奇特的动物、高耸的雕像，遍地的黄金在黑暗中闪烁。

“看得见什么吗?”卡纳冯勋爵的声音惊醒了他。卡特已经完全忘记了周围其他人的存在。他嘴唇发干，舌头僵硬，用尽全身力气说了三个字。

“嗯，极品。”

霍华德·卡特原本可能并不是揭开这一神秘古代宝藏的人选。卡特没有接受过正规的学校教育，作为画家之子，他涉猎古埃及的历史主要是因为他的绘画才能。在他17岁的时候，他就开始被雇用临摹墓室的壁画。他曾经为技术娴熟的发掘者弗林德斯·皮特里（Flinders Petrie）工作，后者已经发现了神秘法老图坦卡蒙的蛛丝马迹。年轻的卡特并不知道图坦卡蒙国王是谁，但是他听闻过这位国王的各种传言，传说图坦卡蒙的陵墓就位于这片广袤沙漠的某个地方，至今未被发现，墓室里装满了古代的各种奇珍异宝，这些传闻点燃了这个男孩儿的好奇心。

卡纳冯勋爵乔治·赫伯特（右），是那个时代最著名的埃及学家

卡特离开古物管理局（the Antiquities Service）后，成为一名自由职业者。同一时候，古物管理局的一位私人赞助者狄奥多尔·M. 戴维斯（Theodore M. Davis）和他的团队正在对国王谷进行试掘。他们发掘了一处

卡特对墓室中珍宝的处理小心翼翼，但对木乃伊本身的处置却不够细致

小型遗址，出土了几件带有图坦卡蒙名字的手工制品。戴维斯坚信自己发现的是已被盗掘一空的图坦卡蒙国王墓葬。对于这次发掘，他在公开出版物中写道："国王谷恐怕已经挖掘净尽，再也挖不出什么东西了。"

但卡特并不认同这种观点。他想证明戴维斯发现的并非真正的图坦卡蒙墓葬，但是他没有必备的发掘基金——他现在没有工作，靠向富有的游客出卖画作谋生。不过，他很幸运，埃及的诸多未解之谜吸引了富有但文弱的第五代卡纳冯勋爵乔治·赫伯特（George Herbert）的兴趣。卡特和卡纳冯勋爵两人都渴望能在埃及获得重大发现，他们需要他人的技术和资源支撑。1909年，两人组建了考古队，当1914年戴维斯放弃国王谷发掘许可权的时候，卡特和卡纳冯勋爵抓住机会，拿到了发掘许可。不过，他们的朋友都认为这两个人太过理想主义，太过幼稚，并警告说他们进行的发掘最后只会让卡纳冯勋爵倾家荡产。

卡特并没有被吓退，他开始寻找图坦卡蒙的墓葬，他坚信它一定存在。工作甫一开始就被第一次世界大战打断，最后直到1917年发

掘工作才得以继续进行，发掘活动从地表一直向下延伸到谷底岩床。这是一项漫长而又费力的工作，据估计，卡特的发掘团队要在埃及太阳的暴晒下搬移15万—20万吨的碎石。经过六季的发掘，他们依然一无所获。卡纳冯勋爵开始相信此前那些劝告应该是正确的。起初，他被埃及的发掘前景弄得眼花缭乱，还有卡特那无尽的热情鼓舞，但是，当他发现投到项目中的资金毫无回报时，他变得越来越不耐烦了。

卡特竭力说服了他的朋友卡纳冯勋爵，卡纳冯勋爵答应他再进行最后一季发掘，如果再找不到墓葬，就不再注入资金，图坦卡蒙墓葬的探寻工作也将宣告结束。非常情况采取非常措施，卡特另辟新区，将他的精力集中在此前未曾发掘过的古代建陵工人房舍区，这块区域位于拉美西斯六世陵墓入口处的下方。这里之所以未展开发掘，是因为发掘会引起那些渴望参观陵墓的好奇游客的扰乱。1922年11月1日，他们开始清理碎石，仅仅三天后就发现了一个凿岩而成的台阶。卡特和他的团队沿阶而下，发现了一扇封住的石膏门，上面盖有一个奇特的印章。11月6日，卡特发电报给他的赞助者："谷内有重大发现，巨陵封口完整，已经覆盖，候归，特表祝贺。"

卡特面临的可能是他一生中最漫长的等待。直到当他借着摇曳的烛光凝视墓室的时候，他才彻底明白自己这项发现的重大意

☼发现图坦卡蒙陵墓之后的卡纳冯勋爵（右）和霍华德·卡特（右二）

义——他的坚守一直是对的，这里就是那位神秘莫测的法老的陵寝。

当墓门终于完全打开时，映入眼帘的是无数精品。所谓的前厅里堆满了成排的珠宝、精美的金箱、大型车马、动物形状的床榻及种类丰富的其他珍品。但是，卡特很快就注意到这里没有棺椁。西墙和北墙上的密封门很可能有机关。在卡特和卡纳冯勋爵看来，由国王本人的两座雕像守卫着的北墙可能性比较大。这种诱惑难以抵挡，他俩没有通知古物管理局，与伊芙琳夫人三人在夜色中秘探墓室。

他们的好奇心得到了充分的满足，但是作为侵入者，他们也急于掩藏非法探险留下的所有证据。他们把用来钻入墓室的洞口重新封堵住，甚至把现代石膏藏在一个位置奇怪的篮子盖后面。这种遮掩的手法很拙劣，很快，他们夜间探险的行为就被遗址监督员发现。幸运的是，大家都沉浸在这一惊世发现的兴奋之中，没有人去深究古墓里为什么会出现奇怪的现代石膏。

图坦卡蒙陵墓的发掘是一项大工程

11月29日，新闻记者齐聚一起参加陵寝的正式开放，当地人已经开始在国王谷漫天的尘沙中搭起临时摊位，贩卖图坦卡蒙主题的圣诞卡。卡特虽然很渴望知道主墓室里有些什么，但他还是一丝不苟地清理和记录前厅及侧室中发现的每件物品。当然，他现在已经知道北侧墓门的后面是什么了，他已经见过了。卡特花费了两个半月完成了这项艰巨的清理和记录任务。对卡特和他的团队来说这是一件伤脑筋的事情，他们担心这些异常脆弱的古代艺术品被他们碰触后会化为乌有。他们对发掘出的每个大箱子都要再进行一次小型发掘，因为这些古代物品当初都是匆忙塞进去的，摆放任意且杂乱。

终于等到正式开启主墓室的时刻，眼前看到的情景让人震惊，一座2.7米高的镀金神龛，几乎占据了整个墓室。神龛通体镀金，毫无疑问是放置国王棺椁的。这里是主墓室已经确定无疑，在主墓室的一隅他们发现了另一个空间即小珍宝室，里面堆满了金光灿灿的物品。墓室里的珍宝一层叠垒一层。这样的陵寝，前所未见，亦不再有。

画家眼中的少年国王

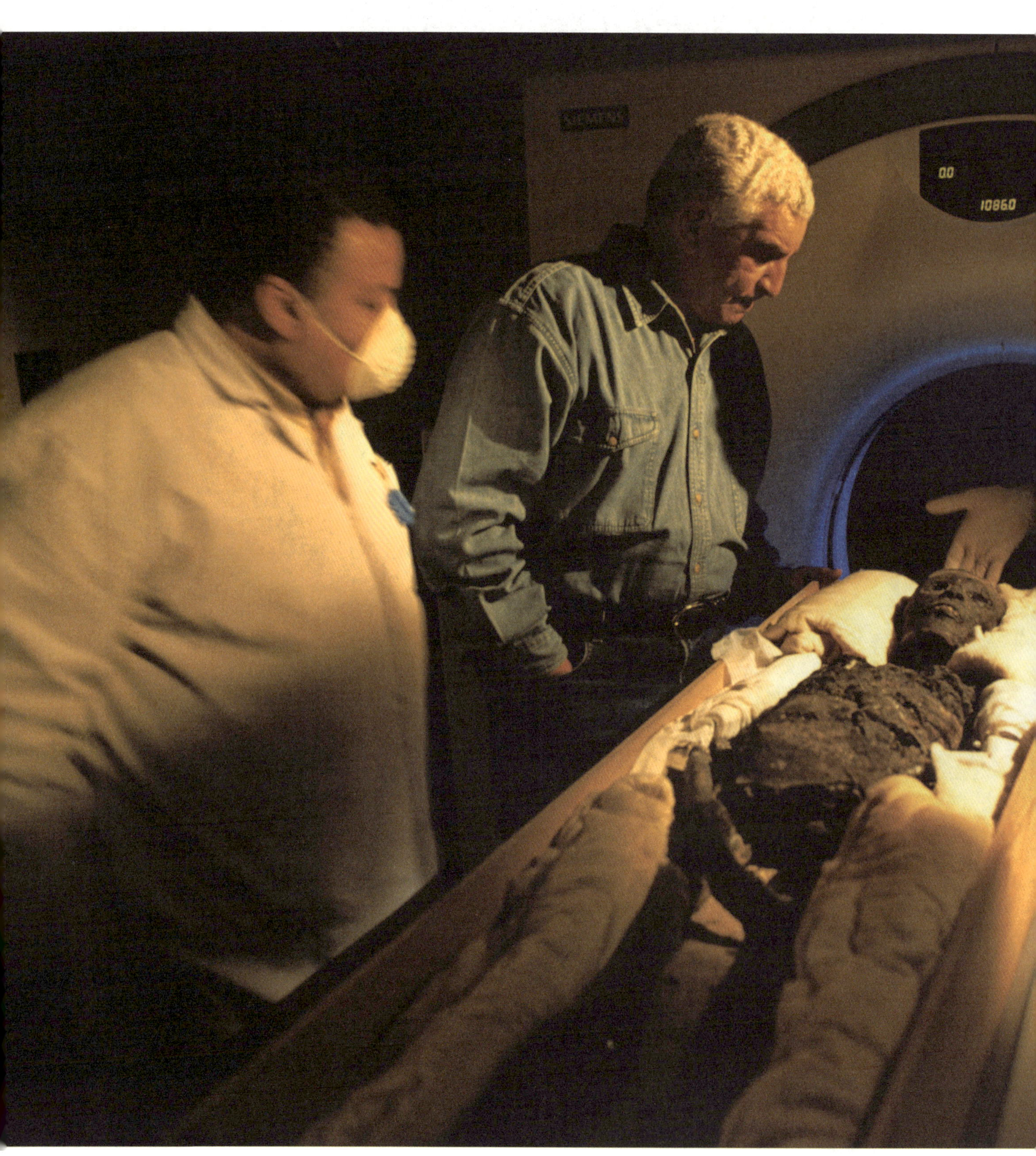

☼使用CT扫描和X光技术，试图确定法老的死因

没过多久，英国新闻界开始连篇累牍地报道这一惊世发现。发现古代遗珍的消息像野火一样迅速播散，世界各地的王室人员和显贵纷至沓来，进入陵寝当中，人人都希望一睹这些稀世珍宝的真容。甚至与考古发掘队成员素不相识的人，也想进去看一看，不过普通民众和新闻记者们只能从陵墓围墙上围观。这样众人翘首以观的景象本身也形成了一道景观，当一批又一批神秘的随葬品从墓室中搬出时，观者人潮涌动。每天涌入卢克索的游客越来越多，当地酒店甚至在花园中搭起帐篷，以满足前所未有的住宿需求。

卡特发现的宝藏一直保存在开罗埃及博物馆，直到 20 世纪 60 年代，这些珍宝在全世界巡回展出。图坦卡蒙的宝藏是大英博物馆有史以来最火爆的展览，160 多万人排队 8 个小时，就为了一睹这位少年国王墓葬的不世奇迹。

走进陵寝内部

01 台阶
16级台阶凿岩而下，到达第一道墓门。这道门是密封门，抹有石膏。不过，上面的痕迹表明这道门在古代至少曾经被盗墓者打开过两次。

02 甬道
甬道沿地势平稳向下，最初这里是用石灰石碎块和瓦砾堆垒堵死的，用来阻挡盗墓者。甬道的尽头是第二道石膏封闭门，门上有图坦卡蒙王室印章的封戳。这道门上的痕迹也显示它曾经被打开过。

03 前厅
这座陵寝被发现时呈现出一种混乱状态，里面堆满了大堆的珍宝，包括图坦卡蒙的王座、两座等身大小的国王雕像、一驾精美的战车。陵寝墙壁非常粗糙，没有任何装饰，这不禁让人想到，此处只是一个临时的仓促的埋葬地。

04 侧室
侧室是陵寝中最小的房间，被发现时物品呈凌乱状态。里面堆满了家具、篮子、模型船，还有其他更多的东西。这是最后发掘的一个墓室，1927 年 10 月开始，1928 年春季结束。

07 死亡面具
在石棺第三层棺椁中的木乃伊上发现了这个死亡面具。它由纯金制成，重达 24 磅（约 10.886 千克）左右。死亡面具的设计，是为了确保灵魂在来世能够辨认出自己的身体。

05 主墓室
这是陵寝中唯一有装饰的墓室，墙壁涂成了亮黄色，表现了图坦卡蒙与诸神在一起的情景。这些壁画尺寸不合常规，刻画不够细致，表明埋葬很仓促。墓室中有四座木质神龛，环绕石棺设置。

06 珍宝室
这间墓室没有门阻隔，里面装满了 5000 多件物品，其中大部分与葬礼或者祭祀相关。墓室中还发现了两个木乃伊胎儿，许多人认为他们是法老过早夭折的孩子。

发掘国王的陵墓

获得发掘资金

霍华德·卡特说服卡纳冯勋爵出资支持他寻找图坦卡蒙的墓葬。这一时期，他开始了在国王谷的发掘工作，但是到 1922 年，卡特仍一无所获，卡纳冯勋爵计划只提供最后一季的发掘资金。

1917—1922 年

向正确方向迈进

霍华德·卡特临时开辟新的发掘现场，工人们发现了一段凿岩而成的台阶。

1922 年 11 月 4 日

发现国王墓葬

卡特发现密封的墓门，墓门后是一段甬道。随后，他给卡纳冯勋爵发电报告知此事。

1922 年 11 月 5 日

了不起的发现

透过一个极小的孔洞，卡特瞥见他所描述的“精美绝伦的物品，琳琅满目，美不胜收”。

1922 年 11 月 26 日

探险

卡特、卡纳冯勋爵和伊芙琳夫人发现了一道密封的墓门，他们偷偷重新打开古代盗墓者的盗洞，爬了进去。

1922 年 11 月 27 日

墓室

卡特打开了通往法老墓室和棺椁的密封墓门，正式开启墓室是在第二天。

1923 年 2 月 16 日

异事开始

卡纳冯勋爵死于蚊子叮咬后的感染，卡特与官方和新闻界取得联系。

1923 年 4 月 5 日

转折点

在官方的干预下，卡特紧锁墓门，拒绝将钥匙交还法国古物管理局局长。

1924 年 2 月 12 日

久候的回归

卡纳冯勋爵夫人同意放弃对墓室的权利。卡特回归工作，墓室正式对外开放。

1925 年 1 月 25 日

工作完成

对墓室的保护工作最终完成，墓室里的珍宝被送到开罗埃及博物馆。

1932 年

图坦卡蒙国王的死因猜测

被继任者谋杀

图坦卡蒙的颅骨有一处凹陷，有些专家认为图坦卡蒙是死于头部遭受重击后造成的脑出血。但是，近期的一项检查否定了这一推测。

痢疾

DNA 数据分析表明，图坦卡蒙曾身患痢疾，有些人认为他虚弱的身体无法抵抗痢疾的侵袭。虽然痢疾可能危及患者生命，但成年人通常能获得免疫，所以该推测尚在争论之中。

战车撞击

图坦卡蒙的尸体一侧有几处损伤。有些专家认为，这些伤口符合战车撞击致死的情形，冲撞造成他的肋骨和骨盆粉碎。但是后来证实，这些伤痕是在死后造成的。

基因遗传疾病

图坦卡蒙之死也被归于诸多基因疾病，包括颞叶癫痫症。专家们做出推测，这位国王突发癫痫，摔倒受了重伤，断了腿，之后发生感染。

被河马咬死

图坦卡蒙有几根肋骨骨折，心脏没有做防腐处理，这说明胸部受伤是导致其死亡的原因。捕猎河马是埃及法老的一项娱乐活动，可能恰恰是这一点催生了这一看起来有些离谱的推测。

从失落的古城
一窥神秘
的玛雅

伟大玛雅文明的发展历程

公元前 1800 年

玛雅人定居在太平洋海岸的索科努斯科地区（the Soconusco Region）。他们在这里建立了长期定居点，并生产了第一批烧制泥人和陶片。

公元前 250 年至 100 年

前古典时期，在玛雅北部低地，不同于南部低地的大型城邦中心，较小的玛雅城邦开始发展。大约在这个时候，第一个雕刻在石头上的玛雅象形文字铭文出现。

1528 年至 1530 年

玛雅人的反抗

在弗朗西斯科·德·蒙特霍的带领下，西班牙人开始北征。然而，玛雅人并没有那么容易被打败，他们以惊人的力量反击，血腥战争延续了好几年。

1540 年至 1547 年

战争持续

西班牙的入侵战争仍在继续。1541 年，尤卡坦半岛建立起第一个西班牙城镇委员会。许多玛雅首领屈服于西班牙王室的强大，纷纷归顺，但东部地区的玛雅人仍坚决反抗西班牙的统治。反叛的东部玛雅人最终在战斗中被击败，数百玛雅人被杀。

1618 年至 1697 年

最后的崩溃

西班牙入侵战争在佩滕（Petén）盆地进入尾声。1618 年，西班牙传教士到达伊察首都，1622 年，一支军事远征队尾随其后入侵玛雅地区。玛雅人抵抗并杀了入侵者，但 1697 年西班牙帝国征服了玛雅。

250 年至 800 年

玛雅出现了大规模的城市化和建筑设施，出现了强大的城邦。人口增加到数百万，政治和经济网络在整个中美洲世界稳步扩张。

800 年至 900 年

位于南部低地的各大城市陷入衰退，逐渐被遗弃。这一事件被称为“古典玛雅崩溃”，发生原因仍是一个谜，人们对此众说纷纭，猜测缘由包括干旱、战争或生态灾难。

1000 年至 1500 年

北部玛雅城邦繁荣发展，纷纷修建道路以发展贸易。在奇琴伊察古城衰落后，直到 1450 年玛雅潘才通过战争统治了此处大部分地区。此时，南方各地的小城邦正在慢慢重建。

1502 年至 1529 年

西班牙人于此时开始入侵。克里斯托弗 · 哥伦布到达瓜纳哈（Guanaja）后发现了一处玛雅定居点。这些欧洲人掠夺了该地所有他们能带走的东西，并俘虏了一些玛雅人作为奴隶。哥伦布发现新大陆的消息传开了，越来越多的西班牙探险家前往玛雅人定居处，带来了天花、流感和麻疹等旧大陆（Old World）疾病。

早期玛雅社会

玛雅最出色的建筑、艺术及其影响力存在于古典时期，但奠基于前古典时期

米诺斯文明：爱琴海地区的古代文明，出现于古希腊，迈锡尼文明之前的青铜时代，约公元前2850—前1450年。

玛雅文明诞生于中美洲文明的摇篮中。玛雅人没有继续建立一个统治古代世界的帝国，也没有扩张土地；考古学家和历史学家过去常常认为玛雅人只是和平的观星者，玛雅人在天文学和日历制作方面的技能便是佐证。关于玛雅人仍有许多未解之谜，但我们比以往任何时候都更清楚，他们改变了美洲风景，也改变了历史。

玛雅文明是在前古典时期（约公元前1500年至300年）逐渐发展起来的，那时在世界范围内，埃及法老成为至高无上的统治者；米诺斯文明（Minoans）繁荣后又没落；新亚述帝国（Neo-Assyrian Empire）统治着美索不达米亚地区；第一届奥运会在希腊举行；罗马城

中美洲遗址周围仍可见的数百个球场之一

建立；中国各诸侯国在实现大一统之前群雄逐鹿，战火不断。与此同时，玛雅人已经从依靠狩猎采集谋生发展到能建造城邦，城邦之间发动战争，贸易往来令人印象深刻，创造出了复杂的文字和日历系统——然而这一切成就并非玛雅人的全部实力。

新亚述帝国：公元前900年以后，亚述第三次复兴后建立起来的庞大帝国。

玛雅人最早居住在如今危地马拉（Guatemala）濒临的太平洋沿岸。在前古典时期，玛雅人进入内陆，分散而居，且适应了各地的环境。他们居住在墨西哥东南部、伯利兹（Belize），以及洪都拉斯（Honduras）和萨尔瓦多（El Salvador）的部分地区。从危地马拉山脉（Guatemala's mountain）的高地到尤卡坦半岛（the Yucatán Peninsula）的低地，他们所居之处皆繁荣昌盛。

这个翡翠雕刻与奥尔梅克人的雕刻风格有些相似之处

但这并不是说该地区是伟大古代文明扎根的理想之地。世界上其他的“文明摇篮”出现在肥沃的河谷附近（中国有黄河，埃及有尼罗河，美索不达米亚有底格里斯河和幼发拉底河），但中美洲文明则得益于当地的石灰岩洞和茂密的森林。中美洲半年都为雨季，另一半年则为旱季。在半年旱季时，淡水供应十分紧缺，玛雅人不得不与长时间的干旱做斗争。石灰岩则至少可以用来制造一些耐用的建筑材料。

运用一些确保能获取水源的创新方法对玛雅人的生存至关重要。其中一种方法是用沙子过滤地下洞穴中自然积聚的咸水；在蒂卡尔（Tikal）和帕伦克（Palenque）等主要城邦遗址上的考古发现显示，玛雅人还使用水坝和水库收集雨水。他们在山坡上挖出沟渠，使水能够流入大型人造洞穴，也就是地面上的大洞，该洞用一种名为斯达科（stucco）的灰泥填在洞穴底部充当防水层。

尤卡坦半岛：在地理上自成单元，历史上也和墨西哥的核心部分区分。这一地带有着众多玛雅文明的遗迹。

早在前古典时期之前，中美洲人就一直采用各种方法农耕。

起初，他们采用了“刀耕火种”的方式耕作，比如砍伐森林来开垦农田，烧毁被砍伐的树木来使土壤变得更肥沃。有趣的是，玛雅人砍伐森林不仅是为了种植农作物，也是为了获取覆盖建筑物和铺设道

☼大都市埃尔米拉多的昔日辉煌只剩下如今这一角遗迹

路的灰泥。砍伐森林给该地区造成了十分严重的环境问题，这可能是最终导致玛雅文明衰落的原因之一。

早期的玛雅人掌握了农耕技术，种植玉米、豆类和南瓜作为主食，也种植了木薯、辣椒等其他作物。事实证明耕种很成功，因为对现今出土的玛雅人的骨骼分析表明，在前古典时期，玉米是玛雅人饮食的主要组成部分。然而，他们仍然依靠打猎、捕鱼（捕鱼在沿海村庄要比内陆更普遍）和饲养家禽生存。

在公元前1000年左右，玛雅人已经成为中美洲文化中独特的群体，并发展出了复杂的社会。他们最初的定居范围很小，但当时玛雅人已经发展出了各种形式的政治结构，其基础是神授君权的统治、社会等级制度和宗教习俗。这些政治结构之后也在继续沿用。这

☼ 埃尔米拉多的巨型旦达金字塔来自玛雅前古典时期

些玛雅人迁徙到今天的伯利兹后，建造了科尔哈（Colha）、库埃洛（Cuello）和拉马奈（Lamanai）三个村庄，拉马奈村发展成了一个主要城邦，三千年里一直有人居住。

随着玛雅世界规模不断扩大，不同人口群体之间的差异也在扩大。这可以从文化习俗或方言中看出来。与墨西哥中部的阿兹特克人（the Aztecs）或安第斯山脉的印加人（the Incas）不同，玛雅人从未在政治上团结一致过。实际上，他们甚至没有称自己为“玛雅

人”（这个术语后来被赋予了这种文化）。与之相反，就像古希腊一样，他们形成了独立的自治城邦，同时保持着共同的“玛雅”根源。

这些刚建立的城邦与其他中美洲文明有所接触，特别是奥尔梅克文明（Olmecs）。当时，奥尔梅克人建城已久，处于权力顶峰，事实证明他们是玛雅人的重要贸易伙伴，而且玛雅人和奥尔梅克人之间思想的联系和交流也对玛雅文化产生了长期且深远的影响。玛雅人吸收了奥尔梅克人从崇拜美洲豹到崇拜像羽蛇和玉米神这样的个体神灵的基本信仰，以及语言和艺术风格元素。在玛雅城邦“Tak ‘alik Ab’ aj”（译为站立的石头）的遗址中，考古学家发现了与奥尔梅克人非常相似的雕塑，其中有看起来像玛雅人的著名巨石头像。

也许一开始是奥尔梅克人的影响在一定程度上激励了玛雅人把他们的村庄建设为城邦。纳克贝（Nakbe）是玛雅最早的城邦之一，在公元前8世纪已经有人居住并扩展到了前所未有的规模，此地建有许多巨型平台，平台之上可建造许多石灰石建筑。这标志着纳克贝从主要的定居点变成了拥有公民、政治和宗教中心的城邦。随着时间的推移，纳克贝建成了一座高46米的金字塔，还有极具象征性的“波塔波”（Pok-Ta-Pok）球赛的首批球场，碾碎的白色灰泥所筑成的堤道将这些建筑连接起来。

奥尔梅克文明：已知的最古老的美洲文明之一。它存在和繁盛于公元前1200—前400年的中美洲（现在的墨西哥中南部）。

没有比埃尔米拉多（El Mirador）更好的地方了。这座前古典时期晚期的巨型城邦中心占地26平方千米，拥有数千座建筑。玛雅人在泥土中加入一些石灰，使土壤更加肥沃，供庄稼生长，这使得埃尔米拉多可以养活大约10万人（但也可能高达20万人）。该遗址有两座巨型金字塔：埃尔米拉多金字塔和旦达金字塔（La Danta），分别高55米和72米。虽然没有其他古代金字塔那么高，但旦达金字塔是有史以来最大的金字塔之一，其体积为280万立方米。

不过，金字塔并不是玛雅城邦中神圣场地中的唯一建筑。在埃尔米拉多和纳克贝，“波塔波”球赛场地都建在市中心，离广场不远，靠近寺庙和宫殿。这种球类游戏不仅仅是一项简单的运动，还具有精神意义，代表了玛雅人对创造的信仰。

仅在卡米纳留宇城（the city of Kaminaljuyu）就发现了12个球场。在如今危地马拉首都的地下，卡米纳留宇城曾作为前古典时期玛雅的巨大贸易中心而蓬勃发展。由于这座新城坐落在山顶上，人们可能永远无法完全了解该城遗址的真实规模。幸运的是，此地有大量发

通向位于纳克贝的金字塔的台阶。纳克贝是玛雅人的早期聚居地

火山玻璃：指由火山喷发出来的熔岩迅速冷却、来不及结晶而形成的一种玻璃质结构岩石。无一定的形状，有珍珠状、气孔状或不规则状。酸性熔浆因黏度大、温度低，在迅速冷却条件下更容易形成玻璃质。

现，其中包括数百万件陶器和碎片，以及绘有统治者形象的石碑。虽然这些物品上面没有文字（在古典时期这些物品也更加普遍），但它们确定了卡米纳留宇城作为重要考古遗址的地位。

这座前古典时期城邦贸易成功的原因是附近有一个巨大的黑曜石矿藏。火山玻璃（Volcanic glass）一直是玛雅人的珍品，它可以被磨成刀和矛尖等武器，也可以用作镜子。卡米纳留宇城由于控制了该地区的黑曜石供应，维持了几个世纪的统治。在那个时期，其他珍贵的贸易商品有玉石、盐和可可，同时因为陶器附有简单、优雅的图案，该类工艺品也变得更加流行。

最容易与后来的玛雅人联系在一起的玛雅艺术，在前古典时期的一千年里变得更加繁复。也许其最好的例子是在危地马拉佩滕的圣巴托洛（San Bartolo）遗址出土的壁画。这些壁画被称为前古典时期玛雅艺术的“西斯廷教堂”，可以追溯到公元前100年，目前其颜色依然鲜艳，但这座城邦本身要古老得多。

这些壁画描绘了神话故事场景和各种玛雅神（比如玛雅的英雄双胞胎和玉米神），其他壁画则展示了国王在社会中的地位：在加冕典礼上，国王的身体被刺穿向神献血。在圣巴托洛还发现了公元前3世纪的铭文，成为已知的最早的玛雅字形样本之一，也是对历法系统的参考。

玛雅人在其他领域也取得了巨大进步。他们的书写方法是中美洲最复杂的书写系统之一，在西班牙入侵玛雅之前一直在使用。他们还精通数学和天文学，从而改进了三个（而非一个）极其精确的日历系统。

这段玛雅历史有一个神秘的结局。玛雅文明似乎突然停止了稳步发展，其中原因只能猜测，像纳克贝、埃尔米拉多和卡米纳留宇这样的城邦被遗弃了。直到3世纪，玛雅人才真正开始走向力量巅峰。

☼2001年圣巴托洛壁画的
发现具有里程碑意义

墨西哥
大西洋
太平洋

奇琴伊察城

古典时期晚期至后古典时期早期

奇琴伊察城是世界七大奇迹之一，位于墨西哥尤卡坦半岛北部的大型玛雅城邦，城中心矗立着 24 米高的卡斯蒂略（El Castillo）金字塔。

科巴城（Cobá）

前古典时期晚期至后古典时期后期

科巴城由两个潟湖建成，拥有尤卡坦地区最高的金字塔和凸起的石灰岩堤道，玛雅人称之为萨克比奥布（Sacbeob）。科巴城最终在与奇琴伊察城的长期权力斗争中落败。

卡拉克穆尔城

前古典时期至后古典时期

在 6 世纪和 7 世纪，卡拉克穆尔城与蒂卡尔城展开了激烈血腥的战争。这个位于墨西哥坎佩切丛林中规模庞大的卡拉克穆尔城遗址占地近 70 平方千米，包含近 7000 座建筑。

帕伦克城

前古典时期晚期至后古典时期早期

玛雅城邦的中心不是神庙，而是王室宫殿，里面有一座独特的四层塔楼，这很不寻常。帕伦克城作为内陆贸易城邦而繁荣发展。

玛雅潘城

前古典时期至后古典时期

尽管玛雅文明在 10 世纪开始衰落，但一些城邦继续繁荣发展。在西班牙人入侵之前，位于墨西哥尤卡坦的玛雅潘城已经成为玛雅人的政治和文化中心。

危地马拉城

洪都拉斯

蒂卡尔城

古典时期早期至古典时期晚期

作为玛雅超级大城之一，蒂卡尔城在附属国中建立霸权，繁荣发展。玛雅文字显示，这座位于危地马拉的玛雅城中有一条王朝线，持续了大约 800 年，前后出现了 33 位统治者。

科潘城

前古典时期早期至后古典时期

在古典时期晚期，位于洪都拉斯西部的科潘城达到权力顶峰，当时人口至少有两万人。科潘城已经成为玛雅文字研究资料的宝贵来源，在其神庙的台阶上发现了许多象形文字。

帕伦克城

这座古老的玛雅城邦中有玛雅人有史以来最精美的艺术和建筑，但曾一度被遗忘在丛林之中

玛雅人称这座古城为拉卡姆哈城，意为“伟大的水”，但如今该城以其西班牙名字帕伦克城闻名于世。1987年，联合国教科文组织宣布帕伦克城为世界遗产，该城每年迎来约60万游客。帕伦克城位于如今墨西哥恰帕斯州，卡门市以南约120千米，靠近乌苏马辛塔河（the Usumacinta River），曾是该地区政治中心巴阿卡尔王国（the B’ aakal kingdom）的首都。它坐落在恰帕斯高地（Chiapas highlands）脚下，俯瞰墨西哥湾沿岸平原（the Gulf coast plain）。凭借这一位置优势，帕伦克城成为贸易中心，繁荣发展。在7世纪的鼎盛时期，帕伦克城的影响力一直延伸到整个河流流域乃至更远的地方。

帕伦克城人口稠密，布局合理，既有住宅和行政建筑，也有宏伟的神庙和宫殿建筑群。帕伦克城建在不同的水平高度上，一些神庙矗立在自然形成的山丘上，这些建筑由当地的石灰岩和木质门槛建成，外部会刷上蓝色、黄色和红色这样的亮色（蓝色、黄色和红色是东方的颜色，代表火焰和能量）。帕伦克城内建有很多复杂建筑，建筑结构精巧，装饰有精致雕刻，由灰泥建成且建筑内部装有管道。

有证据表明，公元前100年左右，这一地区居民就开始了耕作。然而，帕伦克城的建设似乎是在此后几百年才开始的。遗址上的铭文表明，帕伦克城第一位国王是库克巴阿姆（Ku’uk’ Bah’am），431—435年统治了四年。然而，他统治期间似乎没什么建树。599—611年，该城再次被邻邦卡拉克穆尔城袭击和

这座华丽的宫殿是帕伦克统治者的官邸，其中有一座四层的塔楼

洗劫。该城在连续衰落几年之后，玛雅历史上最为成功的统治者巴加尔大帝（615—683年执政）对该城进行了大规模重建。他12岁登基，在他统治期间，这座城市繁荣发展，著名的宫殿和神庙纷纷建成。

巴加尔大帝的继任者完成了其未完成的工作，领导扩建并改造了城内建筑，将帕伦克城建为所有玛雅城邦中城建最好的城邦。这些建筑运用拱形屋顶增加高度，安装宽门以增强采光，设计T形窗户增添美感。建筑物带有宽敞的庭院，表面刷上了灰泥，上面有大量饰雕。

许多重要建筑的遗迹留存至今，即使是遗迹也令人印象深刻。宫殿是一大重要建筑，该建筑可能始于巴加尔大帝执政时代，往后沿袭了好几代人。宫殿建筑结构复杂，建在一个升高的平台上，是统治者的官邸，也是城邦的标志性建筑。殿内有内部庭院，装有拱形天花板并建有四层楼高的塔楼，是贵族和随从仆人的住所。该建筑通过一条渡槽供水，并配备了蒸汽浴室和厕所。这条渡槽是加压渡槽——这是大陆上已知的最早的加压渡槽。

宏伟的铭文神庙可能于675年左右开始动工。这座阶梯金字塔形式的神庙是巴加尔的陵墓，总共有九层，代表了玛雅地下世界的九层。巴加尔在世时就开始施工建造该神庙，神庙名称源于墙上雕刻的象形文字铭文。铭文用玛雅文字写成，概述了帕伦克城180年的历史，其中记录了巴加尔一生中的重大事件。

不远处是被称为十字架神庙（the Temple of the Cross Complex）的神庙群，在巴加

十字架神庙是7世纪统治者强·巴鲁姆建造的一组神庙之一

尔的直接继任者——他的儿子强·巴鲁姆的监督下建造完工。该神庙群由太阳神庙（the Templo del Sol）、十字架神庙（最大的神庙）和拉克鲁斯神庙（the Temple de la Cruz Foliada）组成。这三座神庙供奉着三位玛雅神，具有丰富的象征意义。一些建筑中出现的十字架雕刻代表着木棉，玛雅人认为木棉可以撑起整个宇宙。强·巴鲁姆本人有时以孩子的形象在雕刻中出现，后来在他登基过程中又以成年人的身份在雕刻中出现。

大约711年，帕伦克城再次被其敌对城邦托尼纳城洗劫，国王被俘虏。8世纪末，帕伦克城的辉煌时代结束，建筑工程停止，帕伦克城被遗弃。丛林笼罩了该城奢华的民用、礼仪性建筑，直到16世纪西班牙入侵者到达该地区后，这些建筑才重新被人发现。

直到1949年，帕伦克城遗址的挖掘工作才真正开始。考古学家意外发现铭文神庙地板上的一块石板能被抬起。石板下面是一段满是瓦砾的楼梯，他们花了几年时间将其清理干净。最终，1952年，沿着石板下的楼梯到达了神庙底部装饰精美的地窖，在这里考古学家发现了巴加尔大帝的石棺。巨大的石棺石盖上的雕刻呈现了统治者从冥界的魔爪中脱身，倚靠在太阳神面具上的画面——大概暗示着他已经完成了生死转变，转世为神。

随着挖掘进一步深入，国王遗骸被发现，与其一起埋葬的还有一个精致的玉片面罩和一系列玉器珠宝。

1994年，考古学家在铭文神庙附近的一座较小的金字塔内发现了另一座坟墓。该墓如今被称为赤色女王墓（Templo De La Reina Roja），里面有更多献祭者的骸骨，以及一个石棺，石棺里面装着一具女性遗骸和珠宝随葬品。显然，这位女性的社会地位很高，很可能是巴加尔的妻子。她的骨架和石棺中的其他物品上覆盖着一层由朱砂制成的鲜红朱灰（朱砂是含汞的矿石）。

帕伦克城遗迹的考古面积总计1780公顷，被记录下来的建筑已达1400座。目前为止，只有大约10%的建筑被探索过——其余建筑遗迹仍然隐藏在丛林植被下。

帕伦克城的三大发现

巴加尔之墓

赤色女王墓

玛雅象形文字

帕伦克遗迹

铭文神庙

赤色女王墓

3 巴加尔之墓

巴加尔之墓位于铭文神庙地下深处，石棺盖上有精美雕刻。

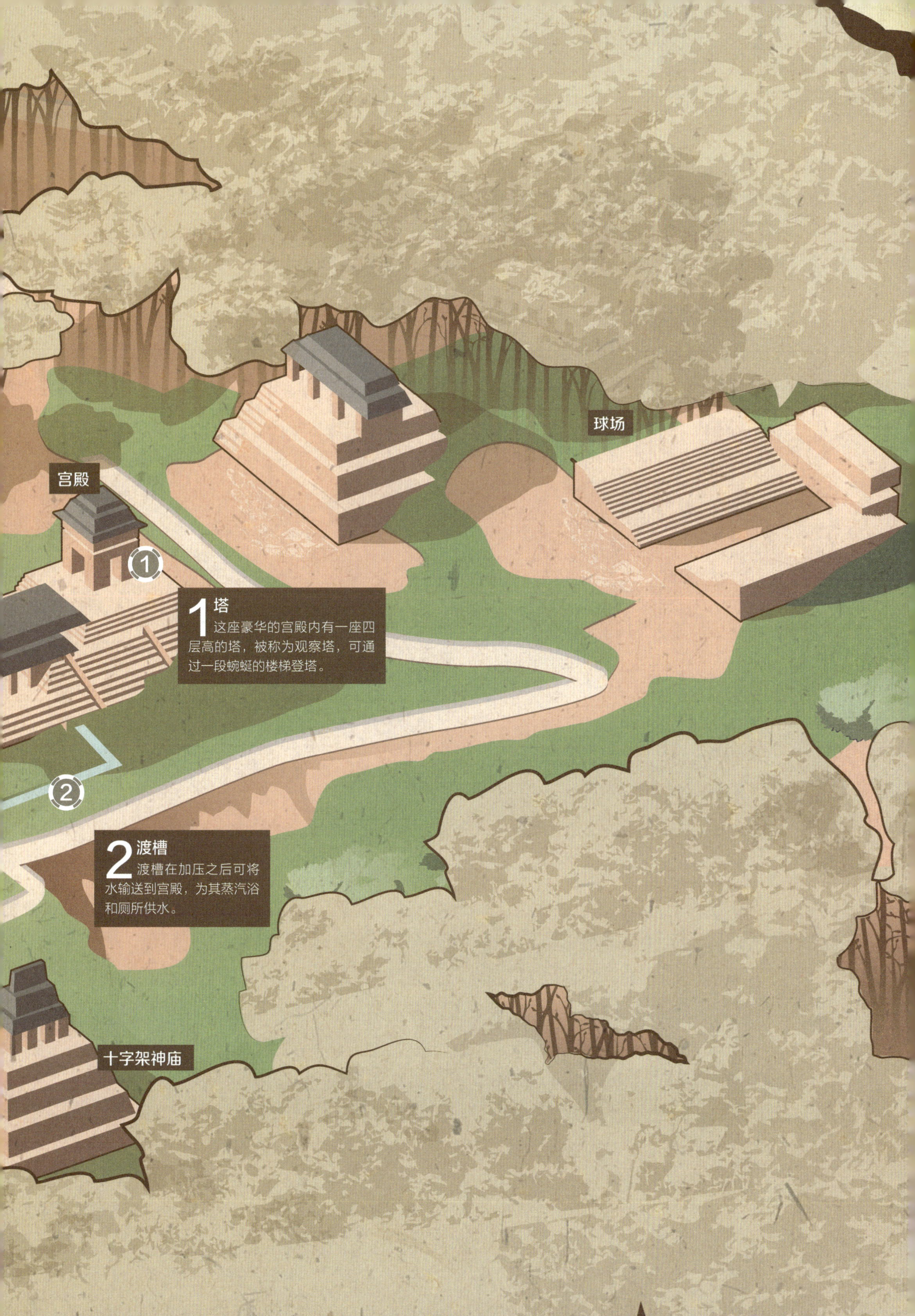
球场
宫殿
1
1 塔
这座豪华的宫殿内有一座四层高的塔，被称为观察塔，可通过一段蜿蜒的楼梯登塔。
2
2 渡槽
渡槽在加压之后可将水输送到宫殿，为其蒸汽浴和厕所供水。
十字架神庙

卡拉克穆尔城

一位美国植物学家在墨西哥森林深处发现了疑似人造建筑，

这意味着一处惊世遗址将重现天日

1931年，赛勒斯·L.伦德尔（Cyrus L Lundell）乘坐飞机掠过坎佩切低地，他从窗口随意往外一瞥，惊讶地看到飞机之下是一大片城邦遗址。正是他将这座城邦命名为卡拉克穆尔城（两座相邻的金字塔之城），这是一座极具历史底蕴的城邦。

从这座城邦的巨大规模来看，毫无疑问，建造该城的目的是展示成功、财富和权力。在其鼎盛时期，卡拉克穆尔城规模巨大，居民达5万，面积超过20平方千米，依靠一个复杂的水厂和建筑系统维持城邦运作。而在此处被收录的6750座建筑中，有一座金字塔是迄今为止发现的最高的玛雅金字塔之一。

综合其他遗址发现的参考文献上的相关内容，可了解卡拉克穆尔城鲜为人知的大部分早期历史，第一次是在529年，当时象形文字文本表明卡拉克穆尔城是坎王朝（the Kaan dynasty）或蛇王国（the Snake Kingdom）的中心。这个王国之所以得名蛇王国，是因为在其王国领土内城邦中所展示的象形文字上刻有蛇的符号。

在坎王朝的管理下，卡拉克穆尔城成为一

个强大的行政中心，控制着其周围的土地和小城邦。如今，从城邦的更高处仍然可以看到许多附庸地，这让人清楚地感觉到，在该城邦中心可以俯瞰该城所控制的一切。

这座城邦布局的设计初衷是在拜访者进入时唤起其敬畏之心。穿过农地，拜访者就会发现自己已身处居民区。他们越接近城邦的行政中心，建筑和精致的石灰石结构就越复杂。高地上有石头金字塔和规模巨大、雕满雕刻的石质楼梯，拜访者沿着石阶便可以进入城邦中心。城邦中心有一座近50米高的巨型金字塔，在塔上可俯瞰几英里[1]范围内的风景。

居民们享受着运河和水库网络所带来的便利，这些水库网络能为最偏远的地区供水，而石头铺就了街道和人行道，供人们在城邦中穿行。这里的生活条件优越，当地居民享受着当时玛雅最优越的生活，其生活先进程度会让现代游客吃惊。

1　1英里约为1.6093千米。

☼这个保存非常完好的玛雅盘子是在卡拉克穆尔城遗迹中发现的众多盘子中的一个，由赤陶制成

☼几代玛雅人不断在现有建筑上添加新层来搭建巨大的建筑结构，直到简单结构发展成高耸的金字塔结构

卡拉克穆尔城并不是坎佩切地区唯一的玛雅超级城邦，几十年来，它一直与同样强大的邻邦蒂卡尔城争夺权力。562年，蒂卡尔城的统治者瓦克·陈·卡维尔（Wak Chan K'awiil）入侵卡拉克穆尔城，但最终以失败告终。卡拉克穆尔城的统治者天空见证者（Sky Witness），在宣布蒂卡尔城为蛇王国之前献祭了该城首领。

统治者天空见证者死后，争夺王位之人蜂拥而至。随着争夺王位的人被一一击败并驱逐出境，这座城邦及其权力继续快速扩张，这些落败者的财富被吸收进了卡拉克穆尔城。

人们认为这座城邦的规模如此之大要归功于636年登基的尤克努姆·切恩二世（Yuknoom Che'en II），他也被称为尤克努姆大帝（Yuk-noom the Great）。在位50年后，尤克努姆·切恩二世去世之时，卡拉克穆尔城已是强大城邦。

有绘画显示，693年来

今天仍然可以看到许多玛雅房屋的遗迹

卡拉克穆尔城保留了117块石碑，但石碑由相对柔软且易腐蚀的石灰岩制成，许多石碑经几个世纪的侵蚀，已经难以辨认

自卡拉克穆尔城的使节跪在蒂卡尔城的宝座前，仅仅两年后，这两个城邦又一次开战。两城国王在一次大规模战争中交锋，对卡拉克穆尔城来说，结果是灾难性的。曾经无所不能的霸主被击败了，随着时间推移，卡拉克穆尔城的影响力开始骤降。到724年，它不再是行政和权力中心，而是由蒂卡尔城对其实施傀儡统治，这与多年前的情形恰好相反。

随着实力急剧减弱，原本广阔的城邦规模不断缩小。现代考古学家在偏远的城邦聚居区没有发现晚期玛雅文物，只在遗址的中心地区（曾经的城邦中心）发现了文物。这清楚地表明，卡拉克穆尔城的外围地区不再有人居住，居民集中住在一个小得多的城中地区。遗址处发掘出了当时的贵金属和玉器，这表明至少还有一些富有居民留了下来，但由于缺少相关记录，这些人的身份依然是一个谜。

如今，卡拉克穆尔城位于一个生物圈保护区的中心地区，该保护区内是面积为7000平方千米的丛林、社区用地和农业用地。作为联合国教科文组织认定的世界遗产，此处的石灰岩遗迹被原地保存下来。

☼这片空地曾经是一个球场，位于卫城的北部广场

☼古代卡拉克穆尔城壁画记录了玛雅平民的日常生活，别具一格

蒂卡尔城

蒂卡尔城是世界上最重要的玛雅遗址之一，位于一个以其生物多样性而闻名的丛林中心

在危地马拉热带雨林深处，隐藏着一座宏伟的玛雅城邦的废墟，该城邦在哥伦布发现美洲之前就已存在，曾是容纳9万居民的商业、文化和典礼中心，但在900年前后突然被遗弃。蒂卡尔城位于危地马拉城以北约300千米的佩滕省，玛雅人称之为雅克斯穆塔。

几个世纪以来，蒂卡尔城从一个小村庄发展成一个繁华的城邦中心，展示了玛雅社会的技术、艺术和智慧。许多研究者认为，早在公元前600年，该地就有人定居，因为此地出土了能证明当时有人在此地进行农业活动的文物。蒂卡尔城曾发展成重要的城邦中心，统治阶级血统强大；在公元前350年该城居民就开始建造金字塔和各类建筑。

蒂卡尔城也有一些地理劣势，因缺乏自然水供应，所以该城专门建造了水库来收集雨水。这一巨型城邦中建筑物丰富多样，城中建有金字塔神庙、宫殿、仪式平台、行政建筑、纪念碑、住宅，还有一些娱乐球场。该城大部分地方都是沼泽，坡道和铺设的堤道连接起了重要的城邦中心。建筑物由当地的石灰岩建造，表面常被刷上灰泥，用浅浮雕（bas-

☼ 蒂卡尔城城内建筑高耸，金字塔神庙高达70米

relief carvings）装饰。玛雅神庙门槛通常用当地的人心果树（sapodilla tree）的木材来制作，并用精心制作的雕刻进行装饰，其中一幅雕刻描绘了一位地位较高的女子，她身着手工编织而成的连衣裙，佩戴着羽毛头饰和玉石首饰。

蒂卡尔城历史发展极其复杂。该城成为贸易中心，渐渐繁荣发展，城内居民积极开发城邦四周的自然资源，开辟耕地以种植玉米等作物。在几个世纪间，蒂卡尔城命运起伏不定，于600—900年达到了艺术和文化顶峰。该城也经常卷入与邻邦的冲突，没能长久地和平发展。

378年，位于约1000千米外墨西哥山谷、实力强劲的特奥蒂瓦坎城控制了蒂卡尔城。石柱上的雕刻表明，蒂卡尔城遭到了入侵，国王被处决，特奥蒂瓦坎城的统治者登位。此后，这座城邦的艺术、建筑甚至服装都受到了特奥蒂瓦坎城的影响。

然而，蒂卡尔城并没有被这场战争摧毁。事实上，该城之后征服了规模较小的邻邦，势力范围进一步扩大，特奥蒂瓦坎城还成为其重要的贸易伙伴。然而，6世纪中叶，此城又发生了另一场战争，蒂卡尔城被它的两个强大对手卡拉克穆尔城和卡拉科尔城组成的联盟击败，失去了它所在地区的主导地位，之后似乎难挽颓势。但682年，哈萨乌·陈·卡维尔一世（Jasaw Chan K'awiil I，682—734年执政）登基，戏剧性地复兴了这座城邦。他是蒂卡尔城最重要的统治者之一，击败了卡拉克穆尔城，并启动了大规模重建计划，在这座城邦留下了自己的印记。他去世时，被埋葬在一座宏伟的金字塔神庙中，神庙保存至今，令人印象深刻。

浅浮雕：与高浮雕相对应的一种浮雕技法，所雕刻的图案和花纹浅浅地凸出底面。

该神庙如今被称为一号神庙（Temple I），最初其顶部有一个装饰性的“人字形屋顶”，这是玛雅纪念碑上的一个常见特征。该神庙内还有国王雕塑。哈萨乌·陈·卡维尔一世的陵墓于1962年被发现，墓内有玉器和贝壳装饰品、用来供奉食物和饮料的锅和大量骸骨，骸骨上刻有精致详尽的图像。其中一幅图像场景是一个俘虏双手被捆、双膝跪地；另一幅图像场景则是玉米神在独木舟上划桨，还有一只超自然的鹦鹉、一只狗、一只蜘蛛猴和一只鬣蜥与之相伴。

蒂卡尔城在巅峰时期，一定呈现出了令人

☼ 玛雅人在神庙门口上方使用木质门槛，常用精细的雕刻装饰

敬畏的繁荣大邦气象。几代统治者建造、重建、扩建、改建该城，最终建成了一座庞大城邦（据记载至今大约有3000座建筑），城中心很是宏伟。城中随处可见面向太阳而建的高耸金字塔，如今丛林中可见的石制高层建筑可高达70米。城中心是一个大广场，城边是两座巨型神庙金字塔和两个建筑群，即北卫城（the North Acropolis）和中央卫城（the Central Acropolis）。北卫城是王室墓地，建造历史可以追溯到公元前350年。此地墓地发掘过程中发现墓穴里堆满了墓葬物品，其中包括陶制器皿、玉器、贝壳、珠子，还有一件用龟壳制成的乐器。

其他建筑群包括遗失世界建筑群（the Lost World Complex），其中心是遗失世界金字塔（the Lost World Pyramid），金字塔高达31米，为阶梯式结构，是蒂卡尔城最古老的建筑。其东面是一个平台，上面有三座小神庙，一起组成了一个古老的天文台；主金字塔上的楼梯提供了一个观测点，而三座神庙所处

七庙广场：位于中央卫城西南边，因广场东边有七座排成直列、外型类似的小神庙而得名。

位置与秋分和冬至及夏至时的日出位置对齐。玛雅贵族也下葬于建筑群中。此处还有一个七庙广场（the Plaza of the Seven Temples），这也是一个建筑群，除了包含与之同名的神庙外，还包含一座大型行政大楼和一个不同寻常的三人球场（triple ball court）。

8世纪，玛雅城邦逐渐衰落，蒂卡尔城也不例外；城内建筑工程进程放缓，人口从城郊迁入城中，农业进一步发展，导致土地和资源被过度开发。900年左右，蒂卡尔城被玛雅人抛弃，重新隐入丛林。直到17世纪，有关蒂卡尔城曾存在过的记载才开始在出版物中出现，西方世界才意识到这座失落之城的存在。

如今，这座曾强大一时的城邦废墟被物种繁多的森林所包围，一同成为蒂卡尔城国家公园（the Tikal National Park）的一部分。蒂卡尔城国家公园是联合国教科文组织认定的世界遗产，占地57600公顷，拥有湿地、热带阔叶林、棕榈林等自然景观，生长着兰花，是蝙蝠、猴子、食蚁兽和数百种不同鸟类及五种猫科动物（美洲虎、虎猫、豹猫、美洲狮及美洲豹）的栖息地。

古典玛雅衰落

古典时期玛雅文明达到顶峰，
此时整个尤卡坦半岛南部低地的玛雅城邦
却开始在自身所面临的压力下崩溃

虽然玛雅文明早在公元前2000年就开始出现，但在300年开始的古典时期，玛雅文明才真正形成了自己的特色。玛雅贸易网络在中美洲各地如雨后春笋般涌现，各大城邦中心一同织就了贸易之网；城内，国王建有宏伟的神庙、精美的石碑、一望无际的广场和华丽的宫殿，无一不展示其威严。

到750年，玛雅人的文化、基础设施和社会政治到达巅峰，蒂卡尔等城邦居民均超6万人。这些特大城邦维持着自己所在区域内的势力范围，较小城邦和村落散布在其外围，形成了一个由巨大城邦、较小城邦和村庄组成的复杂城邦网络，这一网络主要集中在尤卡坦半岛

在旱季，蒂卡尔等城邦四周的土地由城邦中心水库滋养

帕伦克城邦的声望遭到较小城邦托尼纳的毁灭性打击，托尼纳俘虏了它的国王

南部的低地。

在蒂卡尔、卡拉克穆尔和卡拉科尔等玛雅中心城邦，权力均掌握在神明所选的国王手中（事实证明权力如野兽），国王身边还有由贵族和精英组成的官僚机构。在过去的几个世纪里，蒂卡尔城和卡拉克穆尔城曾为夺取梦寐以求的贸易路线而开战。

这些城邦的臣民很多分散在杂乱无章的农田腹地。这些肥沃的土地随意分布，掌握在农民自己手中。然而，统治者垄断了所有农民所需之物——水。这些区域缺乏天然水源，年降雨量低至170厘米，依靠人工水库供水。

蒂卡尔城国王掌管着6座人工水库，而卡拉科尔城则有两座，用来灌溉周围130平方千米内的梯田。与此同时，卡拉克穆尔城坐落在低洼的沼泽地中，拥有13座水库。这些水库处于宏伟中央广场上的战略性和象征性位置上，广场上还有神庙和其他纪念碑。

这些水库对玛雅农民意义重大，因为玛雅农民分布过于分散，所以无法集中修建和维护大规模水资源管理系统。于是每年1月至5月的旱季，农民被迫从郊区去往市中心居住。城邦统治者以这种方式牢牢控制了玛雅农民，而农民通过劳动、参加城邦典礼和仪式在某种程度上融入了地方等级制度。

虽然城邦周围的农田过于分散，无法控制，但统治者垄断了供水，于是能以劳动力、货物和食物的形式收集贡品，这进一步将流动

在古典巅峰时期，尤卡坦半岛南部城邦权力达到了临界点，权力断层开始出现

性高的农民融入了统治者所控制的核心社会结构。

由于缺少雨水，一个地区内的玛雅农民生产的粮食只能满足当地的需求，没有多余的粮食可供出口。人口持续膨胀给当地资源带来的压力日益增大，迫使农民砍伐、烧毁更多的森林用作农田。几千年来，玛雅人学会了根据自己的需要开垦土地，挖小池塘，建造水库并改造季节性湿地，以收集更多的水资源。虽然梯田耕作有助于减少一些降水和土壤养分的流失，但南部低地的耕地已经达到了耕作极限。

玛雅农业的发展使早已濒临枯竭的土地资源被过度开发。砍伐森林不仅减少了当地的降雨量，而且在暴雨期间使土壤流失更加严重，这进一步破坏了土地，还减少了当地鱼类、软体动物和其他动物的数量，截断了木材和燃料

☼ 尽管蒂卡尔可以储存足够6.2万人用的水，但战争、剥削、社会冲突和接二连三的干旱将该城推至崩溃边缘

来源。很快，土壤中的养分就不足以支撑满足当地粮食需求的农作物种植。

750年发生了一场大干旱，揭开了长达250年干旱期的序幕，这使本已过度扩张的尤卡坦南部低地陷入绝境。虽然北方强大城邦和那些位于河流沿岸的城邦能够应付这一干旱期，但在南方，供水系统开始崩溃，统治者发现自己无法继续履行和玛雅平民之间的社会契约。随着饥荒蔓延，绝望的农民开始种植玉米等高产农作物。玉米是一种抗旱作物，但随着

土壤进一步被侵蚀和肥力退化，这些努力最终付诸东流。

最终，城邦农民难以谋生，纷纷逃离，这切断了他们与城邦的联系。随着饥荒加剧，人们的免疫力下降，尽管没有证据证明饥荒使大量居民丧生，但婴儿和成人的死亡率可能均有所上升。猴子或在储水容器中繁殖的蚊子可能传播了黄热病，这进一步大幅削减了城邦人口。蒂卡尔城在810年、860年和910年都遭受了干旱袭击。

恰帕斯山脉（the Chiapas mountains）山脚下的一条河流旁，一个肥沃的山谷中隐约可见强大城邦帕伦克城。运河水灌溉了内陆地区，那里的玛雅农民维持着小规模的灌溉网络，当地统治者的权力源于其对玉石和与高地地区黑麻岩贸易的控制。然而，对土地等资源的过度开发将当地人推至生存边缘。

除了环境问题，帕伦克城还连续两次被托尼纳城击败，托尼纳城是帕伦克城以南65千米处一个较小的二级城邦中心。托尼纳城国王甚至抓住了帕伦克国王，动摇了后者王室根基。在混乱中，帕伦克城陷入内斗，觊觎王位者竞相夺权。不久，邦内平民揭竿而起对抗贵族，贵族对抗国王，而各城邦之间相互争斗。

因此，由零散城邦拼凑而成的玛雅文明开始解体。各个城邦从未真正集合成一个统一的帝国或国家。这不仅促成了各城邦间的掠夺性战争，而且随着整个地区局势紧张，各个城邦无法集中资源来克服内部纷争。各城越来越容易受到过度耕作、过度狩猎、疾病、生态退化和宗教暴力的不良影响。随着各城邦国王将权力下放给心怀不满的贵族，他们岌岌可危的权力基础被进一步侵蚀，这带来了混乱和不稳定。

卡拉克穆尔城勉强维持统治，正处于脆弱

农民正忙于生产数量充足的农产品，玛雅贵族缺少劳动力来为其建造石碑和其他史诗级工程

因在气候变化期间过度开发土地，玛雅国王很快发现自己无法履行其社会契约

时刻，另一个虎视眈眈的玛雅部落普图部落（the Putun）袭击了该城。卡拉克穆尔城的权力裂缝一下扩大变为权力断层，撼动了尤卡坦半岛南部的权力中心。

更糟糕的是，尤卡坦半岛南部的经济网络因从内陆贸易转向海运贸易而受到进一步打击。该地区的城邦及其附属城邦（subsidiary satellites）所生产的粮食很少有剩，其贸易依赖于长途运输而来的商品。其中青玉、羽毛和黄铁矿从高地涌入，而海螺、贝壳和黄貂刺则从海岸运来。许多城邦联盟早已形成，为控制这些至关重要的贸易生命线而一决胜负，这些商品在表现贵族阶层地位和权力的仪式中发挥着至关重要的作用。

在科潘城和帕伦克城，贵族阶层发现，将其权力合法化的成本越来越高，他们再也无法承受塑造其声望的史诗级项目。随着政治制度濒临崩溃，聚集在乌苏马辛塔河周围的西部城邦最终开始崩溃。小规模强盗群体在城邦各地形成，发动暴力袭击，对过度扩张的城邦造成严重破坏。混乱持续发展，摧毁了该地区国王的政治支柱，玛雅人在此处再也无法谋生，纷纷逃离。

在惨遭蹂躏的帕伦克城，799年起铭文记载完全停滞，这表明该城邦中心被抛弃。没过多久，各城邦就像多米诺骨牌一样纷纷倒下，崩溃势头不断向东部玛雅城邦扩散。科潘城于822年被抛弃，卡拉科尔城于859年被烧毁，蒂卡尔城于869年被抛弃，托尼纳城于909年被抛弃。到此为止，玛雅城邦的建设陷入停滞，墨西哥金塔纳罗奥（Quintana Roo, Mexico）南部最后一座刻有玛雅长纪历日期的纪念碑就是明证。最终，人口过剩、干旱、土地过度开发、阶级冲突、战争、疾病和贸易损失一同导致整个尤卡坦半岛南部社会政治体系的大规模崩溃。

随着帕伦克城邦和蒂卡尔城邦衰落，较小的亚斯奇兰政权宣布独立。这些政权统治者倾向于利用除水之外的其他权力来源（如非外来贸易路线）来获得贡品。

其他集中在伯利兹河流冲积层之上的小城邦的统治一直维持到1500年。这些城邦设法维护了供水系统，甚至发展了北部海域贸易。在北部和东部海岸，其他人种群体接纳了玛雅农民、工匠和其他移民，奇琴伊察古城在一段时间内持续发展。

奇琴伊察古城

这座玛雅古城如今被誉为现代世界七大奇迹之一

☼ 奇琴伊察城的“圣井”

天然井：亦称“竖井”。喀斯特地貌自地面向下的天然垂直通道。由可溶性岩石（如石灰岩等）的裂缝经溶解及塌陷而成。

奇琴伊察古城是有史以来最大的玛雅历史古城之一，最早起源于750—900年，位于墨西哥东南部的尤卡坦半岛，占地约740英亩[1]，拥有大量前哥伦布时代的古遗迹和古文物。

“奇琴伊察”意为“在伊察的水井口”，玛雅人将“伊察”解释为类似于“水的魔力”。考虑到这一点，加上这座城市拥有四个显而易见的溶井（sinkhole，被称为天然井），该城市最初所在之处很可能有源源不断的天然水源。此外，玛雅人经常祭拜雨神恰克；他们还向古代神灵献祭珠宝、手工艺品，甚至活人，以祈求降雨，获得肥沃土地和作物丰收。

在奇琴伊察古城的四个天然井中，萨格拉多圣井（Cenote Sagrado，或称神圣的天然井）规模最大，直径超60米，深近30米，位于尤卡坦半岛上玛雅人定居点的北部。考古人员在该井底发现了黄金、陶器、织物、宝石等

1　1英亩约为0.0040平方千米。

☼ 雨神恰克的雕像，奇琴伊察城内武士神庙中羽蛇神的祭品

玛雅人的遗物和人类遗骸，这些很可能是为安抚神灵向井内投放的祭品。

目前考古发现，奇琴伊察古城内大部分原始建筑仍然保留至今，其中大部分建筑得到了保护或修复，其人口密集的城邦中心东西跨度超3千米。城内规模最大、名气最大的建筑是库库尔坎神庙（the Temple of Kukulcan），也被称为卡斯蒂略金字塔。该金字塔神庙位于城内北部大广场（the Great North Platform）内。神庙高30多米，整座塔呈阶梯形，共有九层，向上逐层收缩，顶部建有一座庙宇，四面各修有一段通向顶部的倾斜阶梯，东北面底

羽蛇神库库尔坎：玛雅人心目中带来雨季，与播种、收获、五谷丰登有关的神祇。按照传说，羽蛇神主宰着晨星，发明了书籍、立法，而且给人类带来了玉米。羽蛇神还代表着死亡和重生，是祭司们的保护神。

☼恰克摩尔

部刻有石蛇，共有石阶365阶，象征了一年中的365天。

卡斯蒂略金字塔是玛雅人为羽蛇神库库尔坎而建，库库尔坎是玛雅人崇拜的蛇神，也是他们宗教的典型象征。在春分和秋分期间，阳光以一定角度照射到金字塔神庙上，建筑的拐角在金字塔北面的阶梯上投下羽蛇状的阴影，并随着太阳的位置在北面滑行下降。许多学者认为这是在向蛇神致敬，而且在金字塔神庙外部结构下的古老神庙中发现了祭祀文物。

北部大广场的其他重要古迹包括大球场（the Great Ball Court）、美洲豹神庙和武士神庙（the Temple of Warriors），这些古迹对进一步了解古代玛雅文明具有重要意义。大球场是奇琴伊察古城保存下来的13个球场中规模最大、保存最完好的球场。

奇琴伊察古城大球场的建造设计仍在向羽蛇神库库尔坎致敬，该球场四周墙板上的各种雕刻场景描绘了各种缠绕、蠕动的蛇。而位于球场东侧的美洲豹神庙也刻有蛇形符号。

库库尔坎神庙东面是武士神庙，该神庙为阶梯状金字塔结构，中部有一阶梯，正面和侧面排列着200多根石柱——象征玛雅勇士守卫着这座神庙。其顶部有一座被称为恰克摩尔（chac-mool）的大型仰卧人形雕像；该雕像造型独特，双肘撑地，头转向一侧，腹部之上放有一容器。玛雅人认为恰克摩尔是神的使者，置于其腹部之上的碗或盘子是神圣的祭品。武士神庙除其顶部有恰克摩尔的雕像之外，其顶部平台之上还有两根巨大的蛇雕石柱，这是对羽蛇神的进一步致敬。

奥萨里奥建筑群（The Osario Group）比北部大广场区域内的建筑群规模要小，位于奇琴伊察古城遗址的南面。此地也有一些重要遗址，还有“Xtoloc”溶井——这一定居点的第二大水坑，意为玛雅语中的“鬣蜥”。这一特殊的溶井主供城市用水，四周是石制储罐。俯瞰该溶井的是“Xtoloc”神庙，神庙遗迹上有关于自然景色的雕刻。当地玛雅人很可能在举行宗教仪式期间使用这一神庙，仪式围绕溶井和祭祀雨神恰克展开。

奥萨里奥建筑群里的知名建筑藏骨堂金字塔（El Osario）规模要比库库尔坎神庙小得多，但在结构上与其类似。其顶部也有一座神殿，但该神庙向下通向一个浅天然洞穴——洞穴内还发现了7座坟墓——因此，该金字塔曾被认为是一个墓

奇琴伊察城于1988年成为联合国教科文组织批准的世界文化遗产

奇琴伊察城内找到的玛雅书籍《德累斯顿手抄本》（*Dresden Codex*）中的一页

展示玛雅太阳神形象的玉雕

室，也被称为藏骨堂。该金字塔石阶上雕刻着蛇，这是对羽神库库尔坎的致敬。

藏骨堂金字塔还有两条地下通道，似乎在几个世纪前就被封住了。如今，人们相信，如果通道仍可穿越，最终将通向当地的其他玛雅群落（如附近的亚斯奇兰古城），但最初修建这两条通道的目的也可能是为了通往玛雅所谓的地下世界。

奇琴伊察古城具有重大历史影响力的一大原因是其拥有强大的经济实力——很大程度上是因为该城所在之地靠近自然泉水，且位于半岛的港口。在这里，该古城能利用珍稀资源（如从周边中心城邦获得的稀有宝石和珍贵金属）来参与向往已久的贸易。

各类玛雅资料记载，奇琴伊察古城在13世纪中叶被西部玛雅潘文明的统治者征服。然而，这一历史描述几乎没有证据佐证，现在大部分研究者认为，奇琴伊察古城最终于11世纪左右衰落——这正是在玛雅潘文明蓬勃发展之前的某个重要时期。

11世纪，这座城邦再也没能熬过另一场灾难性干旱。在极度干旱和农作物产量极低的情况下，玛雅群落及其最大的城邦中心无法有效维持其经济和社会体系；这些城邦逐渐衰落，再也没能回归其权力顶峰。

1050年左右开始，玛雅定居点逐渐被集体废弃，许多人开始向加勒比海海岸或其他更大面积的潮湿地带迁徙。

奇琴伊察城的头骨架雕饰

阿兹特克帝国：存在于14—16世纪，其传承的阿兹特克文明与印加文明、玛雅文明并称为中南美三大文明。

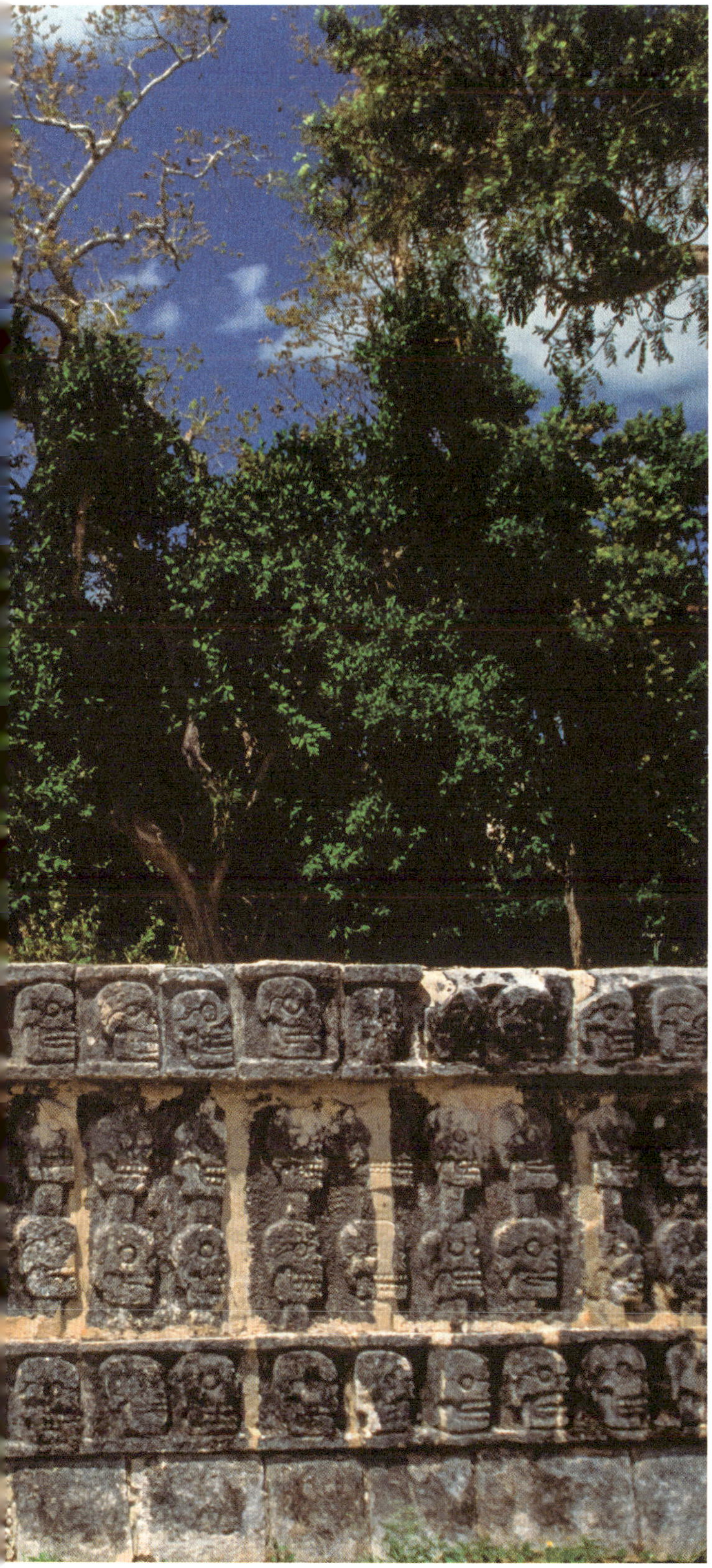

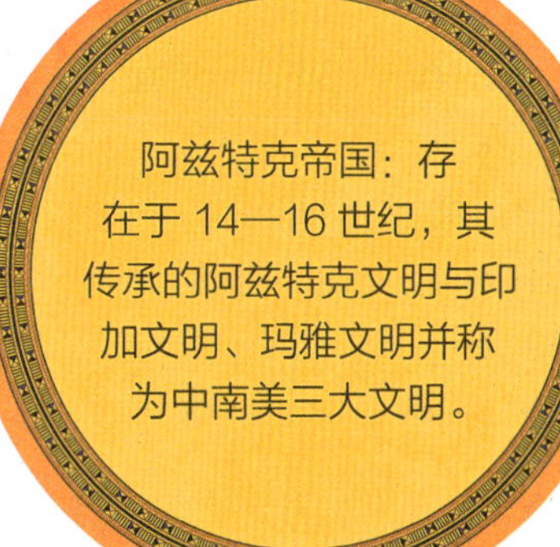

1100年，奇琴伊察古城已经完全衰落，最终在16世纪中叶被西班牙人击败。1527年，西班牙入侵者弗朗西斯科·德·蒙特霍获得了西班牙国王批准，前往尤卡坦半岛。蒙特霍是埃尔南·科尔特斯（Hernán Cortés）的探险队中的一名老兵，该探险队因灭亡了阿兹特克帝国（the Aztec Empire）而臭名昭著；后来，他在如今坎昆（Cancún）以南建立了一座小堡垒，并于1531年在坎佩切建立了一个基地。

1532年，他的小儿子蒙特霍前往奇琴伊察古城，一路没有遭遇任何抵抗，和其部下瓜分殖民了玛雅定居地。直到1534年，玛雅人开始为他们的土地而战，越来越多的西班牙军人命丧此地。蒙特霍撤退后又返回他父亲的定居点并招募玛雅平民，创建了一支由玛雅人和西班牙人组成的军队；这座半岛上的所有城邦最终被西班牙王室占领。

玛雅潘城

尤卡坦半岛曾经是玛雅文明艺术和文化的发源地，此处的城邦将为他们的战争杀戮付出最终的代价

侦察员检查突袭队前面的地形

☼这个精致的香炉是从玛雅潘城的遗址中找到的，其华丽的设计彰显了这座城市工匠的技艺

据说玛雅潘城是在奇琴伊察古城崩溃后由一位名叫库库尔坎的统治者在12世纪末建立的。玛雅潘城——“玛雅的旗帜”——最终发展成为一个后古典时期最大的繁荣城邦。该城被9.1千米长的城墙所环绕，城墙高达2.5米，厚3.5米，很好地保护了居民区。墙上开了12扇门，允许城内居民（据估计有1.7万人住在城内）安全出入；一旦遭遇袭击，则可以迅速关闭城门。

为加强防御，玛雅人建立了护墙。内部走道可使城市的防御者（一种玛雅民兵）注意到有敌人靠近，并可大规模杀死入侵者。如果入侵部队设法突破了这些难以逾越的障碍，他们也会遇到迷宫街道，而只有熟悉这座城市的人

库库尔坎神庙和观测台位于玛雅潘城的中心广场

☼阿兹特克黑曜石锯剑的黑曜石刀片锋利到足以斩首一名敌军士兵

才有希望成功穿行。

玛雅潘城的统治者为保护这座城市免受外部威胁做出了极大努力，在其他地方建了很多仓促的防御工事，这证明尤卡坦半岛战争频发，战况激烈。由于当时缺乏先进的围攻工具和只在春天开战等原因，战争围攻持续时间往往很短暂，在冲突不断升级的背景下，大规模修建城墙和防御大门是明智决定，从玛雅潘城的遗址中已经出土了开展相关防御工事的文物证据。

研究者发现，位于玛雅潘城中心的两座墓葬神庙里装满了男人、女人和孩子的骸骨，这是为了向神供奉，以赢得神的青睐或躲避自然灾害。城邦地下还发现了万人坑。生物考古数据表明，颅脑外伤在后古典时期晚期的玛雅人中很常见，男性头部外伤性质表明，与遭人突袭相比，这是公开战争中打斗所致。在玛雅潘城邦发现的玛雅人遗骸上的伤口表明，所使用的武器是带有小尖头的棍棒，可见那时的战斗是肉搏战。

出土的玛雅家用工具支持了当时战争频发的观点。在玛雅潘城内玛雅家庭发现的文物中，近30%是射弹或刀，所有这些都表明，民众战争准备充分、装备精良。

大量考古证据表明，玛雅潘城有着广泛的商品贸易，其中包括玉米、盐、可可、布料甚至鸟类。在位于危地马拉北部的萨克佩滕(Zacpeten)城，其商品和建筑与玛雅潘城的商品和建筑相似，这表明两城之间有紧密的贸易往来。危地马拉高地的乌塔特兰(Utatlán)

城也是如此，其建筑者再次表现出与玛雅潘城建筑者相似的建筑偏好。甚至有人认为该城内居民与墨西哥中部的阿兹特克人有过接触——在一座城内神庙的墙上发现了阿兹特克神的雕刻。

在这片满是破败城邦的土地上，玛雅潘城成了唯一的希望支柱，该城特征显著。库库尔坎神庙是为纪念同名的羽蛇神而建的，呈令人惊叹的金字塔结构，有四个楼梯和九个露台。

观测台也坐落在中央广场上。一个圆形的石塔建在一个凸起的平台上，可沿楼梯进入，用来观看天空。在天文台和库库尔坎神庙的同一地点坐落着彩绘壁龛神庙（Temple of Painted Niches），庙中有五幅精心绘制的神庙壁画和五个作为入口的壁龛。这些遗迹，连同城市的其他文化遗址和精心设计的防御工事，突出了玛雅潘城在越发动荡不安的时代，作为经济、政治和宗教中心的重要性。然而，尽管玛雅潘城发明了很多先进科技，也不能永远经受住战争的摧残。

玛雅城市等级森严，国王统治着贵族、平民、农民和奴隶，奴隶是战争中抓获的俘虏。尽管玛雅各城邦统治者之间存在分歧，但他们也不至于愚蠢到认为自己的城邦强大到足以应付所有来犯者，于是城邦之间经常联盟。伊察人、图图尔·休（Tutul Xiu）家族领袖和玛雅潘城及乌斯马尔城之间达成了一个协议，形成了后来被称为玛雅潘联盟的城邦网络，由图图尔·休家族领袖梅卡特（Ah Mekat）在987年建立。

在某个时期，一个被称为“木鸽”的科科姆家族（the Cocom）和一个被讽刺地称为“美德溢溢”的修家族（the Xiu）决定共同统治玛雅潘城。

也许纯粹为了统治城邦，也可能是迫于环境压力，修家族贵族在1441年策划了一个消灭科科姆的计划。科科姆家族成员都没有意识到这场阴谋，除了一人之外，全部死在了这一计划下。这名幸存的科科姆族人很幸运，在屠杀发生之时身处洪都拉斯。

对联盟的其他成员来说，突然屠杀这个强大家族是一个极具诱惑力的机会，一场席卷半岛的内战随之而来。

到1461年，玛雅潘联盟已经瓦解，其反叛方分裂成17个独立城邦（Kuchkabal）。玛雅潘城邦，一个曾经伟大且富有的城市，被遗弃在周围的丛林中，其城民或死于战争或逃离玛雅潘城去寻找新的家园。

☼埃可巴兰姆（Ek' Balam）的古城墙遗迹证明了该城防御坚固

玛雅的秘密

宏伟石头金字塔的建造者、天文学家和文字学家……

探索神秘和令人震惊的古代玛雅世界

玛雅城邦的标准布局

观星窗

敏锐的天文学家玛雅人为观察天体事件，在他们的建筑上增设了门廊和窗户。供奉羽蛇神库库尔坎的宏伟圆形神庙有时会用作天文台，来观测春分天象和绘制夜空图。

贵族阶层的家园

宫殿位于城市中心，占地面积大、装潢精美。宫殿内居住着玛雅贵族阶层，通常为一层楼高，有许多小房间和内部庭院。也建有规模更大、拥有多个楼层的宫殿。宫殿内有很多墓地。

靠近上帝

金字塔可以说是最著名的玛雅建筑，其规模巨大，石阶上雕满雕刻。宏伟的金字塔可高达 60 多米，经常被用作已故统治者的坟墓。

仪式举行地

玛雅城市中常见的仪式平台通常由石灰石建造而成，高常不及 4 米，装饰着雕刻精美的人物、祭坛，甚至是立在柱子上的遇难者头像。作为公共仪式和宗教仪式场所，仪式平台在玛雅社会中发挥着至关重要的作用。

玛雅医学

玛雅令人赞叹的精妙医术

牙痛

治疗方法：玛雅人十分擅长牙科，只要病人买得起，假牙可由玉石和绿松石制成。如果需要填充牙齿，则会使用黄铁矿（“愚人金”）。装饰牙齿也成为一种潮流，牙齿被锉成尖形，磨成矩形，然后在上面钻孔，再用玉石或闪闪发光的黄铁矿填充孔洞，最终在牙齿上形成图案。

身体疼痛

治疗方法：要止痛，通常需要使用在仪式中用到的致幻物质来使患者陷入恍惚状态。玛雅人收集各类花卉、蘑菇、烟草和用于制造酒精物质的植物并对其进行熏制，用于止痛。如果有必要，可使用仪式性灌肠（a ritual enema）来达到快速致幻和立即缓解疼痛的效果。

仪式性灌肠：对于玛雅人来说，“灌肠”往往是一种祭祀神灵的宗教仪式。在玛雅时代晚期，人们在祭神时，常常使用一种特殊的器具进行灌肠。灌肠者由女性担任，灌肠剂是特制配方的致幻剂。灌肠剂被注入直肠后，很快得到吸收，使被灌肠者产生与神灵沟通的幻觉。

被毒刺蛰到

治疗方法：通过汗水浴来促进患者排汗和排出体内的杂质。这也被用于治疗风湿病、发烧、战后疲倦症状或刚刚分娩的妇女。玛雅人认为热蒸汽有助于净化和恢复身体，实现健康长寿。

天花

西班牙人进军玛雅时，带来了玛雅医师从未遇见过的疾病，如流感、麻疹、肺结核等。有研究者认为正是天花摧毁了玛雅文明，仅在一个世纪内，多达90%的原住民死于此病。面对一种以前所未有的速度大规模迅速传播的

疾病，玛雅人的天然草药治疗法根本就是杯水车薪。

玛雅医学的重要理念

玛雅医学重视生命力这一概念，也重视可以将这一力量引导至所需之处的理念。治疗师的工作是要平衡这种能将万物结合在一起的生命力。因为生命力也在植物内部流通，所以多种玛雅治疗方法都重视使用植物。血液决定了身体健康，所以诊脉是确定疾病的关键手段。疾病也被归类为“性热”或“性冷”，洋葱、生姜等热性食物可以被用来治疗“性冷”的疾病，反之亦然。

玛雅人成为时代引领者的五大原因

1 天文学

玛雅人非常擅长天文学，开发出了一种极其精确的历法。玛雅日历采用了错综复杂的联锁圆圈排列，其计时精确度比我们如今的日历还要高。尽管没有任何专业设备协助，他们也能够准确地预测天体的位置。

2 建筑

据记载，4400 个玛雅遗址内的建筑已历经数千年。巨大的旦达金字塔是世界上体积最大的金字塔之一。这些留存至今的玛雅建筑很大程度上能帮助我们解读玛雅。

3 艺术品

考古学家已经发掘出大量精致的玛雅艺术品，其中包括巨大的石雕、木雕、叙述性绘画和精致的陶器。其中用玉石和黑曜石等厚重材料制成的物品尤为引人注目。与印加人不同，玛雅人没有制作任何金属工具。玛雅艺术品的一大特色是常以玛雅蓝着色，这是一种明亮的天蓝色颜料，历经数千年，如今看来仍和刚画上去一样鲜艳亮丽。

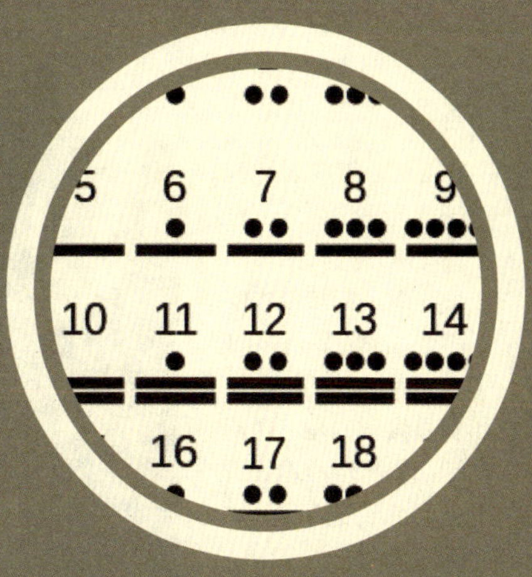

4 写作

玛雅文字是一种由象形文字组成的文字系统，玛雅文明则是中美洲唯一拥有完整文字系统的文明。最早的玛雅铭文可以追溯到公元前 3 世纪，巩固了玛雅人作为该地区文字发明者的地位。该复杂文字系统使用 800 个字形组合来表示单词，是唯一一个被大部分破译的中美洲文字系统。

5 数学

玛雅文明创造了当时世界上最先进的数学和数字系统。利用这种复杂的系统，只需使用三个符号——点状、条状和壳状符号，就可以表示出数值很大的数字。早在公元前36年，玛雅人就提出了“零”这一概念，当欧洲人还在使用罗马数字系统时，玛雅人就创造了“零”的数值符号。

波塔波

古老的生死游戏

许多玛雅城镇的共同特征是拥有用于举办盛宴、仪式和展示摔跤比赛的宏伟砖石建筑。这些玛雅建筑的主要用途是举办最受人欢迎的玛雅球类比赛“波塔波”。在这个古老的游戏中，球场变成了战场，连接现世和死亡之地。两支球队将面对面比赛，在整个赛程中不断击球，将球击过高挂石环的一方球队获胜。球员只能使用他们的臀部、肩膀、头部和膝盖击球，禁止使用脚或手。球员们会以闪电般的速度在球场上奔跑，试图带领他们的球队取得胜利，因为一个错误的动作可能意味着生死之别。

球场

在2700年的时间里，球场几乎没变。尽管球场之间的大小差异很大，但其形状基本保持不变。球场呈“I”字形，有一条狭长的小巷，两侧是倾斜的墙，两端封闭。奇琴伊察古城的球场最大，面积为2895平方米。

球服

球员们按传统会穿着带有皮革护臀的腰带，有时也会穿戴护膝和刺木或柳条腰带以进一步保护身体，这也有助于他们以更大的力量击球。他们也会戴上精心制作的仪式头饰，但是可能只在特殊的仪式场合才戴。

陡峭的台阶

玛雅球赛场地的独特之处在于其台阶，台阶上有许多壁画。尽管台阶用途尚未得到证实，但人们认为它们可能仅在球赛中发挥作用，或者能在球赛之后的人类祭祀活动中得以使用。

壁画
球场的墙壁上都刷上了灰泥，涂上了鲜艳颜料，雕有许多石雕浮雕。这些壁画描绘了在竞技场上的球赛场景，还描绘了俘虏和祭祀的场景。这些石雕艺术品中大部分留存至今，为我们了解玛雅文明提供了线索。
石环
球场两边墙壁上挂有垂直的石环。如果球穿过圆环，得分队就获得决定性的胜利。但石环仅仅比球大一点儿，并且被放置在场地的高处，例如，在奇琴伊察古城球场，石环被置于6米的高处——这在比赛中极少出现。
橡胶球
比赛中使用的是实心橡胶球，通常由橡胶树的乳胶制成。这些球大小不一，但大多数都和排球一样大。然而，这些球重三四千克，如果被击中，运动员就有受伤甚至死亡的危险。

解读玛雅历法

这个神秘的中美洲文明是如何记录过去的日期、月份和数千年时光的?

卓尔金历：亦称神历，每年260天，由20个神明图像和0到12的13个数字不断组合循环，就像中国的天干地支不断搭配组合，得到260种组合图标，代表260天。

哈布历：玛雅的阳历，由每月20天的18个月，加上年末5日、被称为Wayeb（或在16世纪的正字法中为Uayeb）的“无名日”组成。

玛雅人创建了如今日历的雏形。玛雅历法由三个相互关联的历法组成，分别称为卓尔金历[the Tzolkin，神历（the “divine calendar”）]、哈布历[the Haab’，民事历法（the “civil calendar”）]和长纪历(the Long Count)。

三者中计时单位最小的卓尔金历记载单独的日子，类似于现代公历记载工作日。然而，当时的工作日不是7天，而是13天，用20个字符序列命名，可将其与我们使用的星期一、星期二等星期天数代号进行比较。卓尔金历的一个完整周期为260天——相当于9个农历周期，由人类的孕期发展而来。

哈布历记载太阳年（整365天），将太阳年总共分为18个月，每个月长20天，剩下最后一个月只有5天，用19个字符表示各个月份。

卓尔金历和哈布历可以一起用来定义日期。就像我们所说的1月1日星期三，在玛雅历法中，写出来应该是10 Manik’（卓尔金历），15 K’ank’in（哈布历）。然而，与我们现今所使用的公历不同，相同的日期不是每年

长纪历：以神话起点的所经天数为基础，并向上延伸，以表示未来中的任何日期。这个历法采用了进位制，系统中的每一个位数皆表示特定天数的增加倍数。玛雅数字系统本质上是二十进制（基数为 20），即每个位数皆表示前一个位数的 20 倍。

重复一次，而是每52年重复一次——这段时间被称为日历轮回。到52年一个周期结束时，存在18980个独特的日期组合。这些日期组合呈现在两个同心轮之上，内轮和外轮上分别标有卓尔金历和哈布历的字形。两个轮子会朝相反的方向旋转，形成不同的日期组合。

☼这些是哈布历中18个月及年末5日（Wayeb）的字符

长纪历被用来记载更长的时间段，也就是人们所称的“世界周期”。我们计算公历的初始日为所估计的耶稣基督诞生日，但玛雅历法所计算的初始日要早得多，相当于公元前3114年8月11日。玛雅人认为该日是生命源起之日。在指定当前年份时，玛雅人会利用长纪历记录自生命出现以来已经过去了多少天、多少月、多少年、多少世纪和多少千年。长纪历所记载的一个周期大约为7885年。

玛雅人认为舞蹈可以将死人放出死亡之地

玛雅人的日常生活

玛雅人的生活围绕着稳固的家庭关系、辛勤工作和社区生活等价值观展开

玛雅文明社会呈金字塔结构。社会金字塔底层是平民，为其之上的工匠、商人、贵族和领袖奠定了坚实的物质基础。一个人在该金字塔上的位置不仅决定了他的社会地位，还决定了他生活中的衣食住行。领袖和贵族住在巨大的石头宫殿里，而平民则住在城市边缘的泥屋中，阿姨、叔叔和祖父母一大家子人挤在一个房间内。

工作

玛雅平民大多从事农业。玛雅社会不仅依靠农民耕作维持运转，还依靠他们进行贸易活动。玛雅人不使用金属工具或驮兽来进行耕种，其耕种的艰辛可见一斑。他们使用简单的石器工具或手工完成所有耕种工作。为了解决耕

☼可可成为玛雅社会的重要组成部分，被编进了创世神话

种难的问题，玛雅农民使用了巧妙的耕种方法来提高作物产量，帮助养活庞大的人口。例如，他们会一起种植玉米、豆类和南瓜这三种主要作物，这三种作物相互有助于生长。他们还会使用刀耕火种的方法，焚烧林木，然后在肥沃的灰烬中播种。并非所有的平民都是农民，他们也做搬运工、采石场工人和贵族的仆人。而贵族通常成为牧师、政府官员、文士或军事领袖，更受人尊敬。玛雅人相信高贵的地位通过血脉传承，与普通人相比，贵族与神的联系更多。这一观念意味着普通平民根本不可能向上层阶级流动。

玛雅社会的另一个重要阶层是工匠阶层。他们受雇创作精美的艺术品供贵族欣赏。尽管他们仍是平民，但他们设法不在田间从事繁重的体力劳动，而是把时间花在制作珠宝、陶器和头饰上。这通常是一种家庭生意，每个家庭成员都要参与其中，制作工艺品以维持生计。

在这幅作品中，一位贵族禁止一个男子触摸盛放巧克力的容器

服装

社会阶级很大程度上决定了服装穿戴。平民被禁止和贵族穿一样的衣服。平民的衣服适合从事重体力劳动，服装大多简单——男人穿腰布，女人穿衬衫和长裙。如果天气冷，他们都会披上被称为“mantra”的披肩式毛毯。

富人们穿着色彩鲜艳的衣服，佩戴羽毛和手工艺大师精心制作的珠宝。贵族服饰用刺绣、兽皮、毛皮和宝石装饰，远比平民服饰华丽。帽子则代表着较高的社会地位。实际上，帽子越高越好，有些帽子甚至比戴帽子的人还高。

珠宝是玛雅时尚的重要组成部分，那些买得起珠宝的人会用珠宝装饰全身。富人佩戴金、银和宝石制成的耳环、鼻环、项链和胸针，而穷人也会佩戴用骨头、黏土甚至木棍制成的耳环、鼻环、项链和胸针。最流行的石头是玉，代表着生命和成长。文身也很流行，玛雅人相信任何身体装饰都可以向神展示他们的社会地位。

玛雅人认为“斗鸡眼”很有魅力，父母会用一根绳子在婴儿的眼睛之间挂一块石头，并将其系在发带上，试图强迫孩子形成斗鸡眼。他们还喜欢长鼻子和凸嘴，许多人会戴上人工鼻梁来形成这种钩状。玛雅人另一种不同今日的审美标准是喜爱尖利的牙齿，贵族和平民都会把他们的牙齿锉成尖状。如果他们买得起宝石，他们也会在牙上镶宝石。人体彩绘也可用

☼这幅作品展示了玛雅贵族涂有流行的红色彩绘

来确定玛雅人的社会身份。未婚男子身绘黑色彩绘，牧师身绘蓝色彩绘，战士身绘红色和黑色条纹，红色则是所有人都喜欢的颜色。

女性

在玛雅社会中，尽管女性从属于男性，但女性扮演着比以往更重要的角色。玛雅社会有女性统治者存在，通常替幼子摄政。女性也经常在特定的圣地担任女祭司，通常是在洞穴、天坑等朝圣之地。女祭司能占卜他人命运。

玛雅女人最常做的是照顾家庭，这可不是一件小事。玛雅人十分重视生育，玛雅女性因而在这一方面受到了尊重。女性纺织也对维持玛雅经济做出了不可小觑的贡献。妇女从事纺纱、织布和染布工作，创造出精致的纺织艺术品，为丰富的贸易往来提供了物质基础。妇女在一些地区还干农活、放牧——饲养鹿群来养活人口。

孩子

在玛雅社会，孩子出生是一个非常重要的时刻，象征着好运和财富。牧师会给所有孩子

蕉叶玉米粉粽子（Tamal colado）是一道典型的玛雅菜，通常由玉米粉团、火鸡和蔬菜混合在芭蕉叶中制成

☼玛雅人的乐器包括泥哨、小号、长笛和鼓

起一个乳名，但最常被使用的是家中所唤的小名。孩子在成长之路上要严守规矩，被灌输的核心价值观是要尊重和帮助长辈，拥有改善社区的强烈道德感也同样重要。孩子们从五六岁起就要承担为家庭做贡献的责任。长到五六岁这个关键年龄，男孩儿会将一颗白色的珠子编进头发，而女孩儿则会在腰上佩戴一个红色的贝壳。男孩儿长至14岁，女孩儿长至12岁左右，会参加一个标志其孩童时期结束的仪式，到这时，以上这些象征孩提纯洁的装饰会被移除。

女孩儿和男孩儿都跟随他们各自的父母学习手艺。女孩儿们学习做饭、纺纱、织布和打扫卫生等家务活。同时，男孩儿们一到5岁就会学习耕作技术。

女孩儿在结婚前会和父母住在一起，而男孩儿一旦进入青春期就被要求独立。年轻的未婚男子会住在一起，直到他们找到合适的妻子。这些婚姻几乎都是父母包办，男子长至18岁，女孩儿至少到15岁才会结婚。新婚男子将与岳父母住在一起，并在农场上协助他的岳父工作长达六年。这遵循了玛雅人尊重和照顾社区长者的重要传统，有助于建立牢固的家庭纽带。

食物

除了玉米，其他受欢迎的主食还包括豆类、南瓜、辣椒、西红柿、红薯、黑豆和木瓜。典型的玛雅早餐包括玉米粥和称为“saka”的辣椒。中午的吃食是用玉米粉团包上蔬菜和肉做成的粽子。晚上的正餐通常包括玉米薄饼和炖蔬菜，如果够幸运的话，还会有肉。玛雅人很喜欢吃鱼肉、鹿肉、鸭肉和火鸡肉。玛雅人也以吃狗、豚鼠和犰狳而闻名。

全球范围内，最受欢迎的玛雅食物是巧克力，巧克力原料来自可可树。玛雅人将可可豆籽视为珍品，可可豆籽可以当作金钱进行交易。巧克力则被视为来自神灵的礼物。巧克力是只有有钱的贵族才能享用的东西，他们每天都喝这种有泡沫的液体。巧克力十分神圣，有时在宗教仪式中甚至会被用来代替祭祀之血。

娱乐

虽然玛雅人大部分时间都在努力工作以维持城邦正常运转，但他们也会抽出时间来娱乐。娱乐活动通常围绕宗教仪式进行，他们喜欢跳舞、音乐和玩游戏。

玛雅人有多种意义不同的舞蹈，包括树影之舞、猴舞和鹿舞。他们跳起这些舞蹈大多是为了敬神。玛雅社会上所有人都可以参加音乐表演，不分贫富老少，曾有1.5万多名玛雅人同时参与其间。

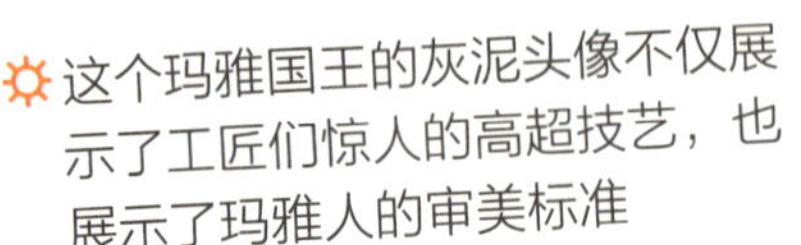

这个玛雅国王的灰泥头像不仅展示了工匠们惊人的高超技艺，也展示了玛雅人的审美标准

直至今日，玛雅仍流行着一个故事，即会在玉米山上发现玉米种子

今天的拉丁美洲美食大多是西班牙美食和本土美食的融合

像玛雅人一样烹饪

看看玛雅人是如何制作美味又辛辣的食物的

玛雅人的主食之一是玉米，玛雅社会自始至终都在种植玉米。玉米富含营养和碳水化合物，价格低廉，生长周期短，在玛雅社会中占有独特地位。这种作物有自己的神明——玉米神——玛雅象形文字和艺术中以玉米为主题的图案很常见。玉米占了玛雅人饮食的60%，从丰盛的玉米粥到松软的玉米饼，餐桌上总少不了玉米。

玛雅乡村到处都是玉米地，但在一个耕地被山脉、河流和雨林所占据的地方，耕作很困难。幸运的是，玛雅人对玉米的狂热意味着玛雅人在艰苦条件之下也找到了种植他们最爱的玉米的方法。

玛雅农业的一个突出特征是在“高地”——建在沼泽地之

玉米一直是玛雅人的主食

上的肥沃土地上耕种。玛雅人从沼泽或河流底部挖出泥浆，放在芦苇垫上，然后又将芦苇垫悬在高出水面几米的地方。这种营养丰富的土壤每年可以种植两到三种作物，玛雅人充分利用了这一点，他们在玉米秆周围种植攀缘豆，在玉米底部种植南瓜（这还能防止土壤侵蚀）。这种方法非常巧妙，至今仍在中美洲部分地区使用。

在美洲广泛使用的另一种耕作技术是梯田。为了供养如此庞大的人口，玛雅人需要空间，而且是很大的空间。于是，平地消失后，

在这件陶器上，一位平民正在向神供奉玉米粉粽子

☼ 这幅壁画描绘了玛雅人正耕种玉米地的场景

他们去到山上，在山坡上开辟出一片天地。梯田便是一大天才建造——石墙防止了水分流失和土壤侵蚀，而阳光照射改善了植物风味，也促进了植物生长。

当然，玛雅人并不只擅长种植玉米。玛雅人每栋房子前都有一小块土地，他们在那里种植蔬果（木瓜、番石榴、鳄梨、西红柿和辣椒最受欢迎，以及南瓜等瓜类蔬菜和红豆、黑豆）供自己食用。这意味着每个家庭饮食都很健康，富含蛋白质、维生素，以及碳水化合物和脂肪。

大多数玛雅人的食物以植物为主，但毫无疑问，他们喜欢吃肉，一有时间和机会就会吃肉。他们经常猎杀鹿、猴子和犰狳，而鹌鹑、鸭子等禽类也出现在其菜单上。

鱼也是玛雅炖菜中的一道美食——玛雅人像我们如今一样在河流中和海上设陷阱、布线、布网来捕鱼。之后，渔夫将当天捕获的鱼带回家做晚餐，他的妻子会在明火上烤鱼，用盐和香料调味。

事实上，玛雅人是开采盐矿的高手，并使用大量盐来保存食物以备日后食用。城邦市场中常见的一景是绳子上挂满了晾干的咸鱼。纳

如果没有玛雅人，或许就不会有许多我们今天所认识的基本食材

元素的使用在玛雅人调制酱汁和腌制泡汁的过程中也很重要——钠与酸橙和柠檬混合时，会在舌头上生成一种甜而浓烈的味道，非常适合给肉增添风味。玛雅人着迷于调味。

但任何一位称职的厨师都知道，做出一道菜的关键不只在于调味料。玛雅人也知道这一点，他们用特定的方式烹饪食物，提升食物的味道。另外，清淡的玉米饼在一个叫作“comal”的热盘子上烤成，这样使玉米饼多了一点儿烧焦的味道。与此同时，在“pib”里煮肉和煮鱼味道最佳。“pib”是地面上的一个洞，里面填满了白热的木炭，上面覆盖着树叶和泥土。这种煮肉方法能确保肉质柔软，骨肉分离。蒸也是一种有效的烹饪方法，尤其是玉米粉粽子——用大蕉叶或玉米叶包裹玉米粉团，蒸至柔软。

玉米粉粽子通常是玛雅人的主菜，但在他们的餐桌上还能找到更多佳肴。美味的南瓜炖

玉米粉粽子是用玉米叶或芭蕉叶裹上馅料，馅料包括蔬菜、奶酪、肉、辣椒甚至水果

菜和玉米饼放在一起，玉米面饼能完美吸收汤汁。还有各种各样的酱汁，包括牛油果酱和辣番茄沙司。

玛雅饮品之丰富也令人吃惊。当然，热可可必须榜上有名。而玛雅巧克力中加入辣椒香料、蜂蜜和香草会成为一种更加奢侈的饮品。玛雅人会喝一些更烈的酒，如“balche”——一种由发酵的树皮和蜂蜜水制成的蜂蜜酒。

如今深受喜爱的墨西哥菜是传统玛雅菜受西班牙人影响形成的产物。无论是在米饭卷饼上大量涂抹的酸奶油，还是在豆子卷饼上堆的奶酪，墨西哥美食都是玛雅美食和西班牙美食的完美融合物。

同时，生活在现代墨西哥和危地马拉的玛雅人仍然忠实遵守古代食谱，用传统方法烹饪炖菜和玉米饼。甚至鳄梨酱、萨尔萨酱和玉米饼等著名玛雅菜肴的食谱也基本没有变化。

玉米粉圆饼

可按照传统方法用这些玉米饼包裹蒸肉

原料：

· 150 克玉米粉
· 100 毫升温水
· 1 汤匙葵花籽油
· 少量盐

步骤：

1. 把所有的配料放在一个碗里混合，揉匀。
2. 把面团分成高尔夫球大小的小块，用擀面杖将每个面团擀成圆饼，呈一个硬币薄厚。
3. 煎锅内放少许油，玉米饼每面煎 30 秒左右。
4. 将玉米饼盛盘，用茶巾包裹，以保持温度。

玉米粥

玛雅舒适温暖的饮品

原料：

· 720 毫升水
· 250 毫升全脂牛奶
· 65 克玉米粉
· 50 克红糖
· 2 茶匙肉桂粉
· 1/2 茶匙香草精

步骤：

1. 开小火，平底锅内烤玉米粉，待变成棕色，加水，不断搅拌。
2. 玉米粥煮至冒泡，加入牛奶、糖、肉桂和香草精，慢煮。
3. 不断搅拌约 5 分钟，直到黏稠。尝味，若喜甜，可再加些糖。
4. 将泡沫搅至顶部，倒入杯子。

玉米粉粽子

很适合当干粮

原料：

馅料：

- 400 克干黑豆
- 1/2 茶匙辣椒粉
- 4 个新鲜辣椒，切片
- 1 个番茄，切碎
- 1 汤匙盐

玉米粉团：

- 500 克玉米粉
- 500 毫升温水
- 1 汤匙盐
- 15 片香蕉叶或玉米叶

步骤：

1. 锅内倒入黑豆、大蒜、辣椒粉、辣椒，加水，至豆子上大约两英寸[1]。煮沸后文火煮 30 分钟。
2. 加入盐，继续煮，直至叉子戳豆子时豆子变软。
3. 将混合物中多余的液体沥干，加入切碎的番茄。
4. 将玉米粉和盐充分混合。慢慢加入温水，不断搅拌。
5. 反复击打玉米团，直至面团内进入足够的空气。
6. 将芭蕉叶或玉米叶铺平，在上面放上玉米粉团，每边留一英寸的边，加入一汤匙豆子馅。
7. 将叶子的侧面向中间折叠，然后将包裹好的玉米团子放入有盖的蒸笼中。
8. 蒸 45 分钟，即可食用！

1　1英寸为2.54厘米。

制作玛雅巧克力饮料

巧克力在被做成棒状并成为敲大猩猩这一广告的灵感来源之前，在中美洲就已经很受欢迎了。玛雅人食用的可可或可可树的种子被用来制作一种独特的饮料。这种简单的可可饮料很快成为人人买得起的大众饮品。在玛雅人的宗教节日、婚礼等重大活动中，可可饮料被盛在精美的器皿中供人饮用。可可饮料制作方法先后传给了阿兹特克人和西班牙入侵者，之后传遍全球，最终发展成为如今深受人们喜爱的巧克力甜饮。

研磨棒（Mano）和石磨盘（Metate）

烤盘和煎锅

可可豆

可可树

等待

可可树每年都会开花，但要三至五年才开始结果。

豆荚的位置

时间一到，树干和树枝上会长出可可豆荚，等待收获。

内部饱满的豆荚

每个豆荚含有 30 颗到 50 颗可可豆作为种子，这足够做 7 块巧克力了。

昆虫的竞争

在收集期间，要注意豆荚上的蚊虫，它们小到可以放到针尖上。

自己种植可可树

为了避免一次又一次在森林中跋涉，记得保留一些可可树种子，种植自己的可可树。

不要把可可豆都煮了!

可可豆也可以用作货币。4 个可可豆可以买 1 个南瓜，10 个可可豆可以买 1 只兔子。

1. 收获可可

可可树的果实豆荚中含有可可豆。当豆荚变黄时，就可以收获了。带一篮子豆荚回家后，把豆子从豆荚里舀出来，让它们发酵五六天，然后铺开晾干。

2. 烤熟并去壳

豆子晾干后，将其放入煎锅里进行烘烤，这一步骤有助于去壳。要做到这一点，可以进行“筛壳”，即将咖啡豆抛向空中。这可以确保去除所有的外壳，防止有苦味。

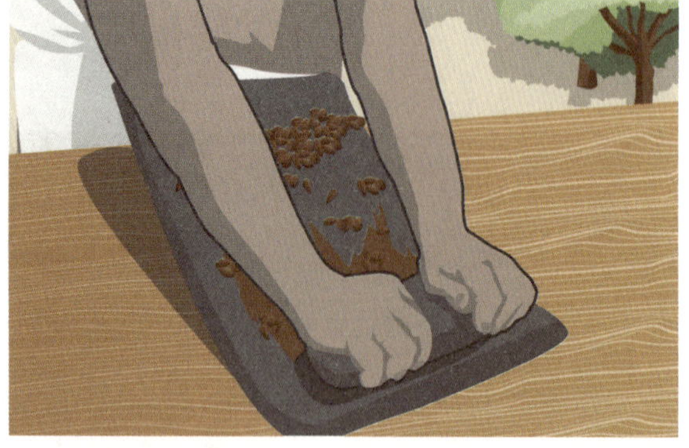

3. 研磨咖啡豆

收集去壳后的可可豆准备研磨。这时需要用研磨棒大力研磨放在石磨盘上的可可豆，当可可豆碾磨至糨糊状，就可以准备加热了。豆子需要研磨3—6个小时才能形成真正光滑的糊状物。

4. 加入香料和调料

如果就这样煮可可豆，巧克力尝起来会很苦，所以需要添加很多调味料，以确保符合自己的口味。可以切一些辣椒扔进去，给巧克力增添辣味，或者搅拌一些蜂蜜，让巧克力变得更甜。在加热之前，还需要向巧克力糊中加入水和玉米粉。

5. 煮沸

现在需要将巧克力糊煮沸，所以要将其放回平底煎锅中，置于明火上。小心别烧煳，否则巧克力饮料就完蛋了。慢火煮，直到空气中充满可可的香味。搅动混合物，使混合物尽可能多地生沫。

6 凉置上桌

之后将巧克力糊凉置，最后会得到一层厚厚的、美味的巧克力泥！如果没有大的容器，陶瓷杯子也可以。

玛雅文字

古典时期的玛雅文字由一系列雕刻的象形文字组成

这些象形铭文代表世人和天上神明间的交流

在玛雅文明中，独立的石雕很常见，图中这个位于伯利兹佩萨哈（Pusilhá）玛雅古城

☼玛雅人玩儿一种橡胶球游戏。这个圆盘被放置在球场的地板上，上面的文字记载了献祭日期

对研究者而言，破译玛雅的象形文字系统是一项艰巨任务。几个世纪以来，他们对现存石碑、陶器和骨头上装饰的象形文字雕刻困惑不解。更重要的是，这些文字也被雕刻在木头上或被写进树皮纸折叠的“抄本”里，为了弄清这些文字的本质，他们在错误的研究道路上走了许久。

事实上，直到最近学者们才真正了解了古典时期的玛雅。他们已经能够更好地研究三种玛雅文字——“Ch’olan”、“Tzeltalan”和“Yucatec”。但每一种玛雅文字都高度复杂，

地峡文字：一种起源非常早的中美洲文字系统，大约从公元前 500 年到 500 年在特华特佩克地峡地区使用。地峡文字在结构上与玛雅文字相似，也是形声结合文字。

历史学家至今仍未完全破解。

直到2005年，才确定了玛雅文字的起源之日。其起源可以追溯到奥尔梅克文化。2005年之前，人们普遍认为玛雅文字由公元前500年奥尔梅克文化使用的类似地峡文字（Isthmian script）演变而来。但在危地马拉北部的圣巴托罗（San Bartolo）发现了最早可识别的玛雅铭文，表明在前古典时期玛雅人即具备了读写能力，这引发人们重新思考。

20世纪50年代，在苏联语言学家尤里·克诺罗佐夫的帮助下，玛雅文字研究取得了重大突破。

研究人员很快就弄清楚了玛雅文字系统，该文字系统主要使用了符号—— 一组书写的字符，每个字符代表一个特定的单词或短语。玛雅人明白，要用一种符号来代表他们所能想到的每一件物品、概念和情感几乎不可能，所以他们也使用了音节符号。这些符号与音标有关，意味着玛雅人说的任何话都可以被记录下来。

在这个系统的基础层面，看到一个符号就可以马上反应出它代表的含义：可能是美

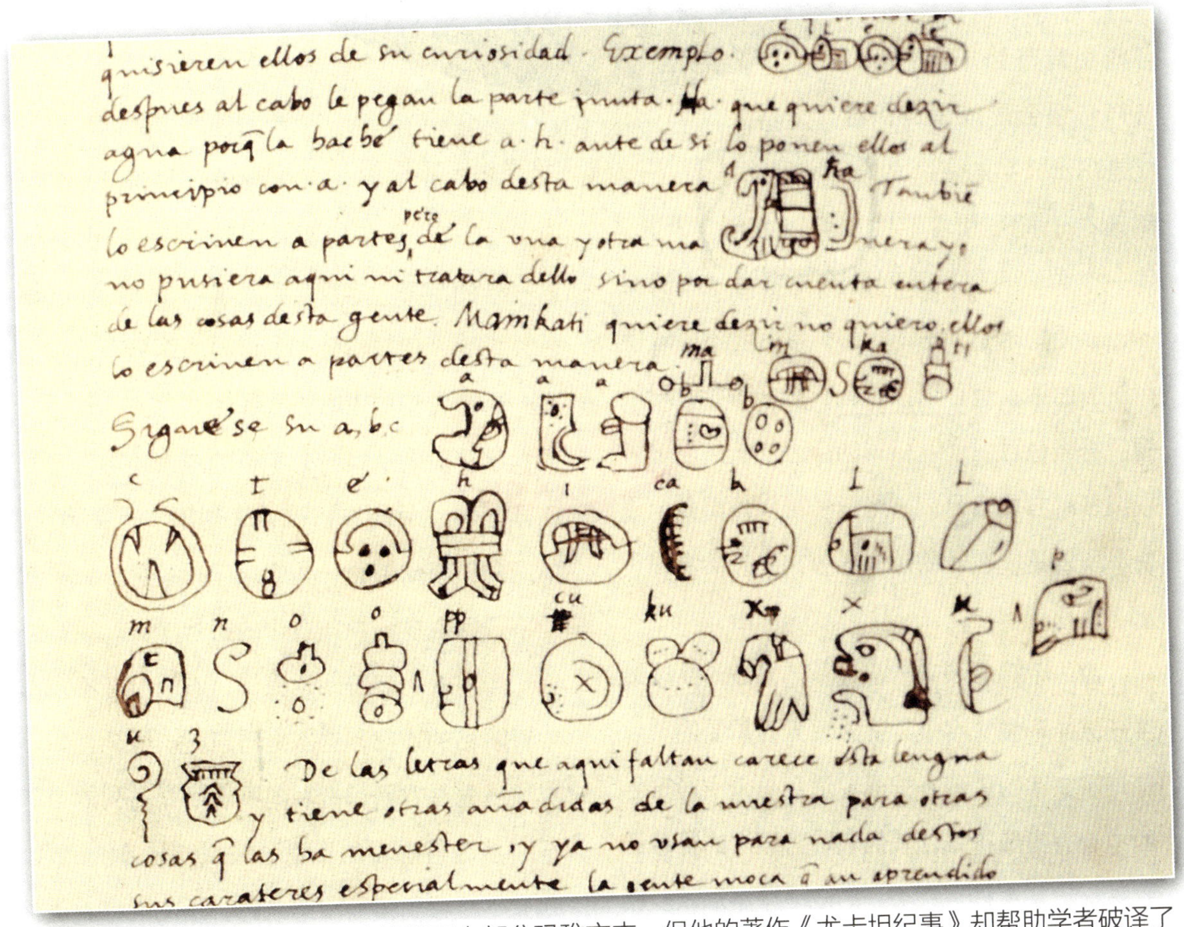

quisieren ellos de su curiosidad. Exemplo.
despues al cabo le pegan la parte junta. Ha. que quiere dezir
agua porq la hache tiene a. h. ante de si lo ponen ellos al
principio con a. y al cabo desta manera Tambie
lo escriven a partes, pero de la una y otra manera y
no pusiera aqui ni tratara dello sino por dar cuenta entera
de las cosas desta gente. Mamkati quiere dezir no quiero, ellos
lo escriven a partes desta manera
Siguese su a, b, c
De las letras que aqui faltan carece esta lengua
y tiene otras añadidas de la nuestra para otras
cosas q las ha menester, y ya no usan para nada destos
sus carateres especialmente la gente moça q an aprendido

☼ 西班牙主教迭戈·德·兰达摧毁了大部分玛雅文本，但他的著作《尤卡坦纪事》却帮助学者破译了玛雅文字

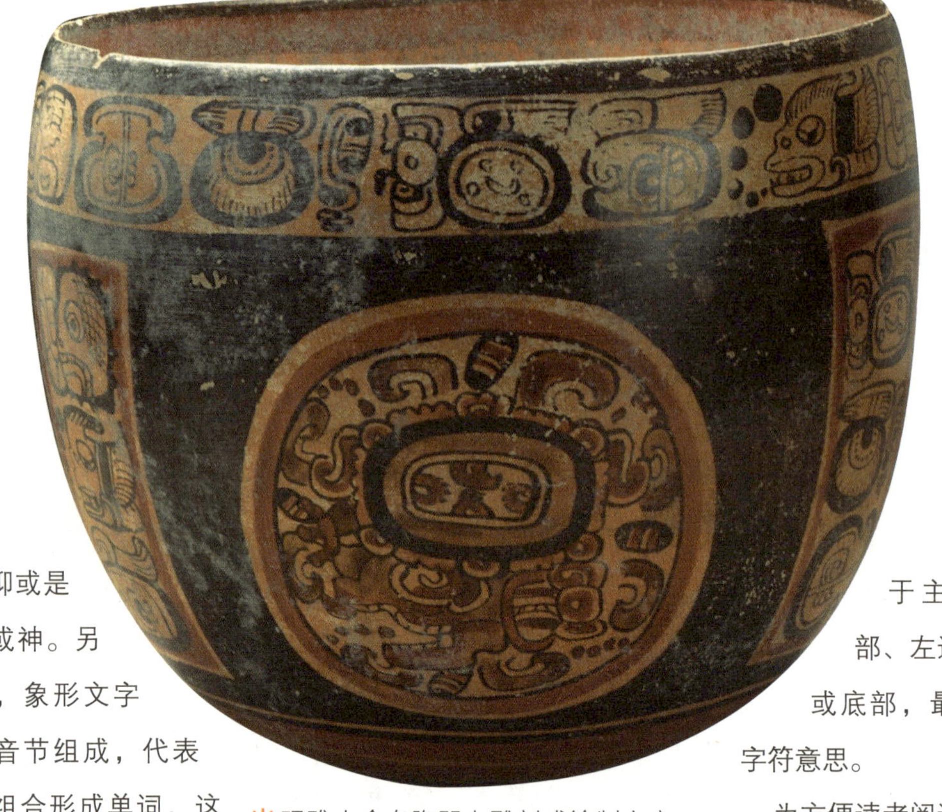

☼玛雅人会在陶器上雕刻或绘制文字，在玛雅墓葬中发现了许多相关文字

洲虎，抑或是蛇、山或神。另一方面，象形文字可能由音节组成，代表着声音组合形成单词，这就是玛雅文字的复杂之处，原因在于符号和音节图也可以组合。因此，同一个单词可以用不同的方式书写——例如jaguar（美洲豹）一词，如果书写者不喜欢使用符号的话，也可以按照音节来书写。有时不同的符号也可以表示相同的意思。一种思想可以以多种方式表示，一些符号可以代表多个语音，所以语境在协助破译玛雅文字方面发挥了重要作用。

每一个符号和音节都极具艺术性，所以最终形成的玛雅文字极具美感。尤为重要的一点是玛雅文字的创建方式很灵活。每个字形符号的中心为主要符号，其他被称为词缀的符号通常被标记在主符号之上，形成一个字形块。词缀的位置可能在两个到五个组合符号之间，位于主符号顶部、左边、右边或底部，最终影响字符意思。

为方便读者阅读和抄写员誊写字符，玛雅符号总共有1000多个，但能同时用到的只有三分之一到一半的字符。尽管字符是按网格状图案一块一块排列，但其实际上是成对的两列字符组合在一起。它们的书写方式和阅读方式一致。在阅读字符时需从第一列字符的左上角符号块开始读起，然后向右扫视第二列第一行字符块，然后向下移动到第一列的第二行字符，在再次向下迂回之前，看向右边的符号块。

当前两列字符阅读完毕，眼睛会直接扫回字符网格的顶部，这次是第三列。同样，顺序应该是先往右看，然后向下看到第三列的第二行，然后再向右向下看。按照这种方法阅读，眼光不断移到第五和第六列，以此类推，直到阅读完整个文本。通过阅读作品，玛雅人可以

这些玛雅象形文字在墨西哥国家人类学博物馆展出，它们是在尤卡坦半岛北部的一个考古遗址中发现的

辨别出遵循“日期—动词—主语”结构排列的句子中的主语和动词。玛雅人在文本中也会使用复数、数字、形容词和介词。字形块也会有应该如何发音的准确提示，而代词常附加在名词、及物动词和不及物动词之后。

至今发现了4本书籍或抄本。现存最古老的书籍是《德累斯顿手抄本》，该文本可以追溯到13世纪或14世纪，长达78页，记载了当地历史和天文表。与此同时，《马德里手抄本》(*Madrid Codex*) 有112页，记载了天文表、历书和占星术，旨在帮助玛雅祭司开展宗教仪式。

破译这些文字有助于我们了解玛雅文明，包括其神明、王室、建筑、食物和时代特征等。更为重要的是，专家们在20世纪八九十年代加大了研究力度，如今已经确定了85%以上的象形文字的音标，但他们并不完全理解这些词的含义。玛雅语词典日趋完善，人们可以阅读超过90%的玛雅语文本并在一定程度上准确理解其含义。

1931年，在墨西哥恰帕斯州亚斯奇兰遗址中，发现了这条玛雅门楣，它可以追溯到600年到900年之间

仔细研究玛雅文字

主要符号

1 这些字形块遵循一样的书写规则，各个符号相互连接组成单词。字形块中最大的组成部分为主符号。

不同音节

2 有些图像是符号，有特定的含义。其他的是音节图，或音标——这些可以组合成任意单词，也可以附在符号上，也可以描绘数字。

易于阅读

3 文字应该两列两列一起阅读，从网格中的前两列开始，从左到右阅读，然后继续阅读后两列，以此类推，直至阅读至最后。

旋涡装饰

4 有些设计被一种叫旋涡装饰的华丽围框所环绕。 这可能是记载周期为 260 天的卓尔金历所记载的日期。

多样词缀

5 除主符号外，其他符号也可以作为词缀添加。主符号左边的是超前缀，上面是前缀，下面是子前缀，右边是后缀。

玛雅神话与玛雅宗教

三千年来，玛雅所信奉的众神和玛雅神话将玛雅人与神话、仪式和祭祀联系在一起

从古至今，玛雅人从来不是一个大一统民族。但在玛雅3000多年的历史长河中，玛雅人共同的语言、文化和宗教将他们联系在一起。古玛雅文明中有诸神、信仰和神话元素，从城市建设到农作物种植，宗教都发挥了至关重要的作用。

众神

玛雅的神并不总以同一面貌示人，一个神常有多个形象和不同的名字，因此难以真正辨认出具体某个神。玛雅神话中的天界支配者伊

许多令人印象深刻的玛雅庙宇都建在玛雅重要人物的坟墓之上

玛雅文化中神的形象经常同时拥有人类和动物特征，代表超越人力控制的自然之力

☼玛雅手抄本记载了玛雅诸神的图像，这有助于辨别在玛雅遗址中发现的雕刻形象

察姆纳有时很年轻，有时老态龙钟，有时人头鸟身。根据玛雅的肖像学，伊察姆纳的多个形象可以与玉米之神、创造之神和祭祀的形象联系在一起。

玛雅神的面貌变化多端，就连学者也无法就已知神的数量问题达成一致。一个无名之神经常被描绘成身处黑暗的地下世界，手持黑曜石刀，周围全是人骨。这可能描述的是死神或战神阿普切（Ah-Puch），据说他掌管着黑暗的来生，但他也可能只是一位不知名的神。

我们主要通过神的雕塑来了解神。通过总结一系列重复的肖像特征，我们能辨认出以不同面貌出现的神祇。布鲁克·夏布坦（Buluc Chabtan）是战神和死神，其眼周和一侧脸颊以下均为黑色。我们可以看到布鲁克·夏布坦燃烧建筑物、烤人、与商业之神艾克·曲瓦（Ekchuah）战斗的不同场景，在各个场景中他以不同的形象出现。

对玛雅人来说，神的伟大力量是创造宇宙和维护宇宙。如果神灵不能维护自然世界，那

天坑是重要的供水来源和礼拜场所

么洪水、饥荒、地震等自然灾难对玛雅人而言将是毁灭性的。

创造世界

在玛雅文明中，在原始混沌的早期水域，众神创造了世间一切。然而，众神对创造的郁郁葱葱的南美丛林并不满意。“为什么只有单调的嗡嗡声？为什么只有树木和灌木丛下的沙沙声呢？”于是，众神把动物放进了丛林。他们仍不满意。如果不能被崇拜，做神还有什么意义？最终他们做出了如下决定：“所以现在让我们试着创造一个给予者，能给予赞赏、尊重和支持，能养育生命。”

众神用泥土创造了第一批人类，但这些可怜人的泥质身体一遇水就化了。接下来，众神试了试用木头造人。这些人四处迁徙，繁衍子嗣，但在他们木头般的头脑和心灵里空空如也，不知创造了他们的神为何物。于是众神发动了一场大洪水将他们冲走。直到第三次尝试，玛雅神才最终创造了现在的人类。他们用有韧性的玉米面团塑造了玛雅人，赋予玛雅人以生命。

众神创造了延续玛雅伟大血统的四个男人。在举行完崇拜众神的球赛后，众神明确规定了玛雅人的祭祀仪式。

仪式和典礼

在西班牙人入侵前，玛雅人的本土神一直存在于他们生活中的方方面面。神的画像随处可见。“玛雅人崇拜的偶像太多，连他们的神都不够用，众神的形象无所不包，上至飞禽，下至走兽爬虫，这些都融入到众神的形象之中……至于众神形

象，他们完全知道它们是由人的双手创造出来的，易逝，并不神圣；但玛雅人因其代表众神而尊重它们。”

玛雅人通常在这类雕像前、在寺庙中进行祭拜。人由众神创造，所以敬拜众神很有必要。众神创造了人类，所以人类必须安抚他们，以确保人类的生存。敬拜众神的方式多样，可唱歌、跳舞，提供农作物和面包，甚至举行球赛。然而，最为神圣的祭品是血。

与献祭他人相比，更为常见的祭祀方式是献祭自己的鲜血和进行斋戒。现存的雕刻显示，玛雅人会割划自己的身体。祭祀只是召唤神的一种方式。斋戒也在宗教仪式之前进行，在这些仪式中，参与者为了净化自己而不会吃肉或性交。

燃烧用树汁制成的熏香也是一种祭祀方法。我们被告知，旅行者会带着香和一个小盘子来烧香。当他们晚上休息时，会竖起三块扁平的石头，向艾克·曲瓦神燃烧他们的祭品，以确保旅途安全。

另一种常见的祭祀方式是模仿神的穿戴——玛雅城市的贵族们会穿着和雕刻中的神一样的衣服进行祭祀。玛雅父母会将孩子的头部绑上木板，使孩子们的头部变得细长，与神的头部形状相似。

虽然每个人都参与神的祭拜，但祭拜任务主要由祭司和占卜者承担。祭司充当神与人之间的翻译。不同级别的牧师有不同的职能。大祭司沿袭世袭制，他们撰写宗教经文，任命其他祭司，并担任君主的顾问。低级牧师居住在每个城镇，为个人和家庭举行仪式。能够预言未来的祭司被称为奇兰·巴兰，其职责是“向当地所有的人传达恶魔（神）的神谕，他们受到当地人的极大尊重，以至于他们通常只有把担子扛在肩上，才能走出家门。”解读复杂的神圣历法是祭司的一大任

玛雅人把祖先的骨灰放在雕像或装饰华丽的瓮中

务。随着时间推移，玛雅的国王扮演了祭司的角色，这赋予了他们精神和世俗的权威。

玛雅朝圣

在玛雅人所住之地，水是一种稀缺资源，因为雨水很容易被地面的石灰石吸收。水井必须深深打入地下，蓄水池也必须挖好以收集尽可能多的雨水。自然形成的井，被称为天坑，就像奇琴伊察古城的“圣井”，成为主要的朝圣地点。朝拜者会留下贵重物品来祭拜神，或者偶尔把人当作祭品。当西班牙人看到这些天坑里没有留下黄金时，他们最终确信玛雅人并没有大量的黄金储备。

死后的生活

玛雅人也会经历死亡，但他们从未将其视为生命的终结。玛雅人坚信灵魂和人死后的生命不朽，来世被分成了两部分。天堂有13层，那些献祭的人，那些在战争中死去的人，那些分娩而死的人，还有那些在球赛中死去的人，死后会去往天堂。如果一个人死后值得去一个好地方，他将进入“一个永无疼痛之地，那里会有大量的食物和美味的饮料，以及一棵清新、绿荫如盖的大树，玛雅人称其为‘Yaxche’的木棉树，人们可以在其树荫下休憩，永享和平。”

另一方面，那些死得不光彩或邪恶的人会进入一个黑暗的恐怖之地，该地被称为西巴尔巴。在这里，他们“被恶魔折磨，承受寒冷、饥饿、疲惫和悲伤所带来的巨大痛苦”。因为玛雅人相信不朽的灵魂不会消亡，所以人们要么享受死后永恒的和平，要么承受死后在尘世中的无尽苦楚。

☼《马德里手抄本》是现存的为数不多的玛雅文本之一，记录了诸神相关内容

遇见众神

神的数量如此之多，这里有一些主要的玛雅神

人们经常说，我们所知道的玛雅神大约有 160 个，但我们不懂这些神的来源且神的形象多变，所以很难有一个确切的数字。然而，在我们所知道的天神中，有一些令人着迷。

死神阿普切
阿普切代表着黑暗、死亡和灾难，但也帮助儿童和努力之人。也被称为“恐怖的腐蚀之神”。

雨神恰克
玛雅人总是面临干旱威胁，风暴和雨水之神恰克很受其欢迎。雨神被供奉在天坑中，被称为天坑水中的神灵之一。

伊希切尔女神

伊希切尔女神主管水、子嗣繁衍，也能创造彩虹。虽然她能带来新生命，但有时她或许会以战争女神的形象出现。手脚如利爪，头盘毒蛇，常与天神伊察姆纳一同出现。

玉米神

玉米神常与英雄双生子的父亲胡恩·胡纳赫普联系在一起，胡恩死后被他的儿子们复活，就像玉米每年被砍下却又在土壤中重生一样。

天神伊察姆纳

天神伊察姆纳是第一个祭司，也是教玛雅人写字的人。他教授玛雅人医学、艺术和农业等生活各方面的知识技能，是最受玛雅人欢迎的神之一。

中美洲的科学

玛雅人能绘制星图，进行复杂的计算，因地制宜，治愈疾病

☼ 玛雅人将其记录的天体视为神，认为太阳神奇尼奇·阿豪可以预防干旱和控制疾病蔓延

玛雅人是卓越的天文学家，他们早已知晓太阳、月亮和其他天体的运动对日常生活的影响。

玛雅天文观测者在《德累斯顿手抄本》的书页上记录了不同天体在天空中的运行。玛雅人将天空中的太阳、月亮和星星视为神，认为各神担负着不同的职责，注视着天下的土地。玛雅人相信地球是一切的中心（直到16世纪许多人仍相信这一点），当行星之神在天空出现时，是在对玛雅人传递信号。

例如，天空中最明亮的存在（太阳）是太阳神奇尼奇·阿豪（Kinich Ahau），也是玛雅宗教中最强大的神。天文爱好者跟踪观察太阳的运动轨迹，记录了太阳每年的周期，包括春分和冬至。玛雅人认为月亮是女神伊希切尔，她会在晚上送太阳神回地下世界。

《德累斯手顿抄本》还记录了许多恒星和行星偕日升（heliacal risings）时的详细图表，这是一颗恒星每年黎明时分从东方地平线升起的时刻。然而，有一颗特别明亮的行星引起了玛雅人的注意——金星。金星被玛雅人密切监视，其运行决定了玛雅人许多宗教仪式的时间。《德累斯顿手抄本》显示玛雅人测量出金星的运行周期是584天（即从地球的角度来

☼据称，玛雅人将银河视为灵魂前往来世的通道

看，金星回到夜空中相同的可观测位置需要多长时间)，只比现代测出的运行时间短两个小时——考虑到当时玛雅人并没有望远镜，该测量时间的精确度令人惊讶。

除了记录太阳和其他行星的运行，这些手抄本还对月食和日食的发生时间进行了预测。玛雅人认为日食是一个不祥的征兆，经常将其解读或描绘为一个吞噬太阳或月亮的恶魔。这些预测在发生月食前给玛雅人敲响了警钟，玛雅人能根据预测提前准备他们认为的能确保他们安全的宗教仪式（通常是血祭)。《德累斯顿手抄本》记录了33年来玛雅人预测的每一次

日食和大多数月食的发生时间。

证明玛雅人能进行令人印象深刻的精确计算的，不只有其发现的金星运转周期和日食发生时间。玛雅人还用他们复杂的太阳历法（哈布历）计算出，地球上的一年是365.2420天，而农历一个月是29.5308天。这两个数值非常接近现代计算出的一年365.2425天和一个阴历月29.53059天，误差分别为43.2秒和18.1秒。

玛雅天文学主要跟踪观察较大天体的运行，但玛雅手抄本中也记录了观测的许多其他夜空中的小行星。当你抬头看星星的时候，可

“椭圆形天文台”：又名“蜗牛”，得名于圆形建筑内部螺旋状的石头阶梯。天文台是为掌管风和学习的羽蛇神而设的，门设在可以观察春季昼夜平分点、月亮最大南北倾斜及其他天文现象的位置。玛雅人用太阳照射在门上在屋内形成的阴影来判断夏至与冬至的到来。在建筑的边缘放着很大的石头杯子，玛雅人在里面装上水并通过反射来观察星宿，以确定他们相当复杂且极为精确的日历系统。

能会认出一些我们用来绘制夜空地图的星座，比如希腊猎户座或者代表双子座的双生星座。大约在12世纪，玛雅人在观察同一片天空时，描绘出了他们自己看到的独特星座特征。他们将我们如今看到的猎户座绘制成海龟形状，双子座与他们所说的猫头鹰形状非常接近。

星座不仅被玛雅人描绘成各种形状，还影响了玛雅农业历法的形成。地球围绕太阳旋转，在四季变化间，不同的星座出现在特定的地方。这种变化预示着接下来的季节是更加温暖还是更为凉爽，玛雅人在种植食物时参考了这一点。星座也被用作夜间赶路时的导航工具。

虽然玛雅人可能没有望远镜这样的观测工具，但他们有专门建造的天文台，其中有一个“椭圆形天文台”(El Caracol)，今天仍可以在奇琴伊察古城的遗迹中看到。乍一看，它与一些现代天文台很相似，是一个高耸的圆柱形塔，顶部为圆顶。椭圆形天文台建造于900年左右，学者们认为，在这里，人们可以通过

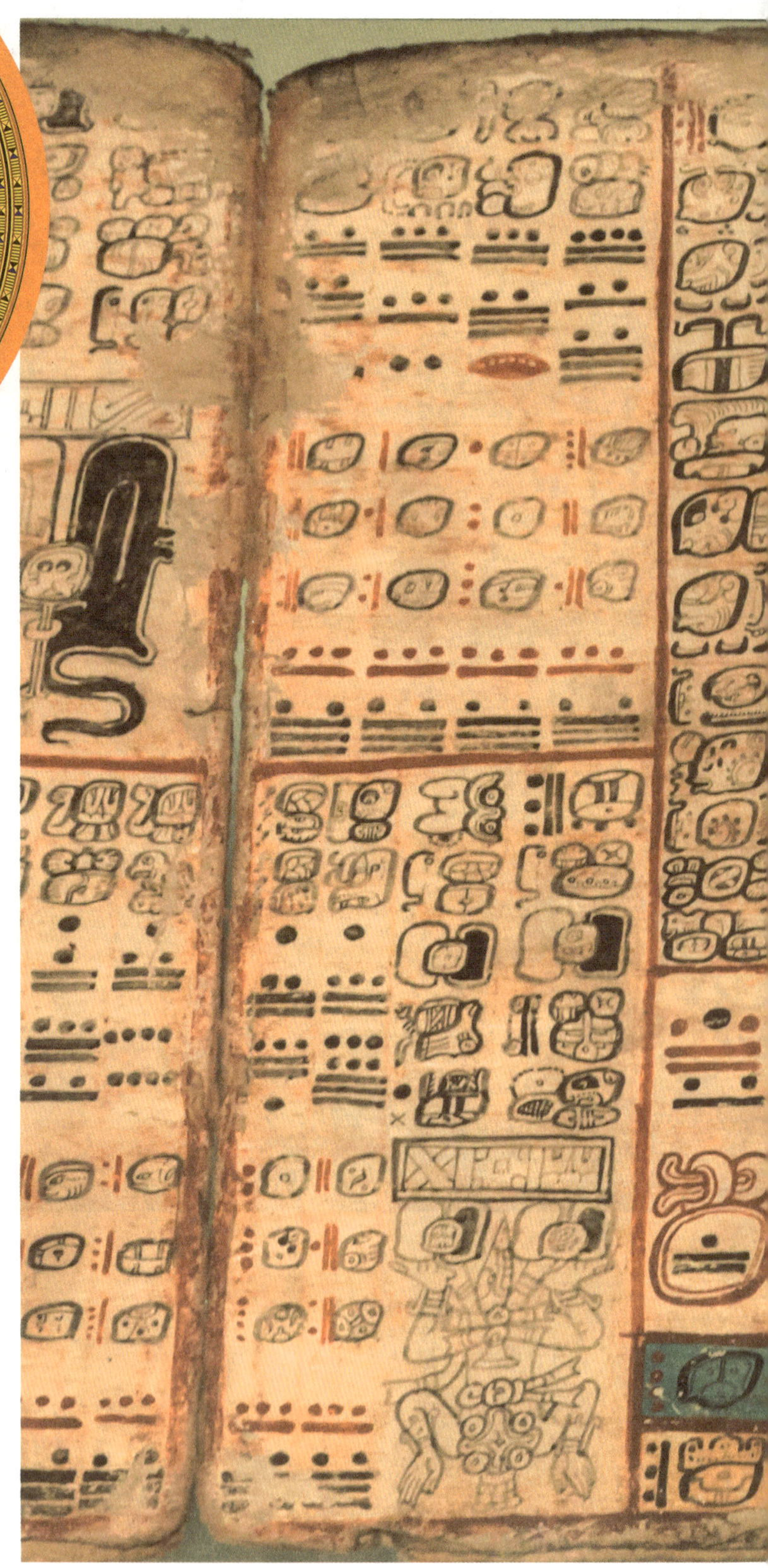

《德累斯顿手抄本》是现存的玛雅抄本之一，记录了用来追踪天体活动的天文表

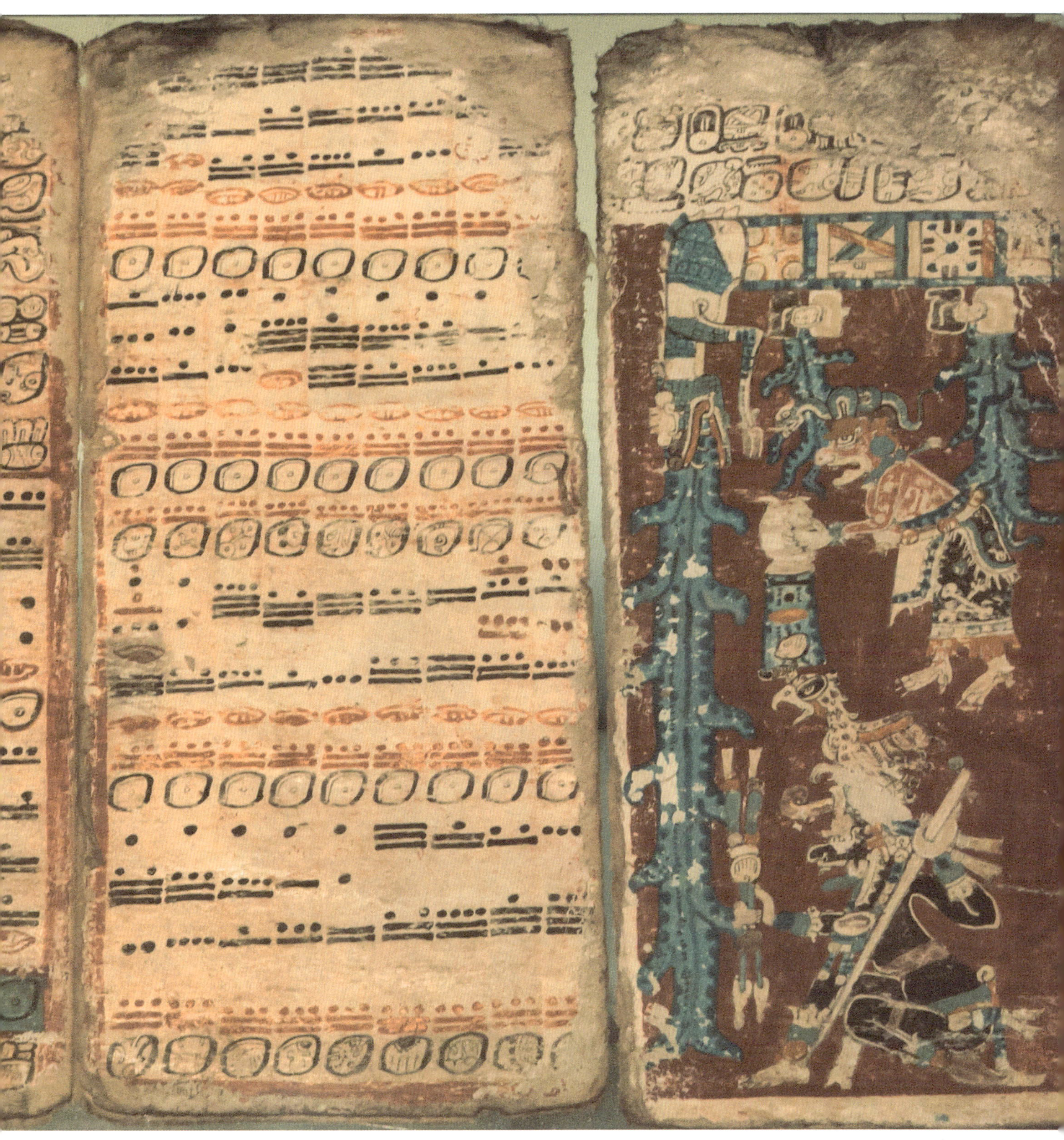

☼位于奇琴伊察古城遗址的椭圆形天文台是世界上最古老的天文台之一

其穹顶上精确设置的洞来观察天体领域，这些洞与他们最常研究的对象（如太阳和金星）的运行位置重合。与奇琴伊察古城的其他建筑物不同，椭圆形天文台的入口面朝西北方27.5度，与金星在天空中最北的位置一致。此外，天文台东北角和西南角之间的对角线与夏至日出和冬至日落之处重合。

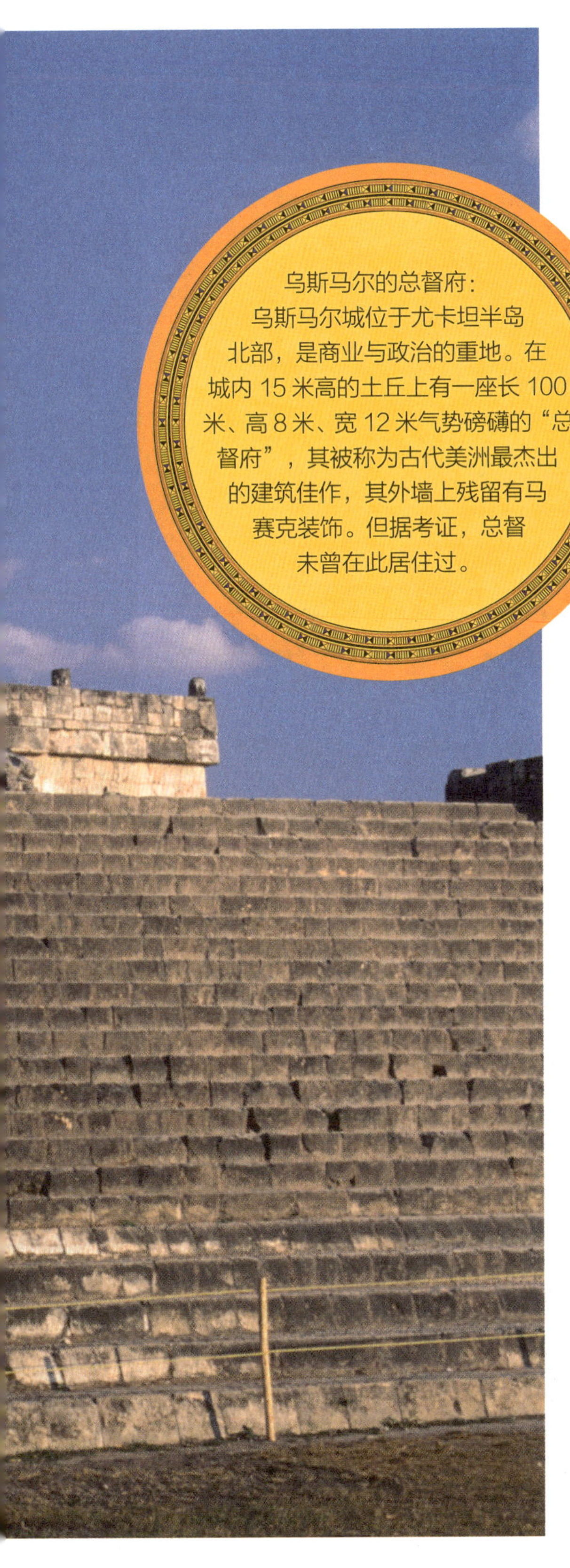

乌斯马尔的总督府：乌斯马尔城位于尤卡坦半岛北部，是商业与政治的重地。在城内15米高的土丘上有一座长100米、高8米、宽12米气势磅礴的“总督府”，其被称为古代美洲最杰出的建筑佳作，其外墙上残留有马赛克装饰。但据考证，总督未曾在此居住过。

玛雅人对金星的喜爱也影响了玛雅建筑的其他方面。例如，乌斯马尔的总督府（the Governor's Palace，皇家住所）就建在观赏“金星”的绝佳位置。

玛雅人对太阳、月亮和星星的了解意味着他们可以预测季节，而这些天体星象知识有助于玛雅人顺利开展农业耕种。玛雅在很大程度上是一个农业社会。多亏了详细的日历系统，大多数在田间劳作的人能够知道种植和收获不同作物的时间。玛雅人还创新了各种土地耕作方法，如梯田耕作（增加山坡上的可耕地面积）、台田耕作（在潮湿地区建立小岛屿土地）和刀耕火种耕作（用火山灰中的养分重新给过度使用的土地施肥）。

玛雅人最著名的科学成就之一就是能生产成分稳定的橡胶——这比查尔斯·古德伊尔（Charles Goodyear）发明著名的硫化工艺早了上千年。当地的橡胶树是玛雅人的圣物，为他们提供了大量的乳胶。玛雅人从橡胶树的树干上收获液体乳胶后，发现当乳胶与另一种植物（牵牛花藤）的汁液混合，乳胶不会自然风干变成干且脆的固体；相反，两者反应形成了一种有弹性的材料。玛雅人用这种材料制作运动用的橡胶球。

玛雅医师创新了一些医疗方法。他们使用草药治疗常见的疾病，如脚气和消化问题。他们还使用汗液浴（类似于现代桑拿）来“净化”身体的杂质。此外，他们在外科手术方面的医学发展最令人惊讶。他们使用石膏来治愈骨折，植入黄铁矿填充牙齿，甚至用头发制成的缝线缝合较深的伤口。

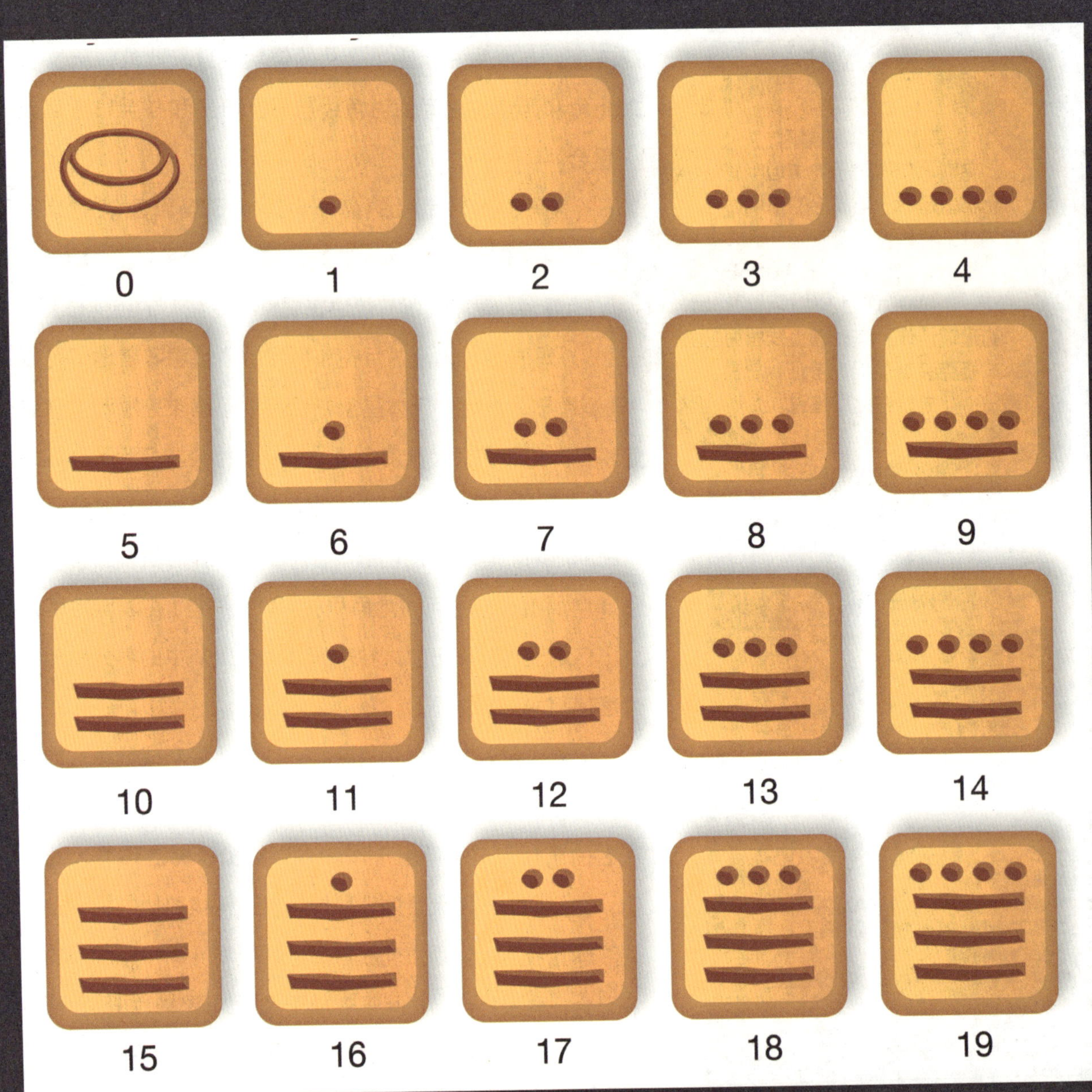

☼ 玛雅数字由点和线的组合表示

玛雅数学

发现世界上最具创新性的数字系统的运作原理

玛雅人如果不熟练掌握数学，就不可能如此精通天文学，也不可能发展出复杂的历法系统。在现有的中美洲数学系统的基础上，玛雅人发明了一种二十进制计数系统（a vigesimal counting system），这是 20 进制，而不是我们今天使用的 10 进制。玛雅数字没有 1、2、3 这样的数字，其数字符号由一系列点和水平线组成。一个单独的点代表值 1，一条线代表值 5。例如，19 就是下面 3 条线加 4 个点，大于 19 的数字以 20 为权累进。

随着数量的增加，点和线被添加到更高的层，按顺序垂直增高 20（20^1）、400（20^2）、8000（20^3）、16000（20^4），等等。例如，429 就是最上排显示为 1 个点（代表 400），下一排显示为 1 个点（代表 20），再下一排显示为 4 个点（代表 4），最底排显示为 1 条线（代表 5）。就像我们写 429，400+20+9，玛雅人通过垂直组合数字符号来表现相同的逻辑。

人们还认为，中美洲文化最早发展出了零的概念，玛雅人在数字系统中把零表现为呈贝壳形状的符号。

二十进制计数系统：美洲玛雅文明和阿兹特克文明使用的基数为 20 的记数系统。

艺术和建筑

古玛雅文明已然消逝，但其创造性贡献永存

记录玛雅人的生活

壁画揭示了古代神话和玛雅人的日常活动

古玛雅人在许多建筑物上绘制了精美的壁画，创作出了当时前卫的艺术品，既吸人眼球，又反映了现实生活。大多数情况下，这些色彩鲜艳的壁画描绘了统治阶级的生活，通常突出描绘了神灵举行的仪式、王室生活图景和战争场面。考古学家已经发现了一些生动壁画。例如，在恰帕斯热带雨林的博南帕克遗址中，有三个房间内有展示着战争、祭祀、音乐、仪式和庆祝活动的生动多彩的壁画，时间可追溯到790年。危地马拉圣巴托罗金字塔内的壁画可以追溯到前古典时期晚期，展示了与玉米神有关的神话场景。

2009年，考古学家在墨西哥卡拉克穆尔城勘探一座金字塔内部结构时，发现了描绘普通玛雅人日常工作的壁画。这是考古学家第一次在玛雅壁画中看到准备食物等日常生活景象。四年后，考古学家们在危地马拉的一个城镇抄写员工作场所的墙上发现了壁画——这是第一次在房子的墙上发现玛雅艺术。

这些玛雅壁画留存下来对我们而言是幸事。尽管那些用独特的玛雅蓝色颜料（16世纪之前一直使用）绘制的壁画没有随着时间的推移而褪色，但大多数玛雅壁画都被该地区恶劣潮湿的环境破坏了。

☼ 很多壁画大多在玛雅建筑废墟中被发现，这幅壁画发现于墨西哥尤卡坦州玛雅潘区域内的前哥伦布时代玛雅遗址

一幅9世纪的战斗壁画，发现于墨西哥特拉斯卡拉（Tlaxcala）州边境附近的卡卡斯特拉（Cacaxtla）考古遗址

令人眼前一亮的装扮

五颜六色，精心制作，玛雅纺织品凭此脱颖而出

所有的玛雅女性都会学习编织，但只有那些地位高的女性才会学习高超编织技艺来生产质量最为上乘的衣服。玛雅平民常用大麻纤维和树皮来织布，但贵族阶层会使用玛雅低地种植的优质棉花来织布，前一种原料呈天然棕色，后一种原料则更白。这些植物纤维经过清洗后被纺成线，染成鲜艳的颜色（其中玛雅蓝最负盛名），然后用背带织布机进行编织。背带织布机是一种原始的纺织手段，织布工用木棍、纱线进行纺布。

女人们会在棉织物中织出符号、形状和图像，会用棉布来制造宽松、类似于束腰外衣的裙子，玛雅人将其称为“huipils”。每件衣服的开口和下摆都会镶边，通常和裙子（corte）及装饰腰带（faja）搭配。玛雅人的地位越高，其所穿服饰就越精致，这在贵族阶层的画像和雕塑中都有所体现。

现代玛雅人继续在市场上用背带织布机编织五颜六色的材料

石头上的艺术

纪念碑石雕是令人难以置信的艺术品

虽然玛雅木雕曾一度被认为很常见，但很少有玛雅木雕被留存至今日。持镜人雕像可以追溯到1425年前的古典时期早期，可能是保存最完好的雕像，但也有许多象征着神明和国王的木制雕像和许多由烧制的黏土、贝壳和骨头制成的雕像消失在时间长河中。

不过，保存下来的石雕数量要多得多。数量最多的是石柱——在玛雅地区发现的高大石板上雕有文字和雕刻。这些石柱起源于公元前400年，通常被放置在祭坛附近。艺术家负责制作石雕，大多石雕都会展示统治者，统治者会以神的形象出现。

雕塑家会以自然主义的方式来诠释他们的人类主题，有些人会在他们的作品上签名。他们会使用凿子、刀片和磨石等工具进行雕刻，有时雕刻之精细令人难以置信，整个雕刻的总长度可超过10米。墙板和门廊也可以用雕塑装饰，此类雕塑还因其上的装饰性玉石而闻名。

自然的皮肤

玛雅人的身体极富力量感和美感

文身在玛雅人中绝对不是禁忌。实际上，他们将文身和艾卡特神（Acat）联系在一起，他们相信，把自己的身体装饰得越精致，他们看起来就会越漂亮，并且这会使他们受神灵庇佑并被赋予崇高地位。

据说，艾卡特神能保佑墨水、文身针和工作空间并能稳定文身师的手，以获得更好的文身效果。

玛雅人以他们精致的身体艺术和珠宝而闻名，他们经常使用骨头或木头进行装饰

如此一来，很多玛雅人非常乐意忍受文身的剧痛。想要文身的人会请艾卡特神为其文身的师傅和所使用的文身针、墨水祈福，其中祈福很重要的原因是有些人会在针刺入皮肤绘制图案的过程中感染而患上重病。

最受欢迎的文身大多极具象征性。这些文身图案往往是神、精神象征，如鹰、羽蛇和美洲虎等强大的动物。男性会等到结婚后才在全身和脸上文身，而女性则只在上半身文身，但胸部除外。

磨尖牙齿或在牙齿上装饰图案，以及在耳朵、嘴唇、鼻中隔和鼻子上穿孔，都很受玛雅人欢迎。这些方式再次彰显了一个人的社会地位，最富有的玛雅人会佩戴软玉、玉石和硬玉制成的珠宝。那些地位高的玛雅人也会试图强迫他们的婴儿变成斜视（斗鸡眼），并试图让他们孩子的额头变平。

痴迷陶器

造型各异的装饰陶器

2019年，考古学家在墨西哥尤卡坦州的奇琴伊察古城遗址工作时，发现了大约200件陶器，其创造时间可以追溯到1000年左右。这些器皿保存完好，含155个火盆和香炉，上面雕刻着雨神恰克的形象。玛雅人喜欢将这些陶器制作得外形更加美观，因为器皿不仅可用作生活用具，也可用作装饰品和祭品。

陶工们使用当地的黏土手工制作陶器，常用火山灰进行调和。他们热衷于进行实验，于是制陶手艺不断精进，更能适应时代的变化，所制陶器的质量也不断提升。不断改变制陶温度，普通的陶器外观会获得更细腻的纹理。尽管有玛雅人试图通过制造四足陶碗、生产形状大小不一或绘有象征图案的陶器来吸引眼球，但他们也注重让陶器拥有优良比例、简洁外观和呈现不同风格。有些陶器内含有小球，这样它们既可以用作餐具，也可以用作乐器。

被称为“tecomates”的球形容器一直很受欢迎（也为艺术创作提供了充足空间），目前还发现了许多动物形状的容器。陶器所有者对陶器的重视程度往往反映出其自身的地位——玛雅贵族阶层珍视陶器，并会将其作为礼物赠送给他人，或将其置于奢华宴会的中心位置。最好的陶器往往随主人一同下葬，这也是我们如今发现玛雅陶器的主要方式。

在古典时期早期，玛雅文明中很流行给装饰碗安上碗脚，这只碗可追溯到200年

☼一种圆柱形容器，表面可能描绘了600年至900年玛雅统治者生活中的特殊事件

位于奇琴伊察古城考古遗址的卡斯蒂略金字塔是杰出的玛雅建筑

建设标志性建筑

高耸的玛雅建筑经受住了时间的考验

玛雅建筑师技术高超，创造了辉煌的独立城邦，其中有令人印象深刻的高耸金字塔、大型宫殿、装饰讲究的庙宇、球场和住宅。这些建筑围绕一个中心广场无序排列，整体风格相似，但不同地区的建筑之间有一些细微的差异。

玛雅建筑具有重要的象征意义。例如，墨西哥尤卡坦州的卡斯蒂略金字塔，采用了人们熟悉的玛雅金字塔结构，方形的石头露台通向平坦的顶部，顶部之上建有寺庙。金字塔四边有91级台阶，加上平台，数量一共是365，意味着365天，也就是玛雅人一年的天数。

在玛雅人的建筑设计中，这样巨大的楼梯和位于平台上的房间都很常见。房子的外墙也是如此，常被刷上各种颜色，装饰着精致的雕像、象形文字，以纪念国王和神灵。在科潘古城雕有象形文字的阶梯上，每一个台阶上就雕有2200多个象形文字，这可以追溯到755年。

大多数建筑线条呈直线而非曲线，建筑顶部通常会有一个支撑拱顶，就像一个倒置的楼梯，由单个顶石连接。有时，玛雅建筑也高耸入云：帕伦克宫殿金字塔的四层瞭望塔就是一个很好的例子——这座建筑也因其精美的浅浮雕而闻名。

西班牙人入侵

西班牙人的到来打破了美洲的权力平衡，彻底改变了当地传统的生活方式

不可避免的战争和冲突

哥伦布发现新大陆后描述了其所见所闻，其中新大陆藏有财富的荒诞故事驱使一大批人涌向大洋彼岸。然而，许多人在克服重重艰难穿越汹涌海洋、历经颠沛旅程到达新大陆后，面对的却是贫穷和疾病。

从古巴、伊斯帕尼奥拉岛和其他被殖民的岛屿的早期基地出发，西班牙人组成了一支探险队，继续探索中南美洲的海岸，去寻找黄金和白银。他们不可避免地去到了尤卡坦半岛海岸，并与生活在那里的玛雅人建立了越来越密切的联系。

1517年，在弗朗西斯科·埃尔南德斯·德·科尔多瓦（Francisco Hernández de Córdoba）领导的一次探险途中，玛雅人和西班牙人发生了冲突。科尔多瓦被派遣带领一支舰队去探索海岸线，当时尽管有哥伦布的探险，但海岸线几乎还是未知的。

这些西班牙人在海岸边遇到几艘独木舟，并被邀请上岸。但这种看似友好的欢迎其实是一种计谋，这些新来的西班牙人在从船上爬下来的时候遭到了玛雅人的伏击。西班牙人击退

☼ 西班牙人的武器使他们在战斗中极具优势。这里描绘的是西班牙探险家瓦斯科·努涅斯·德·巴尔博亚

☼ 埃尔南·科尔特斯积极扩大西班牙的统治范围，他派遣手下军官建立殖民地，征服玛雅的土地

了玛雅人后，再次出发。虽然与接下来发生的事情相比，这只是一场小规模的冲突，但这一插曲后，双方不再互相信任，玛雅人和西班牙人之间的关系进一步恶化。

科尔多瓦的探险队在几周后遇到了更大的麻烦。再次上岸后，他们遭到了大批玛雅军队的包围和攻击。玛雅人熟悉地形，占有优势。据称，玛雅人很危险，他们穿着“一种棉制铁甲，手持长矛、盾牌、弓和投石器；每个人头上都插着一簇羽毛。他们一放箭，就冲上来，一对一地对付我们。他们双手拿着长矛，疯狂进攻。”50多名西班牙人被杀，幸存者逃到船上，跛着腿回到了古巴。

1518年，在胡安·德·格里哈尔瓦（Juan de Grijalva）的指挥下，第二次远征也接触到了沿海的多个玛雅城邦。显然，西班牙人短期内不会独自离开海岸。

谁是入侵者

1519年，另一支西班牙探险队从古巴起

☼ 佩德罗·德·阿尔瓦拉多既是一名老兵，也是一个残酷冷血的领导人，曾目睹了多次当地玛雅人惨遭屠杀的场面

航，而这支探险队永远改变了美洲人的生活。埃尔南·科尔特斯率领11艘船出发了，随行约600名西班牙人、16匹马，以及从加勒比海带来的土著人、数量不详的非洲奴隶和自由人。这是一支强大、装备精良的部队。科尔特斯在尤卡坦半岛海岸的科苏梅尔停留，然后在塔巴斯科海岸停留。

新大陆的西班牙探险者通常被称为“征服者”，他们带来了美洲大陆上没有的技术。西班牙人拥有精良的钢铁武器、铁盔甲和坚固的盾牌即大盾。虽然钢甲并没那么重要——西班牙人通常选择使用当地人的棉质盔甲，因为其材质更轻且高效——但钢剑坚硬，不易钝化，这使西班牙人在战斗中占很大优势。西班牙人还带来了威力强大的弩、火绳枪（早期火枪的一种）、大炮，或许还有最令人叹为观止的战马。战马体型庞大，攻击性强，行动迅速，在战斗中给骑手带来巨大优势，这些战马的嘶鸣声和强壮的体型也给玛雅人造成了很大的心理压力。

玛雅人的抵抗

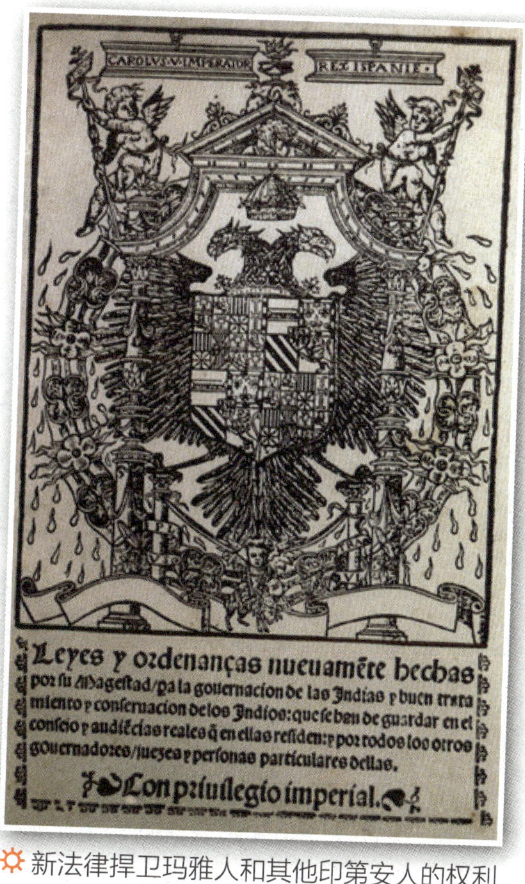

CAROLVS.V.IMPERATOR REX.ISPANIE.

Leyes y ordenanças nueuamẽte hechas por su Magestad/pa la gouernacion de las Indias y buen trata miento y conseruacion delos Indios: que se han de guardar en el consejo y audiẽcias reales q̃ en ellas residen: y por todos los otros gouernadores/juezes y personas particulares dellas.

Con priuilegio imperial.

新法律捍卫玛雅人和其他印第安人的权利

玛雅由分散的城邦构成，各个城邦间经常发生战争，早就习惯了打仗。但矛盾的是，这也使他们更难长期抵抗外敌，因为各个城邦无法团结起来对抗一个共同的敌人。事实上，西班牙人也曾多次利用玛雅人的内部分裂。

玛雅人的战斗方式也不同。他们采用游击战战术，伏击敌人并迅速出击。他们还迅速烧毁并抛弃自己的城镇，以剥夺西班牙人的住所和资源——这种焦土政策（scorched-earth policy）对西班牙这样没有固定补给线的军队尤其有效。玛雅人也会在战争中俘获敌人，将其作为奴隶和祭品。

但西班牙人带来的疾病大大削弱了玛雅人的战斗力，尤其是天花，摧毁了玛雅人。由于疫情暴发、流离失所和战争不断，玛雅人口骤减，难以休整，无法抵抗西班牙人的进一步进攻。

科尔特斯

1525年，科尔特斯亲自带兵攻打玛雅人，率领一支大军穿过伊察的领土。他的主要目的地是洪都拉斯，在那里，另一个西班牙人克里斯托瓦尔·德·奥利德（Cristóbal de Olid）反叛并自立为总督。

科尔特斯率领其由大约300名西班牙人和3000名盟友组成的部队来到与伊察交战的卡加其（Kejache）地区。经过了多个被烧毁的定居点后，他来到了佩滕湖（Lake Petén）湖畔，在那里他遇到了伊察的统治者。

随着科尔特斯的队伍不断前进，他们的食物和给养越来越少。他们最后找到了一直在寻找的西班牙人奥利德，却发现他已经被其他军官当作叛徒处决了。于是，科尔特斯在当地海岸建立了新的定居点，并于1526年返回墨西哥城。

玛雅人因采用各种各样的外交策略、打游击战、抛弃城镇和分散战斗而幸存下来。当地自然资源贫乏，西班牙人对该地的兴趣也大大降低。

从1528年开始，尤卡坦半岛

焦土政策（又称焦土作战）：一种军事战略，原意包括当敌人进入或撤出某处时破坏任何可能对敌人有用的东西。

巴托洛梅·德拉斯·卡萨斯（Bartolomé de las Casas）是一位拥护美洲原住民权利的方济各会修士，他迫使国王制定了保护原住民的法律

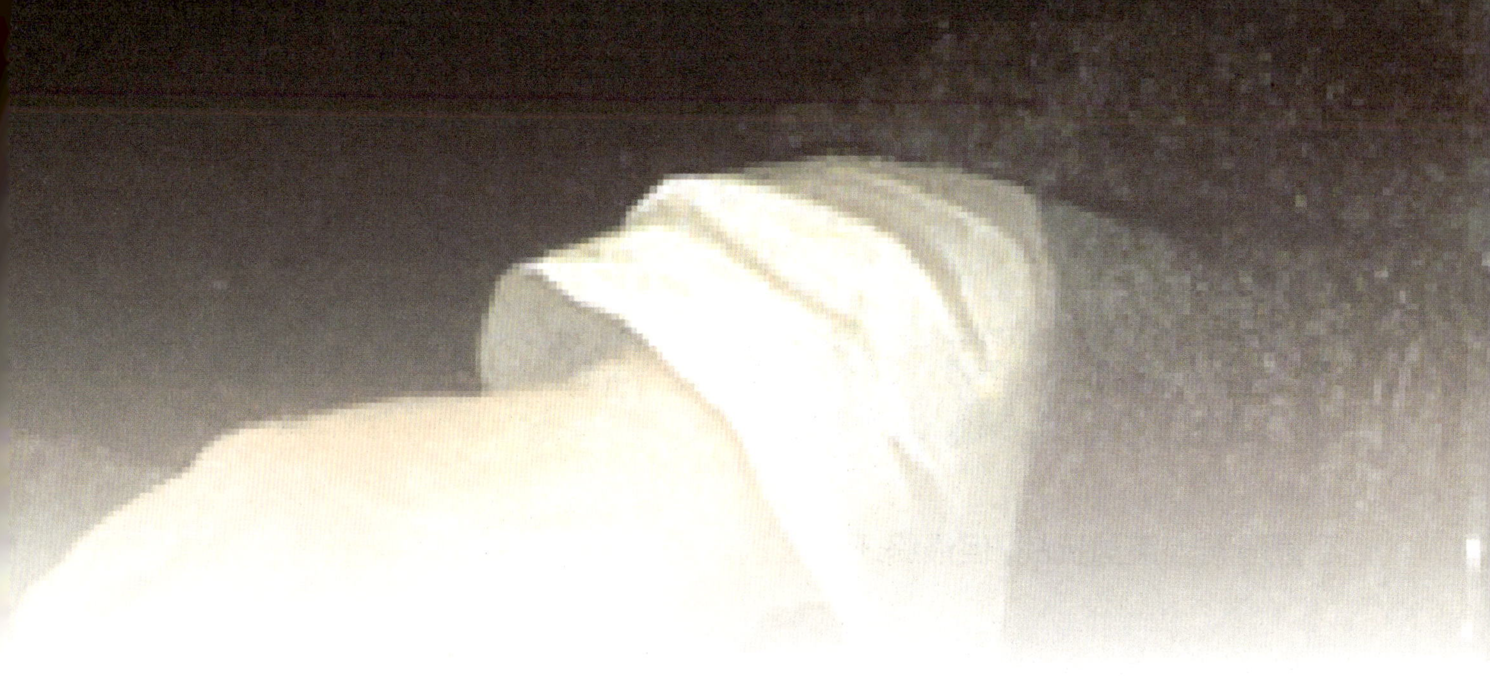

海岸遭到弗朗西斯科·德·蒙特霍所率领的西班牙军队入侵，但他很快就被玛雅人赶走了。在接下来的几年里，蒙特霍又曾多次试图征服该地区。

1527年，佩德罗·德·阿尔瓦拉多的弟弟豪尔赫·德·阿尔瓦拉多（Jorge de Alvarado）率军征服了佩德罗未能平定的土地。他率领一支由数百名西班牙人和数千名当地盟友组成的部队进入卡奇克尔领地，在奇玛尔特南戈（Chimaltenango）建立了一个基地，和他的盟友攻击该地区的其他玛雅军队。到1529年，豪尔赫基本上成功征服了危地马拉高地。

西班牙人将玛雅人赶到殖民地，为他们提供住所，并将他们置于自己的控制之下。西班牙人实行一种美化暴行的制度，在这种制度下，西班牙入侵者可以剥削战败者的劳动力。许多玛雅人躲藏在森林或高地，抗击西班牙人。

在蒙特霍多次试图征服尤卡坦半岛北部无果之后，他的儿子继续征战，并于1542年控制了该地区。直至1546年，西班牙人终于控制了整个半岛。

饱受饥荒、战争和疾病摧残的玛雅人，遭到了征服者的系统性剥削。在1540年，一些人承认了这是一种暴行，他们通过了《印第安新法》（the New Laws of the Indies），该法案旨在结束对印第安人的奴役和压迫，并给予他们一定的保护。虽然该法案很难执行，而且经常被规避，但它至少是为阻止恶劣剥削情况所采取的一个举措。

玛雅反抗失败

尽管玛雅人英勇抗战，但最终还是难逃败局

尤卡坦陷落

1546年11月，小弗朗西斯科·德·蒙特霍（Francisco de Montejo the Younger）征服了尤卡坦地区的大片区域。小弗朗西斯科·德·蒙特霍是老蒙特霍的儿子，1541年，老蒙特霍曾率领400人的军队在尤卡坦地区建立了西班牙人的第一个永久定居点，多年来他一直试图征服这个动荡的地区，但以失败告终。

也许是看清了整个大局势，许多玛雅城邦

首领都顺从了西班牙的统治，其中包括修家族首领。其次是图塔尔·休（Tutal Xiu），他是整个尤卡坦北部地区最强大的统治者。他后来皈依基督教，鼓励他的同伴顺从西班牙人，渐渐地，整个尤卡坦西部地区都受到了西班牙的影响。

1541年，玛雅卡努尔城邦（the Canul Maya）的首领拒绝了蒙特霍向其提出的顺从西班牙王室的要求，当他因违抗命令被蒙特霍的手下追捕和惩罚时，尤卡坦半岛东部的许多贵族仍然对他充满敌意。

科华（Cochua）和库帕（Cupal）玛雅部落一直反抗西班牙人的统治，尽管他们最初的反抗以失败告终，但1542年，他们再次奋起，同年蒙特霍在墨西哥湾沿岸建立了梅里达城（Mérida）。他们与其他部落[包括切图马尔（Chetumal）和索图塔（Sotuta）部落]一起，设法保持了独立。

1546年11月，尤卡坦半岛东部发生了一场起义，塔泽（Tazes）和乌伊米尔（Uaymil）等许多玛雅人一起试图将西班牙人从尤卡坦半岛永久地驱逐出去。

东部起义

尽管到1546年为止，尤卡坦半岛上的玛雅人还不到30万人，但西班牙人仍然在许多

这一混乱的场景浓缩了西班牙征服墨西哥的全过程，这是一场置当地人需求和生死于不顾的侵略战争

这幅插图突显了身披战甲的西班牙入侵者与奋力抵抗的玛雅战士之间的巨大军事差距

地方遭遇了顽抗。西班牙人之所以难以压制原住民，部分原因在于各个玛雅城邦分布在尤卡坦半岛的不同地区。西班牙人在茂密的森林中跋涉，寻找熟悉每一块石头和每一棵树的玛雅勇士，这给西班牙人带来了重重阻碍。这种游击战经常使西班牙人在整个半岛上停滞不前。

迥异的作战方式

在西班牙人入侵玛雅的过程中，最耐人寻味的一点是双方处理冲突的方式截然不同。西班牙人乘坐笨重的船只穿越大西洋，在南美洲和中美洲的沙滩上登陆，持有弓弩、火绳枪、轻型火炮等先进武器。他们还挥舞着重矛、剑、长枪和剑杆，身披铠甲，头戴圆顶头盔。相比之下，玛雅人的装备则十分落后。

玛雅人挥舞着尖刺棍棒、弓箭、石头和长矛，只身着一件塞满岩盐的外衫，以抵御敌人的进攻，有时甚至连防御外衫都没有。习惯于与武装相似的士兵作战的玛雅人，现在面对的是一个完全陌生的敌人，他们之间的鸿沟不仅在于军事力量悬殊。

按照 16 世纪任何一支欧洲军队的惯例，西班牙人在登陆新大陆时还带有数千匹战马和战犬。玛雅人甚至从未见过马，更不用说拥有与之对抗的经验或武器了。他们也缺乏车轮、火药或钢铁等重要工具，而西班牙人作战时严重依赖这些工具。尽管交战双方军事实力差距巨大，但西班牙人花了近200年的时间才完全压制了抗争的玛雅人。其中部分原因在于玛雅人能巧妙利用当地地形。

玛雅人意识到，如果与西班牙人正面交战，他们几乎肯定会被歼灭，于是他们设置各种陷阱，挖好布满尖刺的战坑，以阻止西班牙士兵的进攻并扰乱骑兵的进攻，否则缺乏防御外服的玛雅战士将会溃不成军。尤卡坦东部的玛雅人在进行游击战时，会在逃回丛林保护区前对西班牙人进行突袭。对西班牙人而言，他们对玛雅人的突袭防不胜防。

一座纪念老蒙特霍和他的儿子小蒙特霍的纪念碑矗立在梅里达城内

踏往诺伊佩滕

在经历了1546年的玛雅起义冲击之后，西班牙人和其本土同盟者重新联合起来，最终在一场激战中击败了联合起来反对他们的玛雅人。此战的胜利标志着尤卡坦半岛北部最终被征服。西班牙人逐渐加强了对该地区的控制。

玛雅人的反抗以彻底失败告终，西班牙人控制了玛雅人的土地，许多玛雅人从北方逃往南方，来到佩滕盆地这一安全地带，诺伊佩滕城和实力强劲的伊察城就位于此处。

其间，西班牙的政治动荡，放缓了西班牙王室对新大陆的侵略。直到1692年，在一位名叫阿里兹门迪的贵族提议修建一条从梅里达城到西班牙在危地马拉的领地的道路后，西班牙人再次展开了对尤卡坦半岛南部的征服。

伊察人一如既往地利用环境优势，在危地马拉北部的丛林深处建造了一座名为塔亚萨尔（Tayasal），也被称为诺伊佩滕的城市。这是玛雅人争取独立的最后一个堡垒，西班牙人知道他们必须占领该地，才能最终完全征服玛雅人。

避难所沦陷

1697年2月26日，阿里兹门迪到达了佩滕湖畔。他率领一群士兵，让其建造一艘既能运人又能运大炮的木船。然而，在他全力进攻诺伊佩滕之前，给了国王坎·埃克和谈的机会。也许是出于恐惧，也许是因为愚蠢，国王没接受该提议，取而代之的是一大批玛雅人开始从岸边慢慢涌出来，载有玛雅战士的船只在湖上航行。阿里兹门迪只剩下一个选择。

西班牙人袭击了这座城市，一波接一波地屠杀护城守军，而西班牙人员损失却很少。尽管玛雅战士在顽强保卫自己的家园（也就是玛雅仅剩的独立城邦），但面对一心想一劳永逸地结束玛雅抵抗的敌方大炮，他们毫无胜算。

在丛林争夺战中，争取玛雅独立的最后一个看守人撤退了，留下诺伊佩滕城被占领，胜利的阿里兹门迪戏剧性地将其更名为“我们的圣母玛利亚（Our Lady of Remedy）和圣保罗（Saint Paul）——伊察湖”。在诺伊佩滕城的贵族（包括他们以前的国王）被抓获后，玛雅复兴的希望被全部粉碎。

在一名修士的注视下，西班牙人推倒了玛雅神像

A. Bobbett

☼ 位于现代尤卡坦梅里达的一座殖民时期的教堂。如果没有教会的干预，西班牙入侵者会发现玛雅人更难被征服

探索玛雅世界

云观在线展览，开启一次古代玛雅之旅

玻璃板照相法：一种早期的摄影方法。它是对达盖尔照相法的廉价模仿。首先对玻璃板负片进行脱色，然后将该负片对着黑背景以制出正像。这种技术最初于 1831 年公布。1854 年，美国的詹姆斯·卡廷获得这种技术的专利。

19世纪80年代到90年代，英国探险家阿尔弗雷德·莫德斯雷（Alfred Maudslay）在中美洲游历，研究和记录了古代玛雅遗产。他为奇琴伊察古城等著名景点拍摄了第一批用玻璃板照相法拍摄的照片，并创作了400多件与玛雅艺术、铭文和纪念碑相关的石膏模型。这些被他作为遗产留下的石膏模型，对于中美洲文化的研究工作和研究该领域的学者来说意义重大。

100多年后，大英博物馆（the British Museum）和谷歌艺术与文化网站（Google Arts & Culture）合作推出了一个新的在线展览——探索玛雅世界（Exploring The Maya World），将莫德斯雷的工作成果传向世界。大英博物馆罕见的藏品已被数字化，并首次对外开放，将玛雅文明鲜为人知的迷人故事呈现在人们面前。在“探索玛雅世界”的众多策划中，有9个新策划的在线展览，展览物品有650多件，包括照片、期刊、文物和绘画，以及一部展示展览幕后场景的纪录片。借助现代科技，可以观赏200个经数字化技术处理后的莫德斯雷石膏的重构3D模型，还可以360度全面游览玛雅古城帕伦克——足不出户就能体验。

保护玛雅遗迹

莫德斯雷在危地马拉的基里瓜城拍摄了这张巨兽型大圆石的照片，其更广为人知的名字是“大海龟”。莫德斯雷为各种玛雅纪念碑制作了石膏模具和模型——这一件需要用到重两吨的巴黎石膏！

王室住所

帕伦克宫是7世纪到8世纪玛雅城市的政治和仪礼中心。莫德斯雷住在帕伦克宫废墟中的C号房子里，仔细观察可以看到他的床和设备。

$10\frac{1}{2}$ in (across eyes)
(in mouth, upper opening of face.)

28. in. arm to arm.

31 in. from point of nose to nose. The nose is true with the side as shown.

←

$20\frac{3}{4}$ in across legs at top

The stone is somewhat narrower at the back than in front & at the top than the bottom. The line of the corners & side

记录玛雅遗产

这是莫德斯雷的一本野外笔记本的档案扫描图，记录了他对玛雅遗址的广泛研究内容。他把自己精选的笔记本、日记和草图留给了大英博物馆。

玛雅手稿

《德累斯顿手抄本》是现存的西班牙人入侵前最古老、最完好的配图手稿，记录了玛雅象形文字，并以收录有仪式内容和占卜日历为特色。

强大的玛雅战士

这是墨西哥亚斯奇兰古城21号结构的石灰岩门楣，描绘的是玛雅王飞鸟美洲虎四世（Bird Jaguar IV），他穿着战服，右手持长矛，脚边坐着一个俘虏。

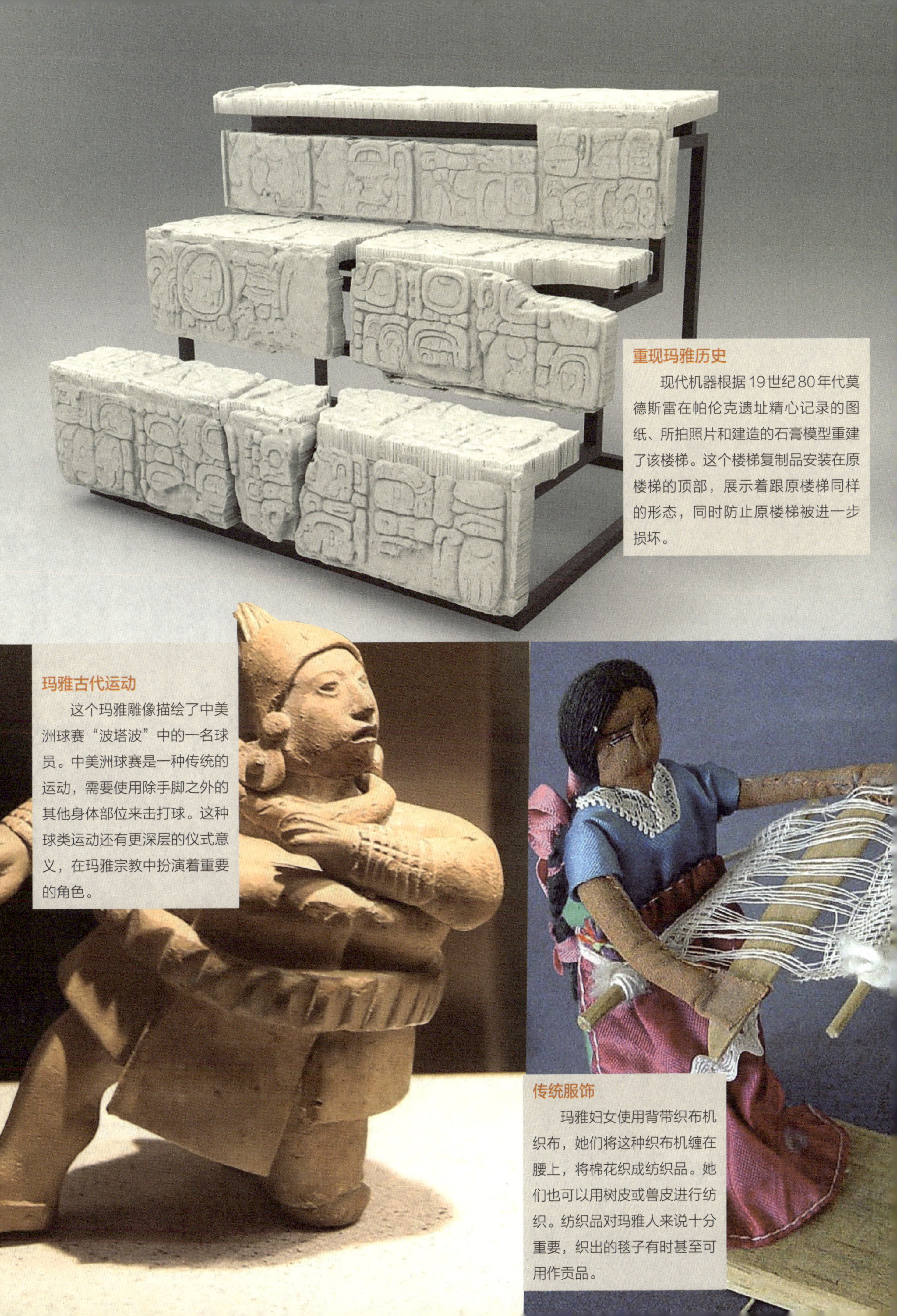

重现玛雅历史

现代机器根据19世纪80年代莫德斯雷在帕伦克遗址精心记录的图纸、所拍照片和建造的石膏模型重建了该楼梯。这个楼梯复制品安装在原楼梯的顶部，展示着跟原楼梯同样的形态，同时防止原楼梯被进一步损坏。

玛雅古代运动

这个玛雅雕像描绘了中美洲球赛“波塔波”中的一名球员。中美洲球赛是一种传统的运动，需要使用除手脚之外的其他身体部位来击打球。这种球类运动还有更深层的仪式意义，在玛雅宗教中扮演着重要的角色。

传统服饰

玛雅妇女使用背带织布机织布，她们将这种织布机缠在腰上，将棉花织成纺织品。她们也可以用树皮或兽皮进行纺织。纺织品对玛雅人来说十分重要，织出的毯子有时甚至可用作贡品。

重返强大的
丛林帝
国印加

印加的起源

时间之初的神话、历史和交战的部落

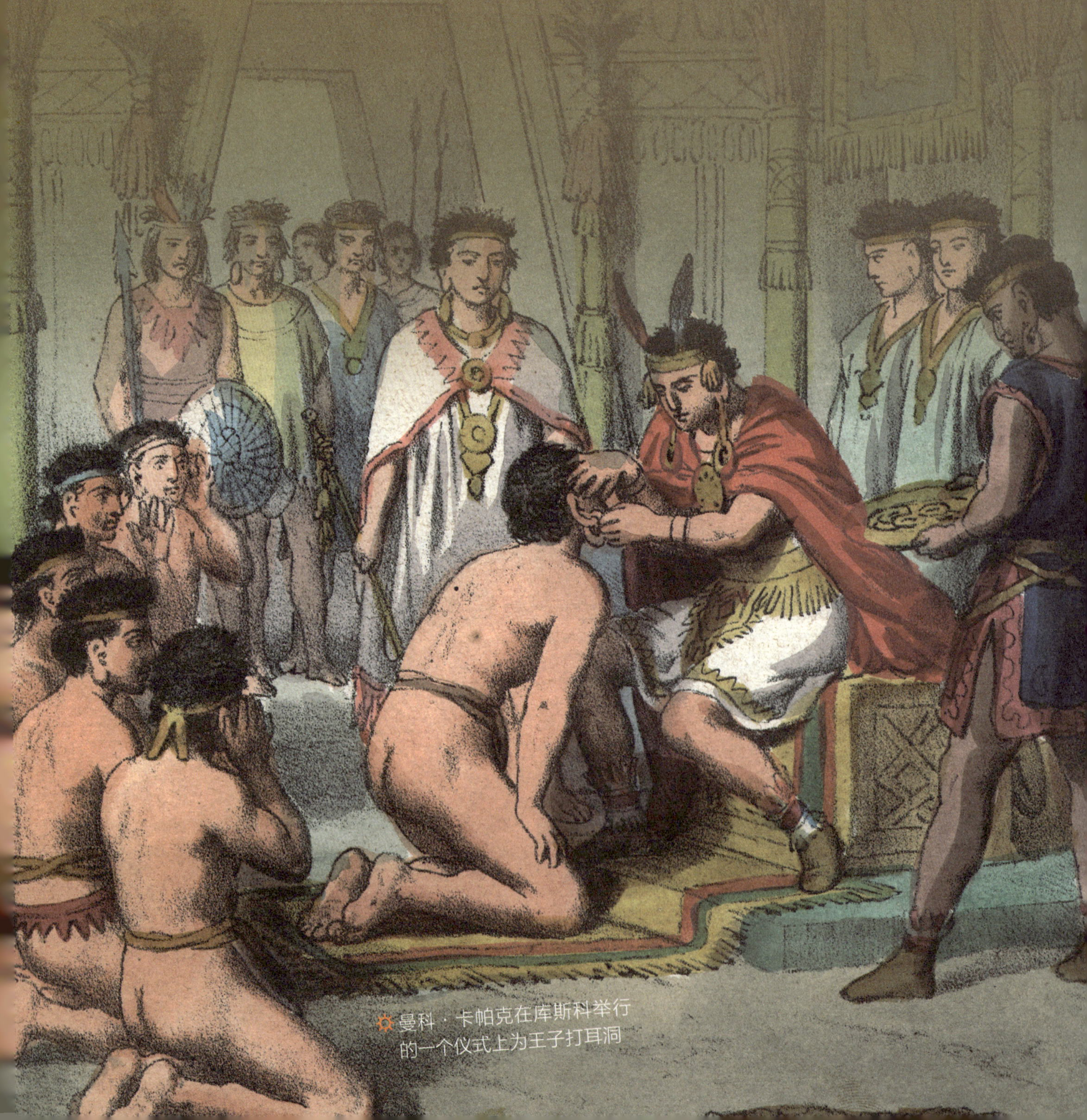

曼科·卡帕克在库斯科举行的一个仪式上为王子打耳洞

印加文明在鼎盛时期由千万居民组成。它是新世界最大的前哥伦布时期帝国。最早的印加人出现在秘鲁东南部。印加真正成为一个帝国是在1438年之后。这要归功于领袖帕查库蒂（Pachacuti）的领土扩张。1572年，印加进入全盛时期后不久便落入西班牙人之手。

从12世纪开始，印加人用300年的时间，从一个规模不大但野心勃勃的山谷部落缓慢发展成了一个伟大的帝国。这些人是谁？他们又是如何发展的呢？

在古老的村庄帕卡里坦普（Pacariqtambo）的一座名叫塔普-托科（Tampu T'oqu，意为“玻璃房子”）的山里有三个洞穴。在那里，印加人的祖先——四个兄弟和四个姊妹按照太阳神因蒂的旨意从地下世界出来，在这个地区繁衍生息。他们活着的目的就是陪伴他、崇拜他，按照旨意一路寻找，在一个富饶的家园为他修建庙宇。

1615年瓜曼·波马制作的帕卡里坦普木雕，描述了这些兄弟姊妹的诞生地——有三个山洞的山

传说这些兄弟姊妹的领袖曼科·卡帕克是太阳神的儿子。他的姐姐兼妻子玛玛·奥克略（Mama Ocllo）是月亮女神玛玛·基利亚（Mama Killa）的女儿。曼科、奥克略和他们的兄弟姊妹受到因蒂和维拉科查的派遣，去寻找合适的地方来创立一个帝国。当他们来到适宜的地方时，他们所带的金手杖就会牢牢地插进地里——这是一个明确的信号。

20年的游历之后，他们停在一座山的边缘，俯瞰着库斯科谷。此时，金手杖插进了地里。

旅途中，每个兄弟姊妹扮演着不同的角色；抵达目的地时，他们各自遭遇了不同的命运：有的毁灭了，有的被落下了，有的被曼科变成了神圣的石头屹立至今。曼科、奥克略和剩下的兄弟姊妹粗暴地制服了他们发现的小部落，宣布统治这个地区。印加文明应运而生。

抛开这个神奇的传说，在现实中这些先祖兄妹代表的是哪个部落呢？他们为什么要移居到库斯科？在他们到来或者说入侵之前，居住在库斯科的又是谁呢？

按照历史学家的说法，曼科·卡帕克可能是历史上的真实人物。如果我们以一种全

传说中印加的创始人曼科·卡帕克

长724千米的乌鲁班巴河流经印加神圣谷（Sacred Valley）

局的眼光来融合神话和历史，那么这八个象征性的先祖兄弟姊妹可能代表着帕卡里坦普不同部落的人。这些人分化成了不同的阿伊鲁（ayllus，社群）。阿伊鲁陪伴这几个兄弟姊妹寻找肥沃的土地，他们是第一批忠诚的印加人。

我们可以推测，在曼科·卡帕克和他的兄弟姊妹抵达库斯科谷时，那里可能已经有很多不同的民族了。这些民族有时会互相斗争。这个地区有着强大的高地社会结构，按照社会阶层划分人群。库斯科谷位于两个更早出现的帝国——瓦里（Wari）和蒂瓦纳科（Tiwanaku）的交界处。在1100年左右，瓦里文明历经多次严重干旱之后彻底崩塌。难民蜂拥进入高地，发动抢夺土地和水的资源战。印加人从库斯科谷肥沃的土地获益。乌鲁班巴河（Urubamba River）和逐渐变暖的微气候滋润着库斯科谷，让印加人获得丰硕的收成，不断积蓄力量发展壮大。逃离的部落留下来的道路结构和灌溉系统帮了印加人的忙，让他们在有所倚靠的前提下建立了一个全新的帝国。

☼俯瞰位于库斯科谷的两座山峰之间的库斯科城

VIVA
EL PERU

名人堂

印加王

十位见证了印加帝国兴衰的统治者

有一个传说称，卡帕克和奥克略战胜了库斯科谷的其他部落，创立了他们的王国。

曼科·卡帕克

1200—1228 年执政

曼科·卡帕克是印加王朝的开创者和第一任印加王。他被认为是太阳神因蒂的儿子。他的出身扑朔迷离。在一个传说中，因蒂同情居住在的的喀喀湖的人，因此派曼科·卡帕克在那里建立一个文明并教民众如何生活。曼科·卡帕克带着一根金杖（这根金杖要插在合适的、富饶的土地上）跟他的姐姐兼妻子玛玛·奥克略一起上路了。他发现了库斯科谷并在那里建立了都城。

维拉科查·印加

1410—1438 年执政

维拉科查可以说是能够确认真实存在的第一任印加王，因为有些学者认为他的前任的故事都是虚构的。他的名字取自印加的创世神。他掌权后开始扩张领土，直到1438年库斯科王国被昌卡袭击。他弃城而逃，把印加留给了他的儿子帕查库蒂。

帕查库蒂

1438—1471 年执政

帕查库蒂是将库斯科王国发展成为印加帝国的印加王。他是维拉科查的儿子。他在印加遭受昌卡袭击、父亲逃离印加王国时带领印加走出了混沌。他运用军事能力成功保卫了王国，后来被推举为新任印加王。作为国王，他在安第斯山脉地区不断扩张疆域，引领王国改革并把庞大的版图划分为四个区域，成为印加人所说的“四方之国”。据说，标志性的印加废墟马丘比丘就是在他执政期间修建的。

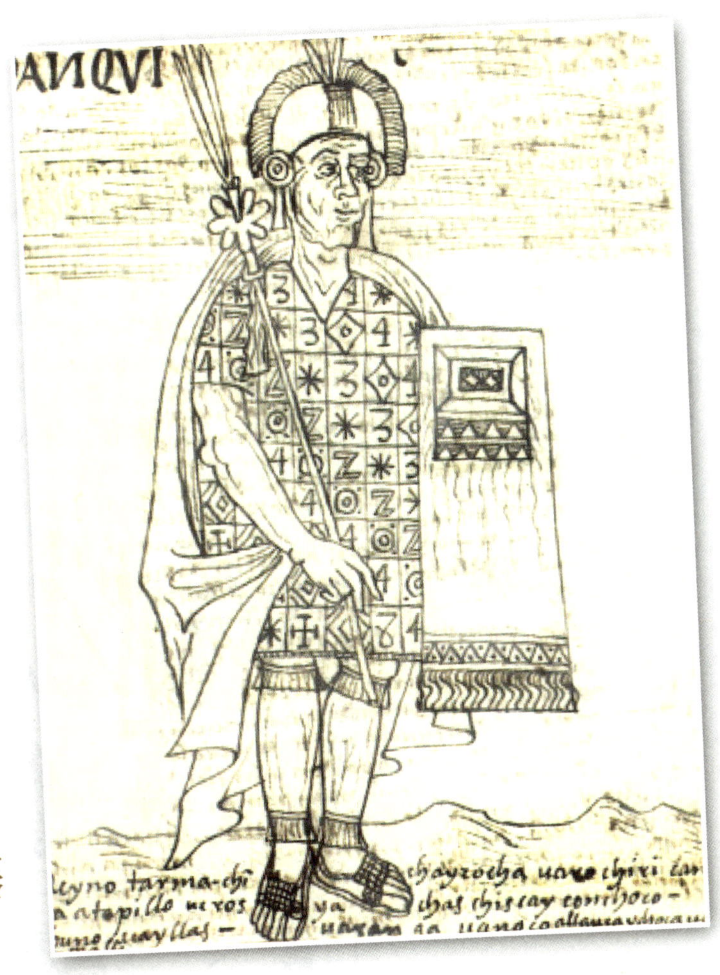

托帕·印加·尤潘基

1471—1493 年执政

托帕是帕查库蒂的儿子。帕查库蒂执政期间任命托帕为印加军队的统帅。托帕因1463年击败奇穆（位于印加北部）而一举成名，从此稳固了印加对安第斯地区的统治。1471年称王后，他延续父亲的伟业，继续扩张印加帝国的版图。他去世时，印加的版图覆盖了南美洲西部的大部分地区。

瓦伊纳·卡帕克

1493—1527年执政

瓦伊纳·卡帕克接替他父亲托帕·印加，于1493年成为印加王。他将印加帝国的疆土扩张到亚马孙地区，征服了厄瓜多尔，并在基多城建立了第二个都城。然而，和他的前任相比，他向外扩张的程度要差很多，原因是他将大部分精力用在了应对叛乱上。1524年，他染上天花这种西班牙人带到印加帝国的疾病。印加人对天花毫无抵抗力，因此天花摧毁了印加帝国。瓦伊纳·卡帕克和他的继承人都突然死亡。他去世后印加爆发了内战。

瓦斯卡尔

1527—1532 年执政

父亲瓦伊纳·卡帕克在未任命继承人的情况下离世后，瓦斯卡尔被库斯科的贵族推举为下一任印加王。他继承了印加帝国最大的领土，而他的兄弟阿塔瓦尔帕成为基多的总督。然而，阿塔瓦尔帕不久即发起叛乱，于是两兄弟为争夺对印加帝国的统治权而陷入了一场血腥的内战。对瓦斯卡尔来说不幸的是，他的兄弟在军事指挥方面更胜一筹。他败北，不久后被刺杀。瓦斯卡尔死后，其残余的支持者和西班牙人结成同盟，共同对抗阿塔瓦尔帕。

阿塔瓦尔帕

1532—1533 年执政

在父亲意外去世后，为争夺统治权，阿塔瓦尔帕挑起了与他的兄弟即新任印加王瓦斯卡尔的内战。内战从 1527 年持续到 1532 年。最后阿塔瓦尔帕胜出，但战争让帝国元气大伤。成为印加王几周之后，他的军队被印加人从未见过的西班牙人的火枪、武器和战马击败，他在卡哈马尔卡被法兰西斯克・皮泽洛俘获，囚禁一年后被绞死。

曼科·印加不得不在他的兄长阿塔瓦尔帕执政期间逃离印加帝国，因为阿塔瓦尔帕对任何政敌都毫不手软。

西班牙人扶持阿塔瓦尔帕的另一个兄弟曼科·印加作为傀儡来管理印加人。

曼科・印加

1533—1544 年执政

瓦斯卡尔和阿塔瓦尔帕的小弟弟曼科・印加被法兰西斯克・皮泽洛在库斯科扶持当上傀儡国王。他选择了反叛。他逃离西班牙人并组建了自己的印加军队，在奥扬泰坦博堡垒打造了一个军事基地。几个月后，曼科・印加转移到了比尔卡班巴，并创立了独立的新印加国。他死后，这个国度由他的儿子们相继统治。

萨伊里·图帕克

1545—1560 年执政

萨伊里·图帕克的父亲曼科·印加为印加的独立而战，而1552年，萨伊里·图帕克在比尔卡班巴加冕后却轻易向西班牙人投降。他同意离开比尔卡班巴，以换取不动产和养老金。他带着妻子回到了库斯科去领导当地人。他们甚至转信了基督教。1561年他被毒死，尔后他留下的印加国反叛了西班牙。

图帕克·阿马鲁

1571—1572 年执政

1572年，最后一任印加王图帕克·阿马鲁试图抵御托莱多总督率领的西班牙探险队的入侵，保卫新印加国的残余领土。他逃离比尔卡班巴，和妻子一起被俘获并带回库斯科。在那里他因谋杀西班牙神父而受审，这很可能是捏造的指控。图帕克·阿马鲁的失败和对其处决标志着印加帝国的终结。

曼科·卡帕克和玛玛·奥克略出现在库斯科的野蛮人面前。1842年创作于意大利，手绘铜版画，路易吉·格拉尔（Luigi Giarre）雕刻，收录于朱利奥·费拉里奥（Giulio Ferrario）的《各国人民的古老和现代服饰》（佛罗伦萨，1842年）

曼科·卡帕克

探寻第一个印加王的生平

曼科·卡帕克和玛玛·奥克略作为文明人出现（曼科和他的妻子首次出现在秘鲁人面前。美国木雕，1848年）

我们已经探索了印加人的起源，将过去和现在有关印加的历史和神话传说融合在了一起。但印加的第一个重要人物、太阳神之子和族人的领袖曼科·卡帕克的故事是怎样的呢？他让人望而生畏，可能还有点儿粗鲁。曼科的形象留存在印加信仰的神话中。他的存在对印加人对文明起源的信念至关重要。历史学家坚信他的存在，虽然目前有关他的信息还很模糊。

据说，曼科·卡帕克是印加帝国的创建者和第一位管理者，即印加王。他出生在坦普托科（Tamputoco）古城的游牧民族家庭，属于坦布部落（Tambu tribe）。他的父亲阿普·坦博（Apu Tambo）是一个部落首领。父亲去世后，曼科接替他成为了阿伊鲁的首领。阿伊鲁由很多游牧家庭构成，沿着曼科和族人的起源故事中描述的路线迁移，很可能最后到了库斯科谷。他们在库斯科谷与当地部落斗争。与库斯科谷的很多部落相比，曼科的部落很弱小。当地的部落把他们视为入侵者。早期的印加人不得不一次次守卫他们的新城市。在八个氏族成员中，有四位阿雅（Ayar）兄弟，每个人都娶了自己的姐姐做妻子。曼科的妻子是玛玛·奥克略（奥克略意为“纯洁”）。有关阿雅兄弟的传说记载，曼科残暴地一个个毁掉了他的兄弟，把他们困在山洞里或者把他们变成石头（就像他打败敌对的部落那样）。最后，他成了唯一的领袖。他最后一个存活下来的兄弟阿雅·奥卡（Ayar Auca）在他们抵达库斯科两年之后辞世，曼科就娶了所有的姐姐做妻子。这种继承为这个王朝带来了400个王子。而在印加起源神话的另一个版本中，曼科·卡帕克是普通人的儿子，他编造了自己是太阳神之子的谎言。据说，为了哄骗民众崇拜他，他佩戴银盘站在山顶上，在阳光下闪闪发光，给人一种神灵的感觉。

在行程中，曼科和奥克略的儿子辛奇·罗卡出生了。传说玛玛·奥克略是一个女祭司和拥有奇特能力的变形人，但库斯科人因美貌而喜爱她。虽充满争议，但她仍是王国核心的实权人物。

据说，曼科的另一位姊妹兼妻子玛玛·瓦卡（Mama Huaca）比她的兄弟更早来到当时还是热带的库斯科谷。她在那里种植玉米，调节季节变化，同时教化人民。当曼科·卡帕克来到这里，他已经被尊为征服者。

最著名的曼科·卡帕克画像是分别于18世纪和19世纪创作于库斯科学校的两幅殖民时期画作。在这两幅画作中，曼科手握金手杖，背对着他神圣的父亲——太阳神而立。这位第一代

曼科·卡帕克，牛皮纸油画，创作不早于1825年

曼科·卡帕克为其子辛奇·罗卡授权

传说中的太阳神的子女曼科·卡帕克和玛玛·奥克略来自的的喀喀湖（Lake Titicaca）。他们执掌和教化了秘鲁的部落

曼科·卡帕克的雕像屹然耸立在瓦萨帕塔公园（Huajsapata Park），俯瞰秘鲁的普纳城

圣经风格的曼科·卡帕克木雕像，出自费利佩·瓜曼·波马·德·阿亚拉（Felipe Guaman Poma de Ayala）的编年史（约1615年），美洲博物馆

印加王的画像是根据当时的欧洲艺术风格和惯例绘制的，表现出画家对一个伟大君主的想象，而不是曼科出现在印加人面前的真实样子。展现在欧洲人面前的熠熠生辉的古文明让人想起希腊人和罗马人，以及神话、战争、神秘和灿烂，他们的初民宗教和灿烂文明曾达到极致。

据称，曼科·卡帕克在他的新家园自然死亡，由他与他的姐姐兼妻子玛玛·奥克略的儿子辛奇·罗卡继任。在他死亡的地点建起了一座太阳神庙，里面存放着他的干尸。后来，他的干尸被移到的的喀喀湖的蒂瓦纳科庙（Tiwanaku temple）。他有400个子女来延续他的血脉，成就了一个伟大的王朝。

在库斯科，人们为纪念他而修建了一座雕像。胡利亚卡城（Juliaca）的机场（印加曼科·卡帕克国际机场）以他的名字命名。西班牙神学家、历史学家和医生塞巴斯蒂安·洛伦特（Sebastian Lorente）在1860年创作的《安提瓜和秘鲁历史》（*Historia Antigua del Peru*）中写道，开明的改革家曼科·卡帕克一定出生于秘鲁，因为他身上有秘鲁民族精神的痕迹。

☼《对曼科 · 卡帕克的崇拜》，作者未知，拉普拉塔（La Plata），玻利维亚，1616年完成

印加贵族的服饰

秘鲁，15 世纪

隐藏一个秘密

印加的贵族会像孩子一样绑头，这样他们的头骨就会变长。这种头型被视为身份的象征和区分贵族和平民的方法。他们也会佩戴带有流苏穗儿的头饰及金银王冠。他们的发型一般前短后长。

长外衣

印加的男性贵族身裹及膝的腰布，外罩彩色的束腰外衣，腰间有不同的图案设计。而女性穿长连衣裙，肩部别着肩带。带有装饰物的高品质小羊驼布料是身份的象征。羽毛是极其珍贵的装饰物。身后披的大氅是寒冷天气的绝配。

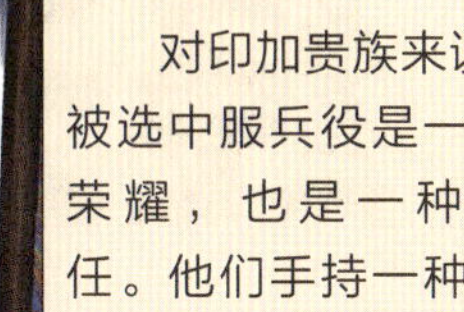

尖锐的武器

对印加贵族来说，被选中服兵役是一种荣耀，也是一种责任。他们手持一种像戟一样的兵器图帕尧(tupa yauri)。这种兵器由铜铸造而成，上面饰有羽毛。身份极为尊贵的贵族手持的武器是金或银打造的。

对黄金的喜爱

黄金首饰因其外观漂亮和具有象征意义而受到印加贵族的青睐。黄金被视为太阳的象征。贵族们在颈部佩戴硕大的黄金吊坠来彰显自己的身份。他们在鞋、手腕和头上装饰其他饰物。此外，银是月亮的象征，也是极为珍贵的饰物。

个性化的物件

除了用背包来装个人物品、护身符和可可树叶之外，从军的贵族还会携带一块装饰其部落颜色的布织物包裹的盾牌。一般来说，贵族主要在行政机构供职。他们的生活要比底层的普通人好很多。

听好了

所有的贵族 12 岁开始打耳洞，戴沉重的耳饰。这是贵族的显著标志，但是会让耳垂变形下垂。西班牙人因此叫印加人奥雷洪（orejones），即“大耳朵”。

小配饰

为更加引人注目，印加贵族会在膝盖以下或脚踝附近佩戴羊毛或棉花做的彩色流苏。他们会穿用棉花、野生植物和羊驼皮做的凉鞋。

经天纬地之人

帕查库蒂，第九代印加王，扩张了帝国版图，缔造了一个有凝聚力且管理严密的国度

四方之国

印加帝国从一个小部落发展成为跨越庞大疆域、统治众多外族人的帝国。印加人将自己的国度称为塔万蒂苏尤（Tawantinsuyu），盖丘亚语意为“四方之国”。这个名字恰如其分。印加帝国正是从如今北部的厄瓜多尔（Ecuador）的基多城（Quito）一路延伸到南部的智利（Chile）的马乌莱河（Rio Maule），覆盖了如今秘鲁、阿根廷和玻利维亚的大片土地，人口近千万。

缔造四方之国最大的功劳应归于九世王尤潘基（Yupanqui）。他被世人所知的名字是他的加冕名帕查库蒂——经天纬地之人。这可谓是实至名归。自15世纪初掌权以来，帕查库蒂的确震动了整个安第斯世界。

一个印加王子

印加流传着一个传说，即有一天太阳神因蒂在年轻的尤潘基面前现身。当时尤潘基还只是一个王子，甚至连王位的直接继承人都不是。他的兄长乌尔科（Urco）之前被他们的父王——当时印加帝国的统治者维拉科查册立为王位继承人。乌尔科已经是实际意义上的小国王了。尤潘基见到因蒂后非常震惊。因蒂的

17世纪画作：缔造了四方之国的帕查库蒂

手臂被蛇包裹住，尤潘基在恐惧中逃离了太阳神。太阳神召唤他并告诉他，他将来会征服很多国家。太阳神继续告诉尤潘基，未来在一面魔镜的帮助下他将征服哪些地方。

尽管如此，尤潘基当时的前景仍然很灰暗。但不久这一切就发生了变化。虽然乌尔科被册立为王储，但他实在配不上这个位子。他逃避责任，让弟弟尤潘基在他沉迷于声色犬马时监管库斯科。这个时候他们的父亲维拉科查已经让位，让乌尔科管理这座都城，他自己在库斯科附近的神圣谷（乌鲁班巴河谷）的皮萨克（Pisac）堡垒里生活。

乌尔科的懒怠让库斯科城变成一盘散沙，让帝国的很多主将灰心丧气。这些武士希望征服库斯科周边的土地，因此不能接受乌尔科漫不经心的态度。近20位将领策划了一场政变来废黜他。这时两个王都不在库斯科，他们所到之处如履平地。

八世印加王维拉科查于1438年被帕查库蒂废黜并取而代之

萨克塞瓦曼堡垒（位于印加都城库斯科附近，据说是帕查库蒂下令开始兴建的）

然而，这并不意味着库斯科没有外部威胁。昌卡人是来自乔克洛寇查地区（Choclococha）的山地人。他们与盖丘亚人比邻而居，在15世纪初不断扩张领土。昌卡人的成功也包括在征战盖丘亚时大获全胜，这让他们与库斯科的距离缩短到可攻击范围之内。

1438年，昌卡的一支大部队向库斯科进发，在威尔卡康加（Vilcaconga）关隘停住，叫嚣着让印加人投降。维拉科查和乌尔科急忙赶回库斯科，但只是狼狈地组织了一场向尤卡伊河谷（Yucay Valley）的大规模撤退。

出现这次危机后，密谋政变的人只能改变计划。他们面临两个选择：和两个王一起走；上阵去与敌军拼命。他们选择了后者，而他们推选的带头人就是尤潘基。

由于急需更多士兵，尤潘基到处征兵。他最后在库斯科组建的军队是由不同力量快速集结的一支队伍，取胜的希望很渺茫。与此同时，势如破竹的昌卡部队已逼近库斯科。

昌卡的袭击很快就真正开始了。一个密探给印加人带来了昌卡人动向的情报，印加人得以提前准备。尽管如此，昌卡人来犯时，并不是所有的印加人都武装起来了。有些居民慌忙逃到山里，但也有一些居民与坚定的指挥官站在一处。尤潘基没有在库斯科的堡垒中避

帕查库蒂跪拜太阳神因蒂

☼神圣谷的皮萨克堡垒废墟的一部分

难，而是直面昌卡人——他不会像他的父兄一样放弃这座都城。第一天的战斗不分胜负，但尤潘基得到了一些增援。第二天清晨昌卡人再次来攻，出兵这座被包围的城市。尤潘基肩披美洲狮皮（美洲狮因其强大的力量而广受印加人崇拜）亲自率兵出征。一场可怕的战争一触即发，士兵血流遍野。印加人后来把这个地方命名为亚瓦尔潘帕（Yahuar Pampa）：血战之地。

昌卡陷入了恐慌，最后他们逃跑了。但印加人穷追不舍，浴血奋战了9千米后，这支昌卡部队被全歼。

尤潘基是库斯科的救星。最后，他又在伊丘帕帕（Ichupampa）大败昌卡部队，削弱了他们的势力。更紧迫的是，他要去他父亲和兄长躲藏的尤卡伊河谷处置他们。尤潘基在保卫王国方面的作为无疑要比他的父亲和兄长更英勇，他因此赢得了人民的敬仰。乌尔科被剥夺法律权益，最后在与尤潘基的拥护者的打斗中死亡。

这位胜利的王子强迫维拉科查退位，自己取而代之，成为九世印加王。在他的加冕礼上，他为自己取了加冕名帕查库蒂，即“经天纬地之人”。

扩张帝国

帕查库蒂的野心远不止坐上王位。按照太阳神因蒂的指引，他启动了一系列军事行动，最终将印加帝国的版图向北扩展到秘鲁在安第斯山脉的高地，向南扩展到的的喀喀湖岸边，即如今的秘鲁和玻利维亚的边境。

为让自己的征服之路更畅通，帕查库蒂采取了恩威并施的政策。他知道如何威吓敌人就范，也会给自愿俯首称臣的敌人足够的好处，包括赠礼和赐予勋位。

执掌帝国

帕查库蒂明白，执掌一个帝国和赢得一个帝国同样重要。1463年，他将操控印加军队的权力让给他的儿子托帕·印加（Topa Inca），这样他就可以把所有的精力放在执掌帝国上了。

此时的印加帝国涵盖了众多被征服的新部落，而这些部落又清醒地记得自己独立时的日子。对这样一个国度来说，预防叛乱至关重要。为阻止叛乱，帕查库蒂采取了柔和的文化

九世王帕查库蒂——经天纬地之人的17世纪画像

政策。他允许被征服的部落保留自己的信仰，但同时要求他们将对太阳神因蒂的信仰纳入其宗教行为中。

和其他帝国一样，印加也要求国民纳税。帝国的每个地区每年都要进行一次人口普查，从而决定应缴税款的数额。印加没有货币经济（印加没有货币），因此纳税的方式是提供物品和服务。帝国的所有土地和财富都被分成三份，其中一份归居民所有，一份献给印加王，最后一份献给神明，即由祭司占有这些物产。在印加，个人财产的范围有限，包括工具、衣物和珠宝。

普通人无须为对自己无益的事物纳税。在一个工业化之前的农业社会，粮食安全总是让人忧心。省级城市通过修建仓库来强化粮食安全。这些仓库中有每年庄稼收成的一部分。贫穷的寡妇、病弱者、孤儿和其他需要关爱的人可以从仓库中获取食物。

为放慢走向奢靡的脚步，帕查库蒂禁止人们戴羽毛饰物或者穿羊驼毛制成的衣服，限制人们消费吉开酒。作为补偿，帕查库蒂允许臣民在新月出现时放三天假。

帕查库蒂制定法律措施的初衷是确保违法者（无论违法行为多微小）得到应有的惩罚。被指控的人在执法期间仍然可以享受应有的权利。他还为每种罪行制定了详细的惩罚措施。

巍峨的马丘比丘是失落了几个世纪的印加堡垒，它可能因印加帝国的进一步扩张而被人遗忘

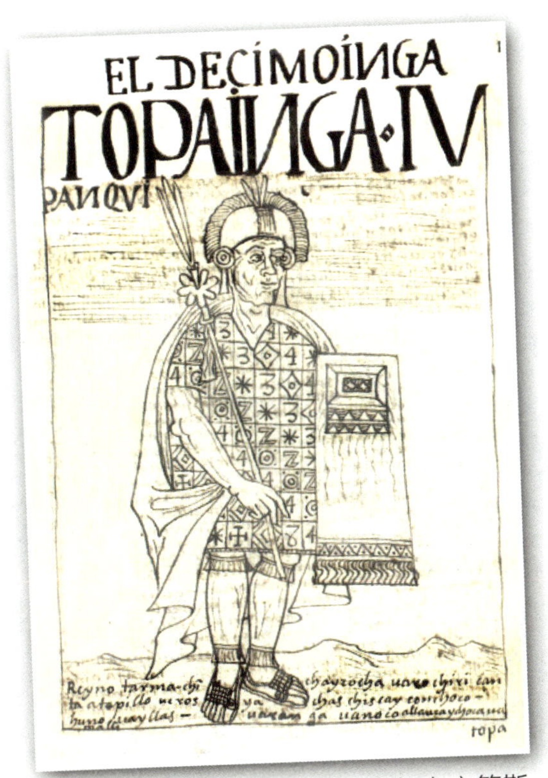

帕查库蒂的继任者托帕·印加在安第斯地区继续他父亲的帝国征伐

印加帝国接纳了这么多说不同语言的居民，所以很难管理。官员和操不同口音的普通农民之间不可避免地出现了沟通不畅的情况。

帕查库蒂对此的解决方案是指定一种标准语言，也就是他的母语盖丘亚语。这样印加国的居民交流起来就更方便了。为加快盖丘亚语传播，他让说盖丘亚语的人到各省学习当地语言，同时教当地人盖丘亚语。

最后的日子

帕查库蒂于1471年辞世，他的儿子托帕·印加执掌帝国。

印加没有文字，因此我们了解到的帕查库蒂历史主要源于印加人口口相传的故事。征服这片土地的西班牙人后来记录下了这段历史。因此，有关帕查库蒂的很多故事的真实性很难评估。

神圣谷是进出库斯科地区极其重要的路径，每一面都有主堡垒守卫

死亡面具

它的蓝眼睛似乎在紧紧地盯着你。这个黄金丧葬面具可以追溯到奇穆文明时期。奇穆人认为人死之后还有生命，因此会把死者做成木乃伊，与工具、陶器和其他特殊用品一起埋葬。

马丘比丘空中之城

世界上最神秘的历史遗址之一是如何建成，

又是如何毁灭的？

太阳神大祭司地位仅次于国王

很久以前，探险家海勒姆·宾厄姆（Hiram Bingham）不惜一切代价去寻找失落之城。为找到比尔卡班巴，他在别人的指引下踏过石路，穿过林下灌草层，甚至身临险地，但结果不尽如人意。他没有找到这座著名的印加失落之城。然而，1911年7月23日，当地一个名为梅尔乔·阿特亚加（Melchor Arteaga）的农民通过宾厄姆的盖丘亚语翻译告知他，山里有很多未被任何专家探及的遗迹。他用手指向宾厄姆身后若隐若现的云雾环绕的山峰，他所说的就是意为“古老的山峰”的马丘比丘。

第二天早晨，冒着浓密的毛毛雨，呼吸着越来越稀薄的空气，阿特亚加带着宾厄姆和翻译深入这座古老的山峰。在陡峭的山路上艰辛跋涉后，阿特亚加他们来到当地农民居住的一

宾厄姆在秘鲁的班巴科纳斯（Pampaconas）。1911年探险接近尾声时他发现了马丘比丘城

☼印加人在梯田上收获土豆

尽管人们普遍认为是宾厄姆发现了马丘比丘，但也有其他人声称自己是第一个发现马丘比丘的人

间小屋。阿特亚加对一个男孩儿说了几句话，这个男孩儿向宾厄姆和他的同伴示意，让他们跟着他走。从这间小屋出发，他们沿着雨水浸湿的树叶堆叠的小路走了几分钟，之后第一次亲眼见到了它：马丘比丘城遗迹。

马丘比丘遗址位于库斯科西北方约80千米处，高耸在海拔2350米的安第斯山山脊上，俯瞰乌鲁班巴河。遗址处于两座更高的山峰——马丘比丘（指“古老的山峰”，遗址因此而得名）和华纳比丘（Huayna Picchu，指“年轻的山峰”）之间。印加文明最具价值的发现就是从这里得来的。然而，这个广阔且颇具考古价值的遗址为何始终未被探险家、历史学家甚至西班牙征服者触碰，直到如今才出现在世人面前呢？印加历史的迷人宝藏在为世人展现古文明的同时也引出了很多问题，其中最大且最重要的是这座令人惊艳的建筑是由谁打造，又是为何而打造的呢?

印加没有书写体系，因此没有留下帮助我们理解印加历史的任何书面信息。现代科学可以对包括约100具尸骨在内的出土文物进行更精确的分析，如今人们普遍认为，这座遗址是印加王帕查库蒂下令修建的，作为王室的行宫和政府的前哨。帕查库蒂希望建一座城市来稳固他在秘鲁乃至玻利维亚边界的大本营。

当海勒姆·宾厄姆看到马丘比丘的建筑时，他知道这些都是印加的建筑。印加人高超的工程技术颇具革命性，令人印象深刻，因此他们被称为“新世界的罗马人”。而在马丘比丘，我们仍能看到古印加人建造的一些最独特的建筑。石块间不用灰浆粘合，每个砖块都是统一尺寸。马丘比丘所用的这些建筑手法都是典型的印加风格。由于没有使用灰浆，整座建筑可以轻微移动而不会碎裂。这是抵御频繁地震的巧妙手段。所有石料都是精准切割的，从而严丝合缝地拼接在一起。当时没有现代机械，所有工作都是徒手完成的。

☼人们认为是帕查库蒂下令修建了马丘比丘

当时的工匠切割出了大量相同规格的花岗岩砖，最有可能的方法是用一块石头凿开一摞石板。然而，找到一块足够坚硬的石头并非易事。尽管花岗岩容易出现裂缝，但它也是比混凝土还要坚硬的一种材料。反复撞击会让大多数工具破裂。

马丘比丘的多雨天气也决定了这个地方易受泥石流影响，而打磨石料时剩下的碎石可以用来帮助排水，为经常性的潮湿天气提供了灵活方便的解决方案。如今，工程师仍会检验马丘比丘的建筑，从而为改善全球易受地震影响地区的建筑结构提供借鉴。

据估计，修建马丘比丘的人数约为5000。

宾厄姆于1912年拍摄的马丘比丘

这个数字已经很庞大了，因为马丘比丘建成之时只有近1000人居住，而其他工人的去向和马丘比丘城一样扑朔迷离。古城中有各种用途的建筑物，包括警卫室、监狱、供奉太阳神和神兽的庙宇和喷泉，但最多的还是普通人的住宅。

最早居住在这里的1000个居民大部分都是亚纳科纳（yanacona）——为印加贵族阶层服务的人。马丘比丘是王室行宫，亚纳科纳人负责保证一切都按照帕查库蒂所期望的那样运行。他们的工作包括耕种整齐排列的梯田，接待帕查库蒂和其他贵族，管理这座城市，维护各种建筑和为贵族阶层服务。

马丘比丘不是印加上流阶层的度假村，而是一个行政中心。它是印加社会和统治的中心，亚纳科纳人通过履行社会职能来推动马丘比丘的运转。亚纳科纳这个群体主要是下层社会的人，其中有些是本地人，也有很多是从印加帝国的边界迁移过来的。马丘比丘出土的尸骨牙齿矿物组成研究结果显示，这里的某些亚纳科纳人来自遥远的玻利维亚边界的的喀喀湖附近和南美北部的高地。

有些亚纳科纳人只是在这里短期工作，但很多亚纳科纳人是在此长期居住，这可能意味着他们要远离家人外出谋生。

马丘比丘以一种惊人的速度修建并蓬勃发展起来（持续了将近100年，考虑到修建这座城市时复杂而又费时的工程，它使用的时间过于短暂）。下令修建马丘比丘的人显然希望它能发展长久。那么，当时的人们为何要放弃这样一座宏伟的堡垒呢?

在解释印加人为何离开马丘比丘的所有说法中，普遍得到认同的是在帕查库蒂的儿子托帕·印加和孙子瓦伊纳·卡帕克统治期间，印加社会的发展达到了巅峰并由此开始衰落。由于王位继承出现问题，印加爆发了内战。瓦伊纳·卡帕克的两个儿子瓦斯卡尔和阿塔瓦尔帕为争夺统治权而战。西班牙人抓住了这个时机，于16世纪征服了整个印加社会并将其殖民化。

马丘比丘似乎是被有序遗弃的，甚至在西班牙人到来之前就已经开始了，原因是这些保

☼西班牙人来到南美之后肆无忌惮地进行破坏，但幸运的是，他们似乎从未发现马丘比丘

存完好的住所没有任何发生过战争的痕迹。很多历史学家认为，西班牙人根本没有发现马丘比丘。

另一种比较合理但较难佐证的理论认为，欧洲殖民者把天花这样的疾病带到了马丘比丘，印加人不幸染上。这个完全由南美人兴建并治理的社会根本无法抵御如此猛烈的疾病。也有可能这1000个居民没有全部染病，其中很多人在疾病肆虐时就搬走了。但没有足够证据证明，马丘比丘人是否因为这个原因而遗弃了这座城市。

如今，马丘比丘被联合国教科文组织列为世界文化遗产。对马丘比丘的尸骨、人工制品和遗址的研究仍在进行。

☼ 因为印加没有货币，所以印加人互相交换物品和服务

印加人的家

马丘比丘的亚纳科纳人住在简陋的房子里。一般一个家庭只有一间屋子

门

印加房子的门都很窄，一般是拱门，上面或者覆盖着小毯子或者什么都没有。由于印加人盖房子不用灰浆，所以门洞要窄一些。

台阶

在马丘比丘，有些最引人注目而又让人困惑的结构是用一整块花岗岩切割出的石制台阶。这里也有传统的用多个石块堆叠而成的台阶。

屋顶
和我们如今的房屋一样，印加房屋的屋顶也有一定的坡度，以便排水。马丘比丘的降雨量很大，所以这个设计尤为重要。屋顶上铺着麦秆或野草，下面是木质结构。
窗户
印加房屋的窗户很小，阳光很少能透进来。
宗教物品
作为印加社会的组成部分，宗教物品包含纪念物、祭祀用品和珍贵的小雕像。它们存放在房屋墙壁的隐蔽处。
钩子
印加房屋内没有像衣柜或者橱柜这样的存储空间，而是装设了一些木制或骨制的钩子来挂衣服和其他纺织物。
火
每座印加房屋的中央都有火，用来为石制房屋取暖，方便人们做饭和烧水。印加人崇拜火，火是印加文化的重要元素。
不舒适
就我们所知，印加房屋里没有家具。印加人要睡在地上，只有一条毯子和枕头。同样，他们吃饭的时候也要坐在地上。

托帕·印加·尤潘基

站在印加最伟大征服者的肩膀上，
这位“印加亚历山大”将印加帝国的宏图霸业向前推进了一步

托帕每次从征服地返回时都会带回比以往更多的俘虏和战利品

15世纪中叶，在王朝的鼎盛时期，伟大的君主帕查库蒂回到库斯科。他的妻子兼姐姐为他生下了一个男孩儿。虽然当时他已有几个婚生儿子，但他感觉到这个孩子身上有某种与众不同之处。帕查库蒂将自己的儿子高高举向全能的太阳神，为其取名托帕·印加·尤潘基。在那个载入史册的盛大日子里，帕查库蒂拿出大量金银进献给太阳神因蒂、大祭司和被称为“瓦卡”的圣石。那是印加有史以来最盛大的节日，他举行了一场史诗级的盛典，让一群孩子在库斯科巡游，然后将他们献祭给太阳神。

几年后，年老的君王意识到自己已不复当年，于是决定放权，从众多儿子中选出一位与他共同执掌这个帝国。当帕查库蒂任命最年长的嫡子阿马鲁为继承人时，印加帝国的文官都很高兴，武将则不然。他们认为阿马鲁无法胜任领导太阳底下最伟大军队的任务。经过一番思考，帕查库蒂召集贵族和精英，宣布阿马鲁不具备“像我一样掌控如此伟大帝国的资质”。而后，他把目光转向最小的儿子托帕，把他提升为副王。

又是在那个盛大的日子，又有很多孩子被献祭给太阳神，祈求他能庇佑托帕·印加·尤潘基——太阳之子和子民的君王。托帕坐在金色宝座上，头戴金色王冠，接过羽饰长矛和王室徽章。随后，祭司们用肩膀把他扛到太阳神神殿。他在那里获得了骑士勋章。

帕查库蒂急于证明托帕的军事才能，于是把他送到秘鲁北部的钦察苏尤开展军事行动，传说那里有数不尽的财宝。托帕率领他的兄弟们和其他将领启程的时候，当地人在路边送别，他们拔掉自己的睫毛并吹向将士们，祝福好运。当众将士经过老国王攻下的村庄时，托帕穿戴上每个村庄的独特服饰和头盔并焚烧动物献祭。为了不负父亲对他的信任，他在向北行进经过安第斯山脉时突袭了敌对的盖丘亚族，接连攻城拔寨。任何胆敢反抗他的人都难逃被木矛刺穿的命运。部族的首领被生擒。托帕冷酷无情的战争机器一路挺进卡哈马尔卡，最远进发到厄瓜多尔的基多。

志得意满的托帕决定凯旋，但他没有直接返回库斯科，而是沿着厄瓜多尔海岸来到强大

☼托帕突出的军事成就为他赢得了“印加亚历山大”的称号

的奇穆王国，攻占了莫切河——奇穆王国一条重要的生命线。他的军队攻陷奇穆的都城，俘获了他们的君主，并用他亲选的一人取而代之。而后他又攻陷了秘鲁北部的“云端部族”查查波亚（Chachapoya）。托帕班师回朝时带回了前所未有的战利品和战俘。他的父亲深感荣耀，群臣也对他刮目相看。托帕参加了一场极为难忘的太阳节仪式，仪式首尾都安排了酣畅淋漓的狂欢、献祭和舞蹈。

然而，帕查库蒂觉得世上还有更多荣耀

☼按照惯例，托帕迎娶了他的姐姐，她生下了他们的儿子和王国的继承人瓦伊纳·卡帕克

和财富可以去挖掘，因此再一次派他的儿子出征。这一次托帕和他的兄弟蒂尔卡（Tilca）和安圭（Anqui）一道去征服基多。他们的军队在接近图米潘帕（Tumipampa）时遭遇了基多和卡纳里（Cañari）的联合部队。这些人生性桀骜不驯，不愿屈服于印加的统治。让印加部队震惊的是，双方的激战一度难分高下。在最后关头，托帕胜在成功突围并获得了后备军的援助。战败的敌人落荒而逃，印加部队乘胜追击，大喊着“库斯科、库斯科!”并将其一举歼灭。

随后，托帕任命了一位总督，并从别处带来了大量移民（因谋生而被迫迁居的人）来重建基多城。短暂的休整之后，这位君王开始向图米潘帕进发。他的妻子在那儿为他生下一个男孩儿，也就是后来的瓦伊纳·卡帕克。虽远离都城多年，但野心勃勃的托帕还是没有返还的想法。相反，他把手下的部队分成三支，开始了征服厄瓜多尔海岸的万卡韦利卡（Huancavelica）的军事行动。他带领部队在当地撑筏者的帮助下赢得了山地、海岸，甚至海战的胜利。

托帕亲自选定了继承人

当托帕带着更多战利品、战俘和不同寻常的猛兽返回库斯科时，他再一次获得了英雄的欢迎仪式。令人奇怪的是，这一次帕查库蒂对他的儿子投来的不是骄傲而是忌妒的目光。盛怒之下，他处死了他的儿子蒂尔卡，理由是他把托帕平安带回来花费的时间太长了。帕查库蒂于1471年去世。托帕成为了这个帝国唯一的君主。

托帕急于再次取得举世瞩目的成绩，于是把目光转向安第斯山脉的丛林——那里到处是茂密的可可园，近期刚刚发生过叛乱。他再次把军队分成三支，带领他们深入丛林。然而，习惯了凉爽干燥气候的印加人无法忍受燥热潮湿的环境。一次，托帕在灌木丛中漫无目的地闲逛时终于找到了出路。他让部下爬到树上观察，去寻找人烟，据此沿途修建道路。尽管地形充满挑战，但他们还是攻下了四个强大的部落。

他一鼓作气向南一直打到了智利，活捉两个首领后，在马勒（Maule）河畔立柱划定边界，即帝国的南部边界。

这次军事行动标志着印加扩张的巅峰。军队返还时，托帕慷慨地犒赏了他们。经过多年征战，托帕将印加的疆域从北部厄瓜多尔的基多边界扩张到南部的智利，所到之处万民归顺，称臣纳贡。为统治涵盖众多部落、多种文化的庞大帝国，他决心推行集权。人们被迫离开洞穴、山丘和河岸，建设村庄、堡垒并开垦土地。每个阿伊鲁的成员每年要花3个月的时间来耕种自己的土地，而一年中的其他时间用来耕种神明和印加王的土地。

急于建立一个更统一的王国的托帕让所有臣服于他的人信仰太阳神教。他们必须承认库斯科不仅

☼坚固的萨克塞瓦曼堡垒位于库斯科北部。堡垒建造过程中未使用灰浆

☼ 巡视整个帝国之后，托帕对新近被征服的地区征收重税并要求他们上贡

仅是王国的首都，还是宇宙的中心，而印加王就是全能的太阳神的直系后代。他还把各部落世袭的贵族转换成一种新型的领袖，那就是库拉卡。每位库拉卡负责管理日益庞大的纳税群体（人数从100个到10000个不等）。尽管库拉卡的后代可以继承他们的等级（涉及女人、仆人和田地的数量），但不能继承职位。只有印加王可以任命职位。

这位印加王在他新攻下的城池边界进一步修建了堡垒。其中最主要的是强大的萨克塞瓦曼堡垒。这座堡垒建在库斯科北部的高原上。他的父亲总是把库斯科描述为一头无头狮子。两条河流汇聚成它的尾巴，巨大的广场构成它的身躯。如今，在萨克塞瓦曼堡垒，这头雄狮拥有了它的头颅。这座堡垒是工程界的杰作，耗时数年完成，运用了大量人力和有效的组织架构。它的内部用加工过的石料建筑而成，内部仓库充足，用来储存应急物资，以备战争之需。

在监督钦切罗（Chinchero）王室花园竣工后不久，托帕就病倒了。他病得太突然了，让人怀疑是有人要谋害他。尽管他最早册立了一位妃子所生之子卡帕克·瓦里（Cápac Huari）为他的继承人，但他后来改了主意，册立瓦伊纳·卡帕克为继承人。

当托帕结束基多的远征返回首都时，得到了英雄的欢迎仪式

☼ 奇穆复杂的形象设计代表着他们的历史和民俗

征服
奇穆王国

奇穆王国这样庞大而又精密的帝国
是如何败给印加帝国的呢?

奇穆的起源

莫切山谷（Moche Valley）只是这个地区众多河谷中的一个。一条携带着安第斯山融水的河流从这里流进太平洋。如果没有这个水源，这里根本无法居住。奇穆人在此定居之前，莫切人就已经在此居住了。他们从河中取水并通过运河和灌溉水渠输送水源，才得以在沙漠中种植庄稼。莫切人打造精致的陶器，通过化学工艺在金属制品上贴覆精细的纯金。

然而，莫切文明在奇穆王国出现前近200年的时候莫名其妙地消失了。没有人知道其中的原因，但莫切文明的影响可以从奇穆纺织品和陶器的图案及奇穆庞大的沟渠系统中寻到一些蛛丝马迹。

奇穆民间故事似乎承认，奇穆社会是从一个已经发展成熟的社会发展而来的。在其中的一个故事中，一个来自不知名国家的名为塔迦纳莫（Taycanamo）的贵族乘轻木筏漂洋过海来到了莫切河谷。他声称自己是一个豪族派来统治这个地区的，但他只披了条棉腰布蔽体，手里拿了一些黄色粉末，别无他物。在一年时间里，塔迦纳莫始终躲在一个建筑里，用他的黄色粉末来举行仪式，同时学习当地语言。一年后，他脱离了与世隔绝的状态，娶了多个当地女子为妻并称王。他的王朝统治奇穆王国长达几个世纪。

在另一个版本中，三个蛋孕育了最初的人类。铜蛋孕育了所有的普通人；银蛋孕育了精英阶层的所有女性；金蛋孕育了所有的国王和男性贵族，赋予他们神圣的统治权。奇穆社会等级分明的体制在现实中和在传说中一样显著。

奇穆木雕展示了奇穆人的穿着和宗教信仰

奇穆帝国

奇穆王国从伟大的昌昌（Chan Chan）城发展壮大。鼎盛时期，这座沙漠之城有三四万人口。和其他很多城市不同，昌昌城的中心不止一个。如今的昌昌城遗址由10个称为休达德拉斯（ciudadelas）的巨大宫殿构成。在这些建筑群中间是精英阶层的住宅和工匠们拥挤的住宅。

昌昌城是一座奇特的城市，这里没有道路。在10米高的城墙之间鳞次栉比地排列着大量房屋。王国90%的人都居住在这里。这座城市非常拥挤，但这里不是贫民窟。昌昌城的考古挖掘显示，住在这里的手工艺人享受着较高的物质财富水平。

奇穆人都是热爱黄金的技术娴熟的金属工匠

昌昌城装饰精美的宫墙将贵族和平民分隔开来

海菊蛤精美的红贝壳在奇穆价值不菲。它们是从周边国家进口的

奇穆的纺织品充斥着多彩复杂的编织图案

☼这个黄金耳饰展示了众人抬着王座上的奇穆国王的画面

统治者们的宫殿不只是他们的寝宫。最大的宫殿占地超20万平方米，有907个房间。其中很多房间用来存放国王接受的贡品。任何人想要使用国王掌管的原材料，都要造访这座宫殿来获取它们。因为没有货币，所以贸易和贡品的确切价值仍无从得知。

昌昌宫内的墓葬平台已经被挖掘出来。一套留存下来的木制雕像展示了国王的送葬过程，人们都朝着宫殿的方向前进。统治者们死后转化为保护神，他们在世间的一切财富仍属于他们。国王的儿子继承了王位，但他需要用自己的财富来修建并装饰自己的宫殿。

崛起和毁灭

奇穆王国的统治者过着奢靡的生活。他们穿金戴银，超凡出尘。昌昌城的纳贡都属于他们。贡品可能是粮食、来自丛林的奇异羽毛，或者从北部地区进口的海菊蛤（Spondylus mollusc）的粉贝壳。后人在他们墓室的尸骨手中发现了一些这样的贝壳。这些贝壳的碎片用于制作珠宝和装饰品。国王甚至还让一个仆人拿着一个篮子随侍，篮子里装着用这些珍贵贝壳磨成的红色细粉，这样国王就可以踩着这些细粉走路，无须踩在肮脏的地面上了。

为彰显自己统治的权力并满足自身需求，国王必须不断开疆扩土。从碎片化的历史资料和考古资料中，我们了解到奇穆人向南北两个方向扩张，统治了居住在附近河谷的人民。

不断扩张的奇穆王国开始与不断扩张的印加王国有了交集。根据后来西班牙历史学家的记载，奇穆王国最后一位独立的国王是明昌卡曼（Minchancaman）。作为一个著名的征服者，他与卡哈马尔卡（Cajamarca）王国缔结了和约。在帕查库蒂统治期间，印加征服了大量高地。明昌卡曼不断扩张疆域的目的很可能是为了与这个新的领土竞争对手相匹敌。

1461年，一支印加部队违背帕查库蒂的指令，误闯卡哈马尔卡的领地，不得不同时与当地人和奇穆人两支队伍作战。印加人取得了胜利，但印加王并不高兴。率兵进入卡哈马尔卡的将领被赐自尽。印加人不得已与奇穆人开战。为维持在卡哈马尔卡的统治，印加人必须

印加征服奇穆后，奇穆的陶艺风格传遍了印加帝国

征服秘鲁全境。

在帕查库蒂之子托帕的带领下，这股军事力量似乎从北方袭击了奇穆王国。他们逐个控制了每个河谷和居住区，切断了对昌昌城的生存和国王的尊严至关重要的纳贡渠道。当昌昌城陷入孤立，印加人就放开手脚去征服南方和北方了。当印加人拿下了整个地区，他们开始对昌昌城进行掠夺，带走了那里的黄金、艺术品、工匠，甚至把他们的国王掳到了库斯科。明昌卡曼以贵客和俘虏的身份在库斯科度过余生。

印加人抢夺了足够多的黄金带回库斯科。帕查库蒂用它们来装饰太阳神庙的墙壁。印加人还用奇穆人的财富来打造金雕像。

奇穆王国作为一个雄踞一方的强权存在的时间可能不长，但它创造的独具特色的艺术却传遍了整个印加国土。

在奇穆仪式中使用的献祭刀

奇穆的金匠打造了精致的头冠和金银珠宝

nacapac duodezim

瓦伊纳·卡帕克

这位印加帝王如何引领印加帝国走向巅峰？

第十一代印加王、哈南王朝（Hanan dynasty）第六世王、第三位萨帕·印加——瓦伊纳·卡帕克被誉为“全能之人”，但我们甚至无从知晓他的确切生辰。关于他出生年份的说法从1468年到1488年都有。我们能确定的只是他在印加帝国鼎盛时期掌权。

他出生时的名字是因蒂·库斯·瓜尔帕（Inti Cusi Guallpa）。他是玛玛·奥克略和托帕·印加（兄妹联姻）的儿子。他在很小的时候随父母去库斯科时就已获得了未来统治者的长子继承权。他的祖父帕查库蒂给他戴了一个流苏头饰，并赐名“瓦伊纳·卡帕克”。“瓦伊纳”代表青春活力，“卡帕克”代表他将继承的遗产。

瓦伊纳·卡帕克人生的前20年几乎没上过战场。虽然他不在库斯科长住，但他的责任心很强。他被父亲留下来当库斯科的总督，后来又担任的的喀喀市的总督。他访问过谢萨（Cieza）。他还管理宗教事务，负责监督动物献祭和库斯科的神龛系统。

瓦伊纳当时相对缺乏实战军事经验，但他对权力的阴谋和统治的手段并不陌生。父亲去世后他顺理成章地即位。他撤掉原有的顾问，以他信任的人如他的兄弟奥基·托帕·印加（Auqui Topa Inca）取而代之，从而巩固自己的权力。而后他派出官员到帝国的各省视察，检查建筑、桥梁和水渠等，必要时命令各省维护和加固，灌溉系统也因此得到了改善。有些地方的总督被他亲信的人取而代之。另外，瓦伊纳为他特别重视或崇敬的祖先增添了地产。

瓦伊纳与母亲的关系十分亲近。他履行了自己对母亲的承诺，那就是她在世期间不发动战争。而他最终发动战争时是为了复仇，还在服丧期间他就率领10万人出征。令他愤怒的对象是住在如今秘鲁的查查波亚人。据说这个部落支持针对瓦伊纳的叛乱。他们为自己的阴谋付出了代价，被瓦伊纳势如破竹的军队击溃了。这时，瓦伊纳把目光转向科利亚苏尤（如今该地包括秘鲁南部和阿根廷、玻利维亚和智利的部分地区）。在完成了一系列任务——诸如在卡查建一座新庙、派出军队驻扎奇里瓜诺（Chiriguano）、重建波科纳（Pocona）的堡垒等之后，他听说很多印加总督在一次叛乱中被杀害。宣战之后，他到库斯科集结部队，向印加帝国的北部边界（位于如今的厄瓜多尔和哥伦比亚）进发。

厄瓜多尔的一个太阳神庙遗址。瓦伊纳·卡帕克曾维护过这座神庙

瓦伊纳的遗体被抬回库斯科

厄瓜多尔的大部分领土（那时称作基多王国）经历了一场为期12年的战争（瓦伊纳的余生）。在这个过程中，他下令修建无数仓库来存储食物。这些仓库主要用于维持20多万将士的生计，同时也是饥荒之年迅速将食物送到百姓手中的手段。

他在位期间，印加的道路网也进一步改善，庙宇和堡垒增加，有力维护了地方安全并安抚了地方居民。一路向北的征程很漫长，瓦伊纳利用这个机会解决了很多其他问题，如解决印加行政中心豪哈（Xauxa）附近的边境纠纷；后来又成功对抗宿敌关卡杵帕寇

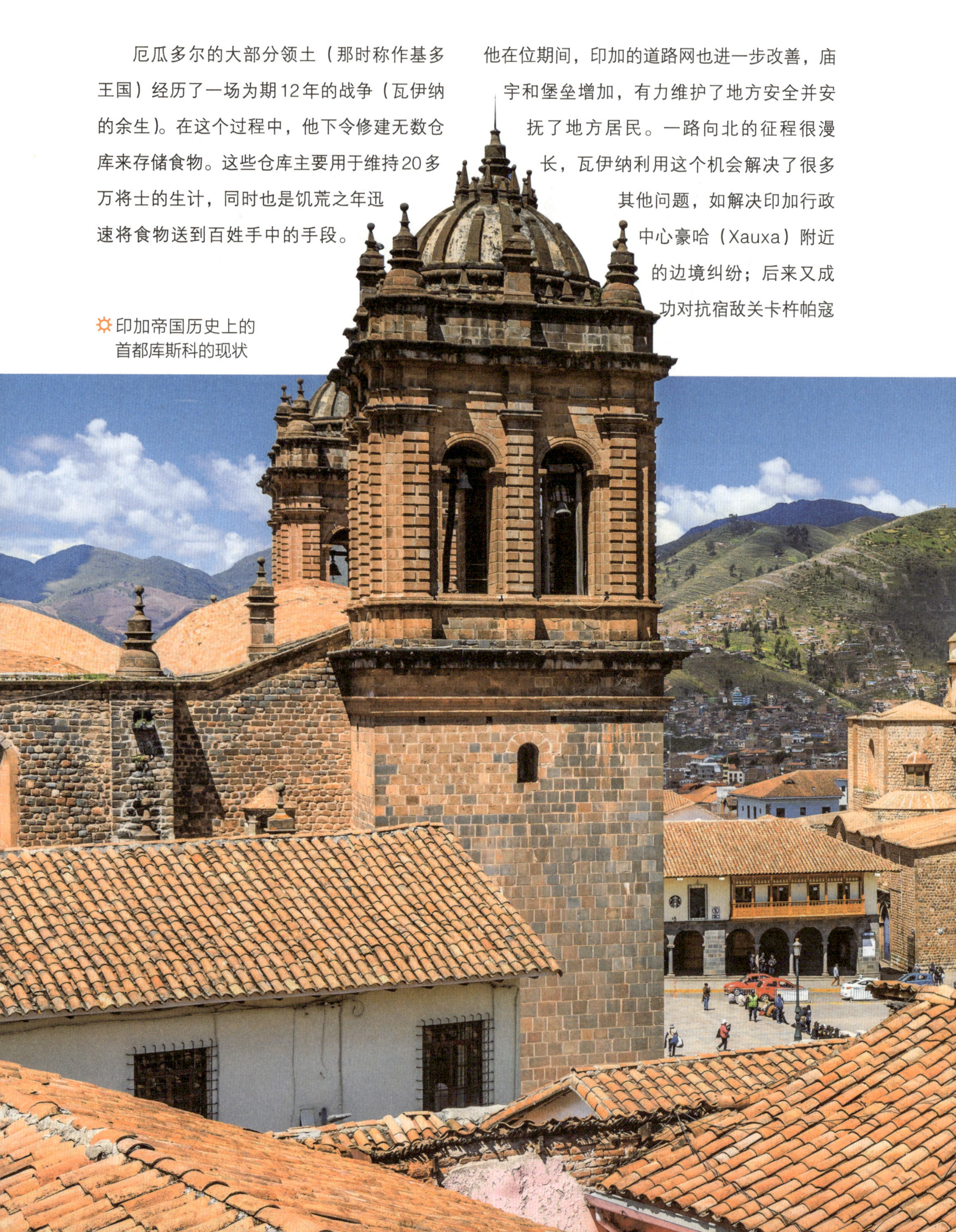

印加帝国历史上的首都库斯科的现状

(Guancachupacho）和查查波亚。

在到达帝国北部时，瓦伊纳将军队驻扎在图米潘帕市。他首先抵挡住了帕斯托军队的袭击，然后进犯对方的领地，烧毁了他们的城镇，屠杀了所有的幸存者。之后他向通贝斯海岸进发。卡兰基（Caranqui）人驻扎在那里，他把卡兰基部队追赶到山顶的一个堡垒准备围攻他们。这时灾难降临，瓦伊纳差一点儿在一次反击中丧命。逃过一劫后，瓦伊纳击退了对方的进攻。卡兰基部队被迫撤回堡垒。

尽管取得了胜利，但一切并不顺利。瓦伊纳因在卡兰基战役中被留下等死而恼怒不已，于是他削减了士兵的给养，而且没有邀请他的将军参加庆功宴，而是让很多将军返回库斯科。后来他意识到了自己的错误，于是在半路把母亲的雕像送给他们从而劝导他们回来。他

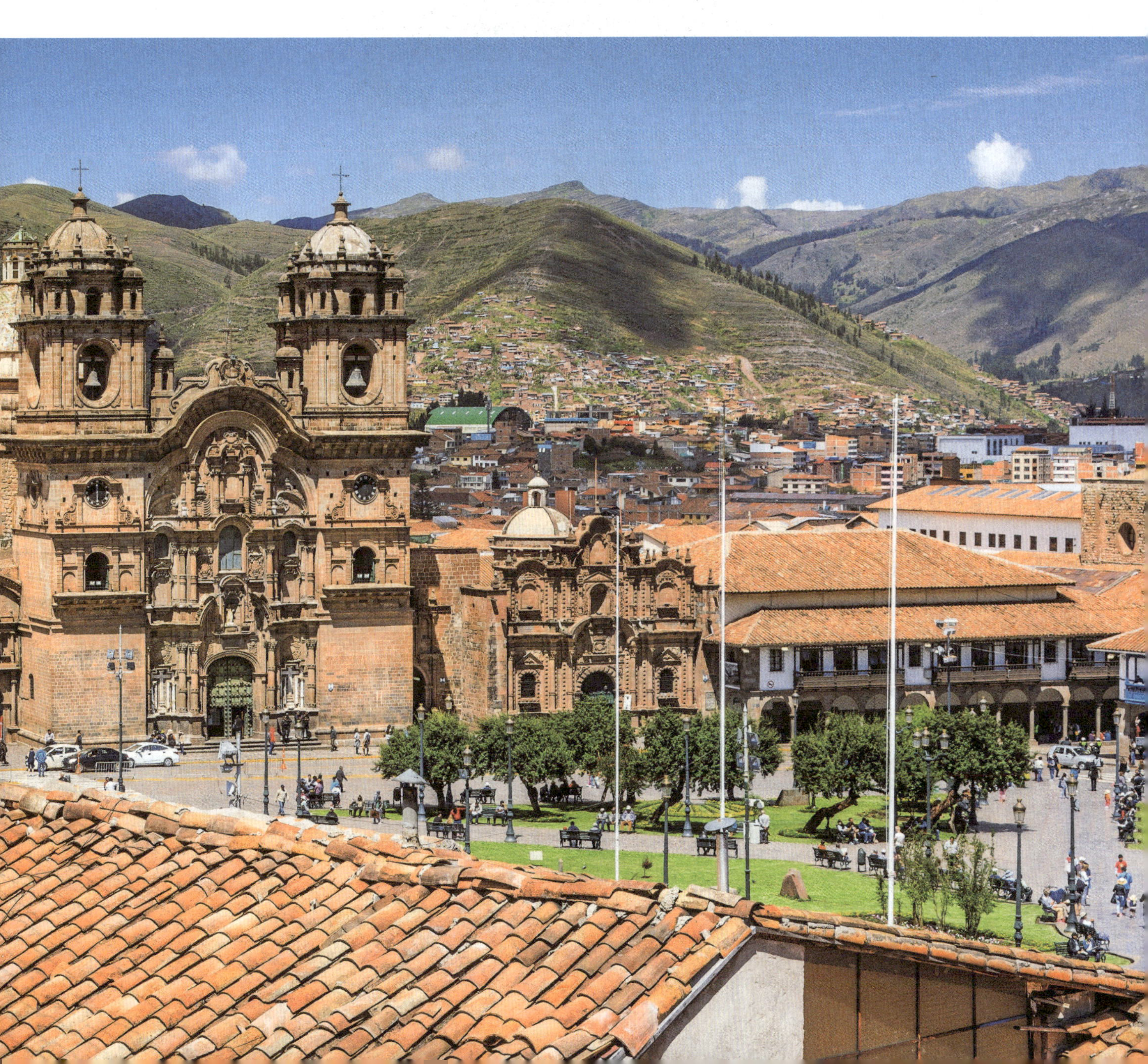

厄瓜多尔南部的因加皮尔卡（Ingapirca）遗址，瓦伊纳曾在这里修筑防御工事

公开道歉并给了他们想要的东西——食物和女人。

历史上还有很多关于瓦伊纳功绩的描述，如占领穆鲁阿（Murua）和卡贝洛（Cabello）这样的沿海地区，以及进一步修建庙宇和解决小争端。也是在这个时候，瓦伊纳迎娶了基多的女王帕查·杜西塞拉（Paccha Duchicela）。这次联姻的目的是统一印加和基多领土，避免战争。他们婚后育有一子阿塔瓦尔帕。阿塔瓦尔帕最终统治了基多。这个时候瓦伊纳已经娶了他的两个姐妹库

帕查·杜西塞拉，瓦伊纳众多妻子中的一位

瓦伊纳似乎因染上西班牙人带来的天花而亡

西·里毛伊（Kusi Rimay，在他执政早期就去世了）和拉华·奥克略（Rahua Ocllo）。瓦伊纳和拉华·奥克略生下了瓦斯卡尔。

瓦伊纳的征服之路最终止于疾病。来自欧洲的探险者这时已经与印加人有接触了。他们把疾病带到了这片土地，而印加人对此毫无招架之力。西班牙人于1524年左右在基多驻扎，一种疾病（很可能是天花）席卷整座城市，让印加王的很多大将殒命，瓦伊纳本人也不幸染病。瓦伊纳死后被抬回库斯科，1000名忠仆殉葬。

瓦伊纳选定继承人时的摇摆不定最终引发瓦斯卡尔和阿塔瓦尔帕之间野蛮的内战。内战加速了帝国的崩塌。

瓦伊纳的去世使得印加帝国的发展急转直下，但这丝毫无损于他执掌如此庞大的帝国并使之有序运行所取得的成就。

瓦伊纳的手绘木刻插图

瓦伊纳的继任者是他的儿子瓦斯卡尔

兄弟之争

瓦伊纳·卡帕克的两个儿子之间的仇恨让整个帝国遭遇血腥战争

☼不满足于只是取消帕纳卡制，狭隘的瓦斯卡尔剥夺了帕纳卡作为印加木乃伊管理者的神圣身份

1527年，印加帝国的第十一代王瓦伊纳·卡帕克生命垂危。王位继承是一件微妙的事情；瓦伊纳和他的父亲托帕都不是各自父亲的首选。瓦伊纳交接权力太晚，更是怠慢了这件事。

他的首选继承人是他的儿子尼南·库尤奇（Ninan Cuyochi），但大祭司检查羊驼的内脏时发现这并非吉兆。另一个儿子阿塔瓦尔帕很得军心，但他率领一支军队对抗帕斯托时节节败退、弃兵而逃。这个举动激怒了瓦伊纳，令他很失望。他撕下自己的衣服，大喊派女人去打仗都比阿塔瓦尔帕强。因此，瓦伊纳去世时，荣耀就降临到他的第二个选择即他的儿子瓦斯卡尔头上。时运不济的尼南不久死于天花。

当瓦伊纳的送葬队伍来到库斯科时，尽管瓦斯卡尔被40个兄弟护卫着，但他还是注意到最引人注目的阿塔瓦尔帕没有出现。瓦斯卡尔以醉酒放荡著称，而阿塔瓦尔帕因与父亲的北部军队共同作战而积聚了威望，他们在图米潘帕建立了一个军事基地，其实力足以和库斯科的军事力量匹敌。

☼战争刚开始时，阿塔瓦尔帕用一根金属棒在关他的监室墙上钻了一个洞，成功逃脱

☼ 阿塔瓦尔帕与父亲瓦伊纳·卡帕克精锐的北方部队并肩作战，他手握这个帝国最优良的兵将

瓦斯卡尔从他的北部盟友诸如卡纳里那里了解到阿塔瓦尔帕在印加帝国的精英战士中多么受欢迎，因此他怀疑他的兄弟可能已经开始密谋推翻他了。毕竟印加的首都已分成几部分，阿塔瓦尔帕所在的北部地区本质上与军队联系密切，而瓦斯卡尔所在的南部地区拥护科里坎查（Coricancha）的祭司等级。对宗教机构而言，瓦斯卡尔的继位是削弱军队不断增强的影响力的珍贵机会。

尽管阿塔瓦尔帕表面上没有给他的兄弟任何怀疑自己的理由，但对瓦斯卡尔来说，他的缺席本身就是足够的理由。瓦伊纳的木乃伊还没到库斯科，瓦斯卡尔就已经怒不可遏。他朝着北部地区的贵族大喊，责怪他们没能把他的

☼ 库斯科分成几部分，北部地区支持阿塔瓦尔帕及其军队，而南部地区支持瓦斯卡尔和宗教制度

☼阿塔瓦尔帕的胜利庆祝是短暂的

兄弟带来，指责他们以阿塔瓦尔帕的名义策划政变。这些人经受严刑拷打仍然拒不认罪，瓦斯卡尔简单粗暴地杀害了他们。北部地区的其他贵族自然以此为鉴，向北逃到阿塔瓦尔帕的堡垒寻求避难了。

阿塔瓦尔帕忙于在北方的图米潘帕为瓦斯卡尔修建一系列新宫殿。然而，一位当地首领十分厌烦他，于是写信给瓦斯卡尔，称这些工程昭示着阿塔瓦尔帕的叛国意图。瓦斯卡尔大怒。他向母亲和姐妹咆哮，抱怨她们放任阿塔瓦尔帕和他父亲的高级北部将领一同驻扎在图米潘帕。

不久，阿塔瓦尔帕给他的兄弟送来了大礼，祝贺他加冕。他没有提出任何过分的要求，只是请求他的兄弟任命他担任微不足道的职位——基多的总督。然而，这个举动让性情暴躁、当时可能喝醉了的瓦斯卡尔发了疯。他折磨并杀害了阿塔瓦尔帕的信使。

虽然卡纳里人与阿塔瓦尔帕和睦相处，但他们仍然忠于瓦斯卡尔。他们告诉这位国王，让他的兄弟继续待在北方就是最大的威胁。瓦斯卡尔相信了他们的话，于是接连派出三个使

☼ 宗教体系担心自身影响力减弱，于是将瓦斯卡尔视为牵制军队的关键人物

者，命令阿塔瓦尔帕回到库斯科，否则就要派军队强行把他拖回来。

此时，阿塔瓦尔帕眼见这么多人被他心胸狭隘的兄弟折磨和杀害，并没有选择投降，他掌握着这个帝国最精良的兵将，手里有胜算。阿塔瓦尔帕的将士们深感命运系于他一身，坚定地和他站在了一起。于是，印加帝国的内战爆发了。

瓦斯卡尔不是一个身先士卒的领袖，他派大将阿托克（Atoc）到北方，在阿塔瓦尔帕集结军队之前对图米潘帕发动了一场先发制人的袭击。在随之而来的混战中，阿塔瓦尔帕在保卫这座城市的主大桥时被阿托克及其卡纳里盟军擒获，被锁在一个石制仓库里。

那天晚上，在擒获阿塔瓦尔帕的人忘乎所以醉酒狂欢时，阿塔瓦尔帕用一根金属棒（一个女子路过时送给他的）小心翼翼地在墙上钻了一个洞。外面的人纵情狂欢，没有人注意到他跑出了临时牢房，躲进了无边夜色之中。

当阿塔瓦尔帕回到他的领地时，大家都不敢相信自己的眼睛。他找机会公开宣称，他的父亲太阳神把他变成了一条蛇，因此他可以从墙里的小洞中钻出来。阿塔瓦尔帕发誓要向可恶的卡纳里人复仇，但他首先要解决他兄弟的大将阿托克“这只狐狸”。

他在基多征召了一支强大的军队，开始了向南的长途跋涉。在默察卡西卡（Mchacaxa）平原的安巴托（Ambato），他遭遇了阿托克的军队。对阿托克来说，很不幸的是这个帝国最精锐的兵将都在对手手中。他经验不足的兵将在最后一刻才拼凑到一起，很快就被击溃了。

阿塔瓦尔帕没有忘记他的兄弟对他的使者的粗暴对待。如果他没有逃脱阿托克的掌控，恐怕也会遭遇同样的命运。阿塔瓦尔帕以牙还牙，折磨阿托克并用弓箭和掷镖慢慢地杀死了他。阿塔瓦尔帕踏上卡纳里的领土，席卷了图米潘帕城，他的祖父一手打造的城市不久便化为废墟。他疯狂地继续侵入厄瓜多尔海岸，将所有胆敢反对他的主张之人一举歼灭。他的残暴行径很快就传开了。在他所到的卡纳里城市，妇女儿童都发狂地跑到路上，手里拿着绿

印加的祭司在约1450年点燃圣火

☼瓦斯卡尔很快得到了“轻浮统治者”这个称号，他无心扩张国土，专擅饮酒

色树枝表示臣服，但阿塔瓦尔帕不为所动。他杀害了这里的男人，把他们的家园夷为平地，摧毁了他们的土地。不久，人们伏倒在他的脚下，请求他的宽恕。

然而，当他来到通贝斯地区的普纳岛（横跨秘鲁西北部和厄瓜多尔）时，发现一个部族对瓦斯卡尔忠心耿耿，拒绝在恐惧中屈服。阿塔瓦尔帕暴跳如雷，让他的手下组建了一队木筏，对这个岛发起进攻。但岛民发挥他们的长处，在海面上突然出现，与阿塔瓦尔帕的部队交战。这让阿塔瓦尔帕吃了苦头，他拖着一条伤腿灰溜溜地回到了海岸边。

与此同时在库斯科，瓦斯卡尔的地位不断被削弱。他不仅被视为一个贪图享乐、轻浮、粗暴且愚昧、既无荣耀又无勇气的人，也没有对那些始终忠诚于他的人表现出足够的尊重。作为一国之君，他需要在公共广场举行的宴会上定期与王室成员、贵族和主要部落交流，而他无视这种义务。更糟糕的是，他将传统的部落驱逐出王室卫士行列，以外来的卡纳里和查查波亚士兵取而代之，这让人愤恨不已。他越来越不信任库斯科的贵族，宣布剥夺帕纳卡（王室贵族）的土地和财产、甚至保存死去印加王木乃伊的权利。这不仅极端无礼，而且亵渎神灵。

阿塔瓦尔帕的军队走下安第斯山的山脊时遭遇了其兄弟万卡·安奎（Huanca Auqui），他的兄弟率领由各个部落组成的南方部队。万卡·安奎仍然忠于瓦斯卡尔。经过一番鏖战之后，万卡被赶回南方，其部队被制服并歼灭。阿塔瓦尔帕的军队势如破竹，一路向库斯科挺进。瓦斯卡尔从主要的大省（最远到智利）的残余部队里集结了最后一支军队并亲自担当主帅。他因在科塔潘帕（Cotapampa）的一次大捷而忘乎所以，在那场战争中，北方军队损失惨重。当阿塔瓦尔帕的军队接近库斯科时，

狭隘的瓦斯卡尔不仅拒绝和他的贵族及精英社交，还把他的卫士换成了外邦人

瓦斯卡尔大胆决定把他的部队拉出去，在旷野开战。然而，他的战略设计得太糟糕了。阿塔瓦尔帕的将军智胜一筹，将其生擒。

瓦斯卡尔被屈辱地拖着游街。他的胳膊被捆绑住，鲜血直流，衣服也被撕碎。他的外衣被撕掉，取而代之的是从他死难的外来士兵的身上剥下来的染着鲜血的破布。他的金斧头和头盔连同王室徽章被送到北方的阿塔瓦尔帕手中。

胜利的消息在五天内通过300名信使传到了阿塔瓦尔帕耳中。瓦斯卡尔本人被送到阿塔瓦尔帕面前游行。此时的阿塔瓦尔帕沉浸在胜利的喜悦中。

在经过了5年的大肆杀戮后，1532年，阿塔瓦尔帕终于在库斯科开始准备自己的加冕礼。如今这个国度已重新统一，他可以把注意力转向扩张领土了。然而，在印加帝国亟需增强实力时，内战已将其掏空。

☼和他的兄弟一样，阿塔瓦尔帕取胜之后非常残暴，任何人胆敢反对他都难逃被折磨和杀害的命运

印加人如何治理帝国

建立最大的前哥伦布时期帝国是一回事，而治理这个帝国则是另一回事

缔造帝国的帕查库蒂的雕像

塔万蒂苏尤，即“四方之国”是一个君主专制国家。每个国王（即萨帕·印加）的意志对有关政治、社会、农业和军事的所有事务至关重要。他的指令就是法律。他的王位对应着终极特权，还有关爱子民的责任。在以农业为基础的国度，这意味着控制食物的分配。因此，他的众多头衔中包含“华查·科亚克”(Huaccha Khoyaq)，也就是“穷人的情人或恩人”。

萨帕·印加的权力范围不仅限于地面上的国度。印加人认为自己是太阳神因蒂的后代，因此定期举办祭拜太阳神的仪式和庆典，祈求太阳神保佑他们的君王并赐予他福祉。帝国的每个省都要向太阳神进贡一定数量的土地并修建太阳神庙。

虽然萨帕·印加总是受到无上尊敬，但他还是需要得到政治精英的支持，从而保证国家机器继续平稳行进，自己稳坐王位，不会出现派系斗争。很多政治精英是他的家族成员。萨帕·印加会娶很多个妻子，其中一位会成为主王后，也就是蔻雅（qoya)。为保证后代血统纯正，印加王的妻子一般是他们的亲姐妹。在他们看来，这也有利于将王权控制在家族范围内，降低贵族中出现劣等派系的机会。

印加的贵族阶层存在一个独特的等级制度：包括身居政府要职的王室家族成员、由纯正印加血脉的成员组成的贵族阶层（会说盖丘亚语)、来自被征服地区的被纳入政府机构“享有特权的印加人”。为协助印加王治理帝国，印加人成立了贵族理事会。同时，印加王还倚重一位被称作因卡普·兰丁（Inkap Rantin）的人，让其承担总督或首相的职责。

印加贵族阶层中第二大重要的人物是太阳神大祭司，也被称作维利亚克·乌穆（Willaq Umu）。崇拜太阳神的重要意义决定了这个职位一定要由居住在库斯科的国王最为亲近的亲属来担任。他们负责维护所有寺庙、圣祠和任命祭司，战时可以担任最高陆军统帅。这位印加精英可以参政，在王位继承问题上有绝对发言权。当一个国君离世，他的长子不一定能登上王位，原因是新任萨帕·印加要从王室中最有能力的人中选出。法令规定，新任印加王不能继承前任的财产和财富，因此他必须靠自己建立王权。相反，其他后代接受先人的遗产并组建帕纳卡——王室贵族团体，负责维护地产和上一任统治者的木乃伊。

☼印加人认为，他们的统治者萨帕·印加是太阳神的后代

统治者在死后仍在政府中占主导地位，原因是印加人认为故去的印加王的木乃伊可以与活人交流。在特殊的庆典仪式上，他们的木乃伊会被装扮好抬出来，旁边站着一位特殊的侍从解读并说出他们的愿望。有专人给木乃伊提供食物和饮品。

第九代印加王帕查库蒂建立了印加帝国，还大规模重建了库斯科城。“库斯科”在盖丘亚语中是“中心”的意思，它是印加帝国的行政、政治和军事首都。

从库斯科出发，各地建立起了更广泛的行政体系，从而保障各地独立税收和治理。印加人把印加帝国分为四个部分，即四个苏尤（suyu）：北部的钦察苏尤面积最大，人口最多；东部的安蒂苏尤；南部的科利亚苏尤；西部的孔蒂苏尤。每个苏尤有各自的总督并可以细分为多个省。总督通过武力来治理各个苏尤，即配备印加军队或者严惩违法行为。

贵族阶层垄断了政治、宗教和军事领域的职位，能够建立类似王朝的政权，原因是他们的职位是世袭的。各个苏尤的总督管理着数十个地区级行政长官。而这些地区级行政长官负责指导地方库拉卡（长官）的活动。库拉卡是类似管理名为阿伊鲁的小社群的地方官员。然而，他们没有完全的自治权，因为被称作“图奎里科克”（Tokoyrikoq，意为“洞察一切之人”）的独立监察员负责密切监督所有官员，并向库斯科报告他们的工作，以保证国王了解下情。

地方官员负责收税，但由于印加没有货币，缴税可以通过以下两种方式之一来实现。一种是农产品收成的三分之一用来交税，三分之一用来祭拜太阳神因蒂，剩下的三分之一用来分配给国民。第二种方式是劳动抵税，通过一种称为米塔（mit’a）的体系来实现。男人参与诸如修建印加的道路网络、楼宇、桥梁、灌溉渠道或矿井这样的公共基础设施可以抵税。

各省的行政管理有所不同，因为各个官员要根据不同的地形、资源和人口结构来治理。但印加在中央集权方面做出了巨大努力。为方便税收，印加会定期进行人口普查，从而详细记录人口出生、死亡、婚配情况和可用劳动力情况。所有居民都有义务维护庞大的道路网络；3万千米长的道路用来转移军队、行政人员和货物。

印加帝国最强盛时疆域从太平洋海岸起始，横跨如今的秘鲁、哥伦比亚、玻利维亚、厄瓜多尔、阿根廷和智利的部分地区。数十甚至数百个民族被同化。印加的人口攀升至将近一千万。管理被征服的臣民需要一定的宽容——允许臣民信仰其他宗教，前提是他们要把印加的神祇奉为最至高无上的神。但印加政府更愿意施行一种与众不同的政策——“米特马克”（mitmaq），即强制移民政策。

这个政策是指，一个地区的所有人口被转移到帝国的另一个地区。此举可以分裂新征服的民族，使其更难实现自给自足，或者组织针对印加帝国的反叛活动。他们一旦试图回到故土就会被处死。采用“米特马克”政策还意味着政府无须费力去建立新的行政区域，只需在必要的时间地点转移相应区域即可。

“米特马克”的另一个目的是把忠诚的民众转移到新地点，从而维护当地的和平并向当地人传播印加文化。通过这种方式，当地贵族家庭的子女可以接受以盖丘亚语授课的教育并学习王室习俗，从而耳濡目染地成为印加王的忠实臣民。

正因有如此严格的等级划分、区域管控体系、同化和压制被征服民众的方法及先进的交通网络，印加才有可能从15世纪中叶到16世纪30年代在美洲建立并治理当时最大的帝国。

☼道路蜿蜒穿过帝国，从而保障帝国的治理效率

印加的军队

让安第斯人俯首称臣的军事力量

印加帝国能够迅速崛起，发展成为人口超千万的大国，主要得益于其强大的军队。从占据库斯科谷的一个名不见经传的小部落到幅员辽阔的帝国，印加的军事力量对其沿安第斯山脉迅速扩张起着不可或缺的作用。

还是库斯科谷中的一个弱小部落时，印加就开始组建军队了。印加人明白，民众需要通过耕种来获取食物，但如果所有人都去务农，那么这个部落就会不堪一击，无法应对外来部族的袭击，于是印加人从一开始就组建了一支常备军。这支军队守卫着农民，成功击退了敌人的入侵。胜利之后，印加人信心百倍。他们发动地方运动，争夺山谷地区的霸权。在打倒企图摧毁蓬勃发展的库斯科王国的强大军事力量后，他们又通过一系列成功的军事行动极大扩张了帝国版图。这时，永久常备军模式被可以短期快速集结的军队取代了。帝国军队主要由归顺的部落组成。这种部落以服务形式向其领主纳税；有人选择经商，有人选择服役。印加人最后执掌了广阔领土，其军事力量仍旧强大。

25—50岁的男子应征入伍，与他们的君

印加士兵常带着一个小盾牌和一个单手近战武器

☼ 西班牙人法兰西斯克·皮泽洛用少量大炮和火绳枪歼灭了印加王阿塔瓦尔帕的卫队

主和帝国各地的其他部落并肩作战。然而，应征的军团是在他们自己部落的直接指挥下作战的。从微观层面来说，这意味着一支军队由不同部落的士兵组成。每个团队的战服和武器都各不相同。领袖面临的挑战是将不同的军团整合为一支有凝聚力和效能的作战部队。

印加帝国由不同民族构成，这一点从战场上可见一斑。有些士兵更适应某些特定的地形和气候，更容易掌控某些特定的武器。于是，各种各样的武器被带到战场上。近战武器方面，使用标志性的印加戟的士兵和使用钉头槌、棍棒、斧头和枪矛的士兵并肩作战。士兵通过弓、吊索和流星锤（一种可以扔出去的武器，由石块系在绳索上组成，常用于狩猎）等一系列远程武器将石头、箭和矛射出去，猛烈迅速地打击远处的敌人。

防御方面，印加军队穿着棉和羊毛制成的束腰长衫。棉和毛一层层压实堆厚，能够有效抵御敌人射来的箭。印加军队的棉质盔甲十分耐用，士兵穿上它可以在中数箭后毫发无损——箭都嵌在棉质材料里，不会扎伤皮肤。有些西班牙士兵会在和印加作战时戴棉头盔来取代他们沉闷厚重的钢头盔，这足以证实印加人的棉盔甲的效用。

为加强防护，印加士兵会手握小盾牌。盾牌的边缘下方悬挂着一缕缕织物，从而更好地

☼印加的近战武器的尖端一般是石制、骨制或铜制的

☼印加的投石兵可以对轻装敌人造成致命损伤，但对身着钢盔甲的敌人则无计可施

☼来自印加帝国不同地区的士兵穿着不同的战服

抵御抛射物的袭击。作为防御的终极措施，有些士兵还会背上更大的木质盾牌。这种后防护盾牌体现出印加人可以运输和利用的自然资源，因为大块的木头在印加帝国不是随处可见的。

印加军备的一个显著缺陷是对铜、石和骨的依赖。金银这种贵金属在印加很充足，但印加人当时还没有掌握钢铁知识。骑在马背上作战具有杀伤性，而彼时印加人还不知道马这种动物。他们的美洲驼和羊驼为他们提供了毛皮，同时帮助军队向前行进，但印加的整个战斗力量只有步兵。

高级别的军队指挥官由印加领袖或从臣服部落选出的人担任。各个部落选人主要基

于此人对战役地区的了解。最高级别的指挥官一般是印加王或其他印加贵族。就算印加王没有亲自参战，他们也是军队的名义首领。确定了等级制度后，军队的下一个目标就是按顺序确定各级将领。他们通过一种灵活的十进制方式来实现，将士兵按几个到10000个分组。有些领地有10人一组的兵团，有的是500人一组，还有的是1000人一组或更多人一组。通过详细记录军队的实力，印加人可以根据需要增援，从而弥补军队在战斗中不可避免的损失。

印加的军事机器能够高效快捷地招募、使用和强化一支掌握不同装备和技术的强大军队。然而，如果没有一个保障有效组建和应用

军队的广阔的情报网络，印加军事机器的效能就会大打折扣。印加第一任军事领袖帕查库蒂成功在他想要征服的地方安插了大量间谍。他通过这些人了解这些地方的军事实力、物质财富和地形地貌。因为印加没有文字体系，所以这些报告必须通过巧妙的方法发出。数字一般是通过“奇普”这种结绳记事的方法传递，而地形地貌是通过黏土雕塑传递给军队的指挥官。信使没有坐骑，印加人用跑步信使［“查斯基”（chasquis）］来快速传送信息。一旦打赢战役，印加的领袖就会在帝国上下安插情报人员来搜集反叛的蛛丝马迹。比如被称为“米奇克”（michic）的间谍有权未经允许进入嫌疑人的家。这种以情报为主导的方式非常成功，让印加用合适的兵力平稳应对了内外威胁。

训练有素的部队提供了战术上的多样性，这是印加的本土敌手所不具备的。战争期间，军队的一部分留作后备军或者担当侧翼，而另一部分则顽强地困住敌人。侧翼的钳形运动（Flanking pincer movements）可以在单个战场或者更大的空间操作，指挥官有时会按照命令将军队分成不同分支，从而从多个方向包围敌人。印加人还会用聪明的策略来摧毁敌人的防御工事。他们不会制造攻城武器，但采用了另一种方式攻城，即从他们的队伍里释放囚犯难民，让他们逃回敌方的领地。此举可以让敌军的食物供应快速减少，从而迫使其投降。

西班牙人用战斗力极强的骑兵来对战印加军队的步兵

物质享受

这些印加装饰物，包括这几个精美雕刻的动物形吊坠，于2010年在巴黎举办的一场名为“印加的黄金”的展览上展出。这次展览还展出了王冠、别针、项链、仪式用杯和小雕像。

印加的语言

盖丘亚语早于印加帝国出现，且没有随帝国消亡。但它的未来是否仍面临威胁？

将近四分之一的秘鲁人说盖丘亚语

2019年，罗克珊娜·奎斯佩·科兰蒂斯成为第一个用盖丘亚语书写论文和答辩的人

☼ 如今说盖丘亚语的人群分布（深灰色）和印加帝国的历史版图（浅灰色阴影）

印加帝国崛起之前，在安第斯山脉周围居住的人说着不同的语言。这些语言在几个世纪的时间里随着地方方言的自然演化而变得日益多元。随着帝国发展壮大，为进一步扩张，印加君主强制臣民使用一种“官方”语言。为此，他们选择了一种适用范围更广的语言变体：盖丘亚语。

“盖丘亚语”这个词实际上是指一系列相关语言的语系。印加人选择了在如今的秘鲁利马所说的一种沿海语言变体。在部分地区，当地人说各种口音的盖丘亚语和他们自己的母语；而在另一些地区，这种新兴的官方语言完全取代了本土方言。

在统治阶级鼓励臣民说盖丘亚语（又称克

丘亚语，“人民的语言”）的同时，印加上流社会的人却说卡帕克语（Qhapaq Simi，“王室语言”）。据说后者源于普奎纳（Puquina）或者与普奎纳密切相关。普奎纳是蒂瓦纳科帝国（Tiwanaku Empire，6—10世纪）的语言，如今已消亡。印加的贵族认为他们是蒂瓦纳科人的后代，因此他们的身份高于其所统治的普通人。

印加人没有自己的文字体系，但他们用其他方式来记录——印加人用精致的被称为“奇普”的绳结来收集和分享信息，如人口普查和税收情况。最近的研究发现，“奇普”记录的可能不只是简单的数据。它们可能还记录了所有的法律规定、仪式和历史，但我们如今还无法完全破译。

印加的陶器和纺织品也是一样。印加人在他们的奎罗斯（qirus，仪式用饮具）上画上精致的图案，其中有一些描绘出叙事场景，展示了历史事件或印加社会的关键人物。也有人说托卡普（tocapus，经常编织或绣在外衣上的方形图案）这种几何图形可以解读为浮雕文字。但研究人员为此仍争论不休。不幸的是，我们还没有足够的证据来全面理解这些设计的真实意义。

西班牙人一开始能够接受盖丘亚语，但18世纪末秘鲁发生本土叛乱后就禁止使用了。甚至在拉丁美洲国家实现独立后，几个世纪的殖民统治意味着西班牙语对印加帝国来说仍然是一种“人民的语言”。

如今，据估计，安第斯山脉中部地区有约一千万人说盖丘亚语。盖丘亚语在秘鲁、厄瓜多尔和玻利维亚等地的一些地区有地方性的官方语言的地位。然而，西班牙语仍然是这些国家的主导语言，尤其是城市里，最明显的是在政界。这就不可避免地导致了决策时的亲西班牙偏见。因此，说盖丘亚语的人能感受到自己面临着制度化歧视。举例来说，只会说盖丘亚语的人很难享受医疗、社会服务或法律援助，原因是医生、社会工作者和律师常常只会说西班牙语。

鼓励学校双语教学的努力得到了喜忧参半的结果。盖丘亚语主要用于乡村。如果条件允许，很多孩子会被鼓励学习西班牙语，因为这样他们就会有更多机会进入上流社会。接受盖丘亚语和西班牙语双语教学的学生上大学时常常只说西班牙语，因为这样更容易融入集体。秘鲁库斯科的阿巴德圣安东尼国立大学（National University of Saint Anthony the Abad）的一项调查显示，这所大学超过30%的学生母语是盖丘亚语，但只有将近2%的人在大学期间用盖丘亚语交流。

然而，一切在进步。近年来，秘鲁开设了第一个盖丘亚语新闻节目；出现了第一份完全用盖丘亚语书写的法院裁决书；学生罗克珊娜·奎斯佩·科兰蒂斯（Roxana Quispe Collantes）用盖丘亚语撰写博士论文并答辩，因此创造了历史。

学者们对印加托卡普能否被解读为浮雕文字各执一词

通往富庶之路

印加帝国的非凡成就得益于四通八达的道路网

通过蒸发富盐泉水来获取盐，然后通过印加的道路把盐运出去

印加的道路（盖丘亚语称作Qhapaq Ñan，“伟大的印加道路”）是一个庞大的道路网，覆盖整个帝国，绵延超过3万千米。其干线从如今的哥伦比亚一直延伸到智利中部，而小路延伸到帝国最远处，甚至通向最与世隔绝的社群。印加的道路是工程学和组织管理的伟大成就。印加帝国也因此获益颇丰。道路工程让整个帝国的居民得以获取过去获取不到的商品，如可可、烟草、辣椒、野果、鱼、肉桂、盐、银、金、黑曜岩、绿松石和氧化物颜料，以及手工骨珠、海贝和不同部落的独特服饰。人和物的联系催生了安第斯地区的一种本地贸易“全球化”，让居民享用到修路之前不可能享受到的食物和物品。

这种小型“全球化”还提升了材料生产效率，原因是专业化中心开始发展壮大，从而进一步繁荣了印加帝国的经济。例如，银被开采出来并在一个地方冶炼，然后通过道路体系运输到另一个地方，加工生产成人工制品。这种交流可能还涉及早期的农学家，他们为这种运输提供了食物和驼队。为加快物资交流，印加人修建了仓库和驿站来定点存储货物和短暂歇

石头堆成的金字塔型石堆用来标识印加人管辖的领土

脚。除了用来存储食物、供给物和武器，这些建筑（tambo）还用来为印加的劳动者举办国家出资的公共盛宴。

印加的道路还有意识形态作用。它赋予统治者从帝国的中心库斯科出发，接触帝国最远端的手段。印加帝国的疆域分成四个主要的政治区（苏尤），每个苏尤通过广阔的道路网与帝国中心和其他苏尤相连，从而确保帝国是一个互联的整体。居于库斯科的统治者和他们的肱股之臣还享有优先使用道路的权利，而普通居民则没有这种权利。严格来说，道路和在道路上行走的人就是在向当地百姓彰显着印加领导者的强权。

道路还用来消除不同部落之间的隔阂，将其聚拢在帝国的统治之下。举例来说，厄瓜多尔北部的部落群派斯卡拉奎（País Caranqui）与印加帝国对峙了10年，最后被征服。他们投降后，印加把道路修到他们的领地，以确保印加帝国参与那里所有的贸易。如果说这种彰显权力的方式还不够明显，那么印加还在一些道路上设置了金字塔型石堆地标来标识其领土的边界。

印加的道路总长超过3万千米

道路运输的不仅有物资，还有人。很多人出去做工来抵税。这种劳动力称为“米塔”。他们的工作是修缮、延长和维护道路系统。很多由米塔维护的道路是在印加帝国建立之前修建的。印加人采用的修路方法与之前道路的修建方法类似。

新路段的设计主要取决于当地资源和可用的劳动力、地形和道路的预期用途。包括草地、山峰、潮湿林地和沙漠在内的生态区的道路必须用到不同的建造技术。但印加人仍然迎难而上，努力在不同地形上修建道路。他们在有牧场和水源的地方修建宽阔的道路，让驼队通行。有些路面甚至有140米宽，被分成不同的车道。而在没有牧场和水源的地方通过的主要是行人，因此道路不需要太宽。同样，在平坦、干燥、少有人行的地方，道路就可以修建得简单一些。

这些地方的“道路”不过就是用石块或木

☼ 当地人通过印加道路网络交易当地手工制品，但印加的统治阶层或许并不知道

有些印加道路两侧建有高达两米的坚固高墙

条来标记边界，或者挖出地里的石块而形成的小路。印加人经常努力修路来联通远近的地方，虽然这意味着要穿越沼泽地，横跨狭长的深谷。因此，在印加修建道路的工程差异很大，从简单而频繁使用的小道到复杂且费力、足以让进犯的西班牙人震惊的机械工程，不一而足。

交通量很大的宽阔路面——如库斯科北部的高地公路——需要考虑的工程需求就很多。碎石路面要安装排水系统。浸水路面有腐蚀的风险，因此比其他道路更需要精心修建和维护。这些建筑结构中还融入了台阶和墙。有些墙的作用是将道路和农场分开；有些墙是挡水墙，作用是稳固路两侧的路基，印加人通过增加这种挡水墙在倾斜度为35° 的陡坡上修建水平的道路，这堪称工程界的成就。

在水源充足的地区，水资源的管理成为重中之重。在潮湿地带，如降水较多的地方，印加人修路时会在路两边铺上又大又平的石块，而在路中央铺上小石头。他们在道路两侧挖排水渠来排走多余的雨水。在斜坡地带，有些地方的路面比一米略宽，这是一种尽可能减少路面维护的策略。为此，印加人有时会用石头建造排水渠，从而延长道路的使用寿命。还有一些水渠是用木头简单搭成的，这意味着需要经常维修。

在某些情况下，人们在沼泽地和浅海湾修建道路。这种地方的道路可达16米宽、20千米长。道路建造在石头和土垒构成的堤道上，把地面抬高到水平面以上。而在泛滥平原或溪流中，用土垒来阻挡水是不可行的，于是印加人修建了可通过的涵桥。这种涵桥的主要建筑材料是一组石柱和置于石柱顶端的大块厚石板。石板的作用是让水从石柱的缝隙中流过。

印加人还在这些涵桥的基础上运用了更复杂的建筑工艺，形成悬索桥，使得他们可以穿过秘鲁的深谷。这些悬索桥的建筑材料主要是藤蔓、树枝和草拧成的纤维缆线。三条缆线附在桥两端的石头基座上，上面搭上木板供人们行走。另外两条缆线用作扶手。桥梁的设计决定了承重在峡谷的两端。由于采用的材料较软，因此桥梁中间下陷，经过时会摇晃。

和石制建筑不同，绳索桥需要经常维护和不断重修。如今已没有完整的原始绳索桥了，但秘鲁胡因赤瑞村（Huinchiri）的居民如今仍定期重建他们的印加桥，目的是延续祖先留下的遗产。

☼ 印加秘鲁胡因赤瑞村的绳索桥如今还在不断翻修

印加信仰

印加帝国信仰中的诸神支撑了印加生活的方方面面

☼的的喀喀湖旭日升起。根据印加神话传说，世界上太阳第一次升起就是在这个湖中的小岛上

☼维拉科查的形象一般手握两根节杖，如玻利维亚蒂瓦纳科的这尊石像

世界的黎明出现——至少可以说，这是印加起源神话的一个版本。各种版本的神话传说中可能有一些明显的冲突，这可能是因为记录者误解了他们所听到的故事。但从另一个角度来说，多神论、泛神论的神话本身就可能出现矛盾，尽管这些明显的冲突常常是宗教实践发生变化的结果。

印加的宗教见证了诸神的起起落落，在入侵者到来之前的短暂全盛期亦是如此。根据学者的研究结果，印加社会的巨大变革发生在1438年帕查库蒂上台执政时。这位印加统治者把库斯科王国变成了印加帝国。

击败昌卡人之后，印加开始走向强权之路。胜利被一个人物的幻象所预示——这个人一身印加人装扮，腿边卧着几只美洲狮，胳膊上缠绕着蛇。此人告诉帕查库蒂他定会取胜并征服很多部落。帕查库蒂认出这个人是维拉科查。为感谢维拉科查，帕查库蒂向印加人介绍并普及这种信仰，将维拉科查描述为创世神，将他的地位提升到其他历史更悠久的诸神

☼库斯科，印加帝国过去的都城，世界之巅。如今的武器广场灯火通明

之上。

维拉科查最初很可能是平民所信仰的神祇，而帕查库蒂将他的地位提升到了帝王之神，是居住在距印加帝国首都库斯科50千米的乌尔科斯的瓦卡。

瓦卡是印加宗教的一个重要概念，它最佳的解释应该是“圣洁”。瓦卡是神圣的，但很多地点、物种和民族都与神圣有关，因此很多事物都可以被描述为瓦卡，包括现实世界中的寺庙、墓地、山峰、洞穴、溪流、岩石和树木；超自然的灵魂、梦境和死去的祖先；人类活动的仪式等。

瓦卡可以是民族或仪式，但大多数情况下是地点，是本地人眼中作为神灵的家园或载体的地方。它将物质与精神连接在一起，因为印加王本人把人和神融合在一起。瓦卡也常常是部落首领的图腾。

瓦卡还以一种特别走心的方式与逝者相连。逝者，尤其是家族的族长一般会被做成木乃伊保存在家里，在家族庆典或葬礼时抬出

☼的的喀喀湖库阿提岛（Koati Island）上的印加寺庙废墟

☼ 蒂瓦纳科太阳门，门顶部刻有维拉科查的形象，摄于1909年

来，有人喂食物和饮品来维持他们在灵界的生存，从而维护生者和逝者之间的良好关系。除了家庭聚会，人们还会通过占卜来询问逝者的意见，从而了解神灵的喜好，请求逝者代表活着的亲属向神灵说情。

宗教仪式也是一种瓦卡。印加王也是瓦卡的代表，其神圣地位使得他可以制定一些独特的、打破禁忌的习俗，包括迎娶自己的亲姐妹。这些习俗是帝王独享的，也彰显了他在三界之交的独特身份。

死去的祖先得到告慰、食物和祭品，就像印加的神灵一样。印加所有重要的日子都要向神灵献祭。有些祭祀仪式是日常事务，如在热煤上烤熟玉米这样的晨祭。这种祭品要献给太阳神，从而保障印加人作为太阳神因蒂子孙的地位。还有每日焚烧印加王斗篷的仪式。为标记每个太阴月的起始，印加人把一群白羊驼赶到库斯科的大广场上，在诸神像前放牧，然后在众祭司面前把它们分开（每头羊代表太阴月的一天）并献祭。人们用圣火来烤羊驼肉，把它们的骨头碾碎，用作每日仪式上的粉末。

安第斯山各民族民间宗教的所有元素都融入了印加国教。印加国教支撑并维护了印加王的地位及印加帝国的统治。过去占据主导地位的生育女神帕查玛玛的地位弱化，让位于太阳神因蒂和他的后裔，包括伟大的创世神维拉科查和印加人的祖先曼科·卡帕克。维拉科查的宗教受众限于印加帝国的贵族。

通过这种对神话体系的调整，过去的省城库斯科成为印加帝国的政治中心和精神核心。根据本地神话中的的喀喀湖所发挥的关键作用，这座位于世界之巅的湖泊（海拔3812米）应是世界的中心。神话传说和考古证据都佐证它确实曾经扮演过这个角色。

缔造了庞大帝国并将维拉科查神的地位抬升为帝王之神的帕查库蒂

皮库鲁纳山体上雕刻的令人惊叹的维拉科查神像，旁边有粮仓建筑，秘鲁奥扬泰坦博

印加太阳神因蒂的形象

☼ 的的喀喀湖太阳岛上的太阳庙遗址

☼ 的的喀喀湖太阳岛上的祭坛桌，据说用于活人献祭

爱情和婚姻

当婚姻作为一种家族事业，
印加人如何寻找爱情呢？

如今的婚姻被视为浪漫爱情的见证，并不是一种必需品或者期望，两个人彼此感受到幸福而结合在一起。然而，对印加社会来说，婚姻是第一位的。这是所有年轻人的必经之路。不结婚就不会被当作成人看待。而且，结婚是必需的。

在印加社会，16岁的女孩儿就要面临婚嫁。如果她们自己还没有找到合适的对象，那么家人就会给她们安排合适的男孩儿结婚。新郎一般会年长一点，因为印加男性一般到20岁才可以结婚。

为印加的年轻人选择配偶是一件重要的事，没有人可以不结婚。在年度盛会上，每个村子的负责人会把所有尚未婚配的16岁女孩儿和20岁男孩儿聚集在一起，随机为他们配对。接下来的程序进行得很快。

如今的婚戒象征着永结同心，很多人会在求婚仪式上向对方献上婚戒，期待听到对方说“我愿意”。而在印加文化中，这个流程有所不同。不是女孩儿说“我愿意”，而是女孩儿家的另一个人说。男孩儿会去女孩儿家，为她的右脚穿上鞋。这象征着这个男人愿意照顾她一生。

虽然印加的年轻人结婚不一定是因为彼此选择对方，但这不意味着他们不可能产生爱情。有时配对不完全是父母操控的。当两个年轻人彼此爱慕，他们有时会在每天遇到时互诉衷肠。他们不需要长辈来安排，当一个男子爱上一个姑娘，他可以告知父母来求得他们的同意。

最后，决定结婚时，作为主角的两个年轻人的话语权可能最小。如果有两个家庭希望他们的儿子娶同一个女孩儿，他们会竞争。诉说一方更合适这个女孩儿的不是准新郎，而是他的家庭。这个村子的负责人来做最后的决定。

结婚的吉日会举办庆祝仪式，流程包括宴会、赠礼和表达对美好婚姻生活的祝愿。新娘通常会为新郎准备礼服，送他衬衫、头饰带和婚礼披风的金属徽章。有时候，村子的负责人会安排年度婚礼，新人集体结婚。这种大型活动旨在依法让大龄未婚的人成婚。新郎会给新

参加婚礼的宾客穿着传统印加服饰入场

cerca de ti

☼ 新人的房子是用当地的石块或类似黏土的材料建成的

娘家送一袋子可可叶。新娘家接受赠礼，也就意味着接受两家联姻，两个年轻人就成为了丈夫和妻子。

王室和贵族结婚时，新郎的家族会在婚礼之后为新人建造专门的新房，这样他们就可以开启自己的新生活了。对普通人来说，妻子一般会到丈夫家居住。得到一个新的家族成员对一个家庭的生计来说大有裨益。印加社会的妻子会在家中做家务、照看孩子，成为家中的一个劳动力。

如果结婚几年之后妻子不开心，那么她就可以搬出新家回到娘家。有时可能是丈夫做出这样的决定，他会要求妻子离开他家。如果一对夫妻已经有了孩子，那么他们的关系就稳固了。

发光的东西

这个金光熠熠的金色印加文物收藏于秘鲁利马国家博物馆。印加人认为金子是太阳神的象征，黄金可以用来制作各种仪式用品。这件文物表现了太阳神因蒂的形象。

印加的艺术

回到印加人用自己的努力创造出的艺术世界

印加的艺术——尤其是纺织品——得益于早期的社群，如印加的奇穆人祖先。类似的艺术元素还可以在很多安第斯社区发现，包括夜与日、太阳与月亮、山峰与河谷这样的相对事物。然而，印加的艺术与现实生活的关联并不大，而是倾向于通过几何图案来表现。印加艺术中对当地建筑、农业和宗教的表现是很抽象的。

一位有印加血统的妇女在传统织布机上织布

失落的艺术

原始印加艺术如今很少见。西班牙人的入侵摧毁了印加文化。很多原始印加艺术都被毁掉或者埋葬了，很多金银艺术品被熔掉后打造成了货币，很多神像和祭祀诸神的艺术品也被摧毁了。

然而，西班牙人把自己的艺术流派带到了印加社会。西班牙人征服印加后，印加的艺术家被迫学习欧洲技术，自此西班牙巴洛克风格传入南美。

失落的印加艺术最著名的例子是一尊黄金太阳神雕像。这座雕像是一个呈坐姿的小男孩儿。他的头上射出万丈光芒，身上饰有金首饰。这尊雕像的腹部用来盛放过去的印加王身体主要器官的骨灰。每天这尊雕像都被拿到寺庙的空地上去晒太阳。

因蒂像被存放在太阳神庙（库斯科城的一个神圣的场所）里。太阳神庙里有一座为太阳神因蒂建造的奢华花园。这座花园里到处都是金银雕像和植物，被认为是用金子建成的巨大玉米地，里面是和实物同等大小的牧羊人、美

向游客出售的带有印加传统艺术风格的现代艺术品

洲驼、美洲虎、金猴子、鸟、蝴蝶和昆虫。西班牙人征服印加期间，太阳神庙里几乎所有东西都被搬走、藏起来或者摧毁了，只有很少的金玉米穗儿保留了下来。

风格和模式

印加艺术不同于安第斯地区的其他艺术，其风格常常是承载着丰富内涵的抽象几何图案。不同社区甚至不同织工的艺术作品蕴含的意义都不尽相同。自然和动物图案循环出现，如象征着美洲狮尾巴的螺旋或者象征湖泊的蓝色钻石。宗教符号也在印加艺术品中大量出现。恰卡纳（chakana）图案通常被称为印加十字架，它象征着一颗在安第斯山清晰可见的星星，印加人认为它代表着四季的起源。

样式

印加艺术设计中最著名的样式是一个棋盘的图案——托卡普（印加人的图形通信系统），这种图案反复出现。它常常被刺绣、绘制或者印制在布料上，做成衣服或其他成品。非几何图案也常以抽象的方式出现，包括美洲虎、美洲豹、美洲驼、蛇、鸟、海洋生物和植物。

颜色

印加艺术中最早使用的颜色是黑色、白色、绿色、黄色、橙色、紫色和红色。这些颜色都源自天然染料，包括矿物质、昆虫、软体动物、植物和火种。

不同的颜色有不同的含义。红色象征着征

服、统治权和血液。印加的国徽，也就是摩斯卡皮查（Mascapaicha）就是用一个红色流苏装饰的。织进这个流苏里的每根红线都象征着一个被征服的民族。

其他有特殊含义的颜色包括：绿色——代表雨林、生活在雨林中的人、部落祖先、雨、农作物生长、可可和烟草植物；黄色——代表玉米，但也会代表黄金，从而彰显王权和声望；黑色——一种更接近灵魂的颜色，常用来表现生死；紫色——同样代表一种与精神世界连接的方式，常被用来象征玛玛·奥克略——印加民族的女性始祖。

媒介

印加艺术在大量不同媒介中存在是有迹可循的。目前已发现的主要媒介是纺织品、陶器和金属制品。很多物品在山区墓地被发现。印加和安第斯地区的很多其他文明会把逝去亲人的遗体做成木乃伊埋葬。其中最著名的埋葬地在如今秘鲁中部高地的卡加坦博（Cajatambo）省。所有的印加葬礼都是以装在棉纺织品中的木乃伊开始的。根据不同家庭的贫富程度，包裹木乃伊的纺织品的精致程度也有所不同。

纺织品

印加帝国中心地带的原始纺织艺术品留存下来的不多。然而，在高地的墓地中出土了很多类似的纺织品。

对印加人来说，饰物是身份和财富的象

为纪念因蒂而举行的太阳节重现

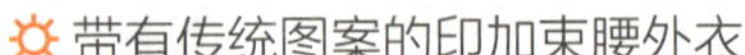

带有传统图案的印加束腰外衣

征。最华美的布料比金银还珍贵，甚至曾被当作货币使用。同样，那些创作这些艺术品的人在美洲被视为技术最高超、最有造诣的工匠。男性和女性都织布，但普遍认为女性更容易成为技术高超的织工。最具造诣的织工被称作“甘皮卡马尤克斯”（qumpicamayocs），即“精美布料的保留者”。

世人发现了不同的织布设备，包括织小布料的背带式织机、织大布料的水平织机和四杆立式织机。印加的织工还会用线锤把自家的羊毛纺成线。

纺织用毛源自美洲驼、羊驼和骆马。用极其柔软和稀有的骆马毛制作的物品是专门给印加统治者穿戴的，也只有他们才可以成群地饲养骆马。

服装

印加的束腰外衣是由毛织物制成的，上面

饰有简单的图案，常常是腰间饰有一个方形图案，颈部饰有一个三角形图案。典型的例子就是标准的军装，其腰间是黑白相间的棋盘图案，颈部是红色的三角形图案。

印加人越富有，服饰上的装饰就越多。饰物包括织进布料里的流苏、锦缎、金属珠和贝壳。取自热带珍稀鸟类身上的羽毛是顶尖的装饰品，仅限印加王室使用。

陶器工艺

印加的陶器由掺有云母、砂子、磨碎的岩石和贝壳的天然黏土制成。加入这些物质的作用是让陶器更坚硬，不易碎。所有的印加陶瓷都是手作的，从堆叠的黏土基盘开始做起。工匠用一块扁平的石头把这些基盘打磨成特殊的形状，然后用两种不同的方法烧制，让陶器变幻出不同的色彩。工匠们使用氧化方法（向火焰中添加氧气）将黏土烧成红色、黄色或奶油色的陶器，或者通过还原方法（限制氧气供应）将黏土烧成黑色。

陶器的功能

印加的基本制陶方法主要用来打造精致而又实用的陶质器皿。大多数陶器都用来储存物品或者作为餐具。很多陶器上有装饰，有些是锯齿形条纹和圆点，有些是抽象的植物图案。在库斯科城发现的陶器装饰更精美，颜色通常以黑色和红色为主。

印加陶器最常见的形式是球根容器（具有球形器身、长颈、喇叭形口、两个小把手），用来存放玉米。它有尖底座，可以插进地里，从而保证容器不会倾倒。还有一些常见的陶器包括带有动物头形状把手的较大的扁平餐具。还发掘出了碗和一种叫作杰罗斯（Geros）的

☼ 镶嵌着金珠的印加贵族束腰外衣，来自一个被洗劫的墓室

成对烧杯。

陶器还在仪式中使用。帕查（意为“瀑布”）是一种空心管，形似脚踏犁，上面饰有植物图案。人们把它插进地里，从而让玉米啤酒浸润到土地里，以祈求好收成。

金属制品

和很多印加材料一样，印加金属工艺品上的金属和石头也是有等级的。贵金属是专供印加王室使用的。铜是普通人可以使用的。其他合金主要用于制作实用工具。金银片可以镶在铜上，从而提升铜的耐用性。

金银可以制成很多东西，如珠宝、小雕像、称作“图米”（tumi）的仪式用刀，甚至贵族的鞋底。印加王室用金银烧杯来喝饮品。使用这些贵金属代表了宗教思想，金子象征着太阳神的汗水，银象征着月亮神的泪水。

铜上面可以镶嵌半宝石、磨光骨头和贝壳。铜也可以用作实用工具。黄铜和青铜用来制作基础工具、农耕设备和武器。印加帝国的所有省份都可以开采黄铜、锡和青铜，因此它们是常见且廉价的材料。

这个精心制作的葬礼面具是用黄金和蓝宝石打造的

金属的用途

迄今为止，人们已挖掘出大量有金属装饰的印加珠宝，包括耳饰、耳塞、手镯和胸针。不同身份的人佩戴的珠宝上的装饰也不同。

金属还用来打造小雕像。墓穴中出土了很多雕像。小型金银雕像是仅存的印加金器的代表。这些小雕像作为供品放在坟墓中，象征着陪伴死者的青年男女。此外，具有经济意义的动物雕像被供奉在墓地或寺庙中。小雕像价值很高，最具价值的雕像用18张金片来打造，细节雕刻得栩栩如生。其他的宗教摆件也用金银打造，通常用来象征印加人认为神圣的自然现象，目前人们已发现的被表现的现象包括太阳、月亮、星辰、彩虹、闪电、瀑布等。

历史宝藏

微型金美洲驼

献给山神的祭品，1500年

印加人认为金子是太阳神因蒂的汗水，象征着太阳的再生能力。印加人把印加王视为因蒂的后人，因此所有的黄金都属于印加王。黄金是理想的祭品选择，原因是它不会像其他金属一样生锈，也不会像食物一样腐烂。

美洲驼是印加的必需品，其原因主要是印加人的其他家畜仅限于豚鼠和羊驼。美洲驼有多种用途，比如提供肉食、做衣服的皮毛和种庄稼的肥料，还有作为交通工具以及驮畜。除此之外，美洲驼的皮毛还可以抵御山地的高海拔和寒冷天气，因此印加人成千地饲养它们就不足为奇了。

美洲驼也被用来献祭给神灵，而微型金美洲驼雕像常用来和微型人物雕像一同作为山神的祭品，一般和活人祭一起出现。在诸如印加王去世这样的重要日子或者为终止干旱等天灾时，印加人会举行被称作卡帕克·胡查（cápac hucha）或者卡帕科查（cápacocha，意为“王室之罪”）的献祭仪式。

☼ 有些献祭仪式在尤耶亚科火山（Llullaillaco）山顶举行

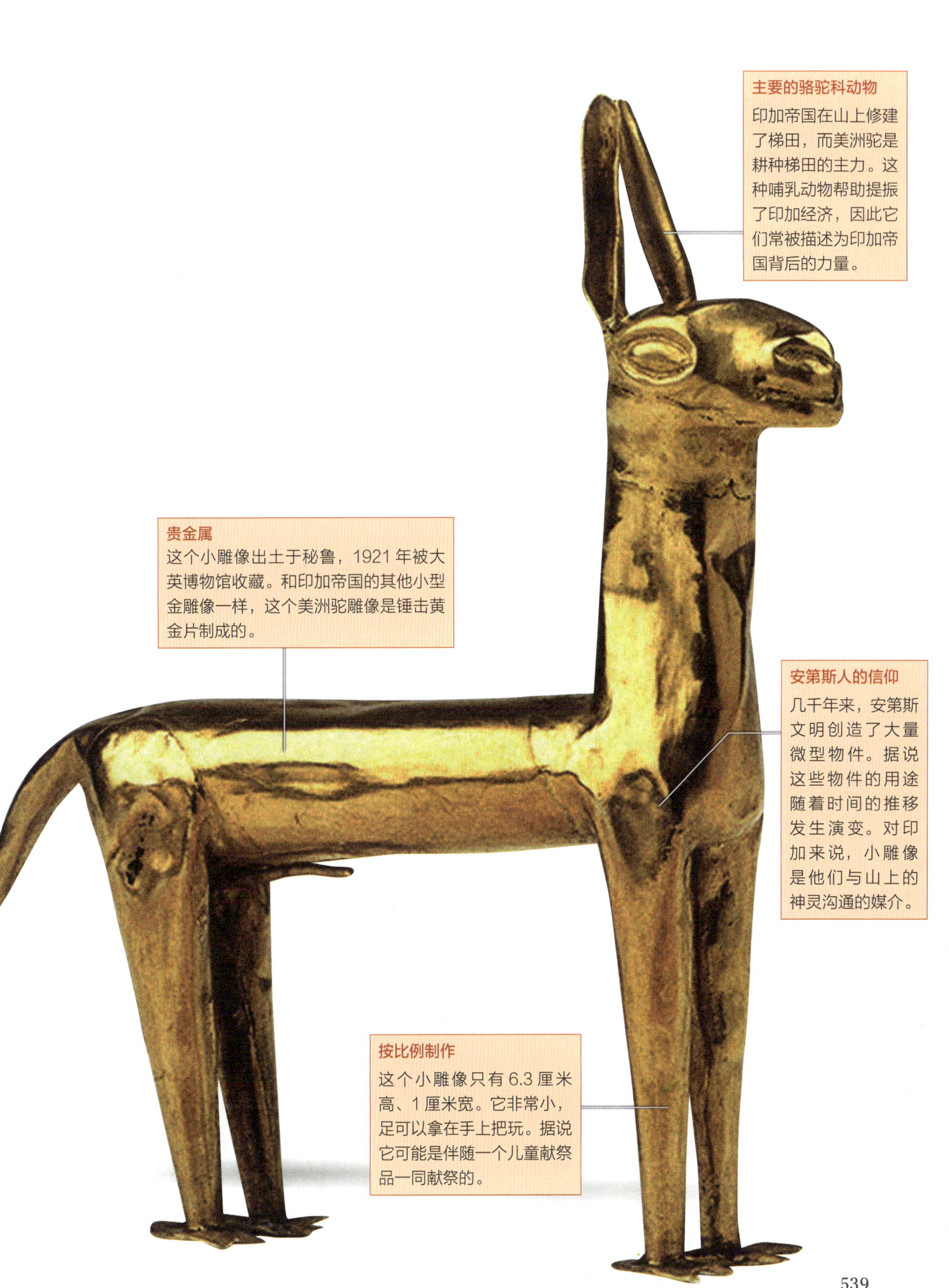

主要的骆驼科动物
印加帝国在山上修建了梯田，而美洲驼是耕种梯田的主力。这种哺乳动物帮助提振了印加经济，因此它们常被描述为印加帝国背后的力量。
贵金属
这个小雕像出土于秘鲁，1921 年被大英博物馆收藏。和印加帝国的其他小型金雕像一样，这个美洲驼雕像是锤击黄金片制成的。
安第斯人的信仰
几千年来，安第斯文明创造了大量微型物件。据说这些物件的用途随着时间的推移发生演变。对印加来说，小雕像是他们与山上的神灵沟通的媒介。
按比例制作
这个小雕像只有 6.3 厘米高、1 厘米宽。它非常小，足可以拿在手上把玩。据说它可能是伴随一个儿童献祭品一同献祭的。

印加古道萨尔坎泰步道穿越云雾林和安第斯山脉，走完全程需要5天时间

印加的建筑

印加人如何修建能经受住时间考验的大型建筑?

印加令人印象深刻的石制建筑，最有代表性的是马丘比丘。这座堡垒海拔2430米，由约200座建筑组成，包括寺庙和浴室等，不一而足。大部分建筑是用琢石（ashlar）这种技术建造的，即通过切割石块使之紧密连接，无须使用灰浆。石块被精密切割并紧密连接，石块间甚至连一张纸都塞不进去。这种建筑风格具有工程学上的优势。马丘比丘建在两个断层线之上，处于地震活动带上。发生地震时，石块会“跳舞”——它们会左右移动，但在地震消退后就会回到原位。很多石块超过20千克重，印加人也没有马车用于运输，而是由数百个男人靠人力把石块推到山顶。工匠在山顶对这些石块进行精准打磨。

另一个令人惊叹的工程学杰作是位于库斯科的“库里坎查”（Qorikancha）——印加世界最重要的神庙：太阳神庙。这座神庙神圣非凡，很多墙壁铺着700张金箔，每张金箔重两千克。据说，它的一面墙点缀着绿宝石。原始建筑大部分被西班牙人损毁。西班牙人在原址上修建了一座教堂，只保留了原有的石基。数百年后，一场地震袭击了这座城市，严重破坏了这座教堂，但石基仍矗立不倒，这充分证明印加人的工程技能。

库里坎查的大部分墙壁随着增高而向内倾斜3—5度。这是印加建筑的一个显著特色，它使得建筑物呈梯形。由于边角圆润，因此建筑更稳固，不容易在地震中倾倒。

提普恩（Tipon）被视为印加的输水工程杰作。喷泉、沟渠和瀑布作为贵族乡村庄园的

印加在没有铁制工具、役畜和马车的条件下修建了道路

一部分，见证了印加人的创造力和先进的工程技艺。有一些水道很实用，当地人如今还在使用。这些水道通过山顶占地超过590亩的天然泉水来灌溉土地。由于山上几乎没有平地，因此印加人开山建梯田。这种梯田被称作安蒂恩斯（andenes）。

修建梯田的成功取决于构成梯田的四个不同的层面。梯田的基础由大石块构成，向上依次是小石块、砂土和表层土。梯田还可以用来在寒冷的夜晚保存热量，防止庄稼因冻伤而受损；在每年较热的几个月释放热量。

库斯科的北面是印加修建的最大建筑萨克塞瓦曼堡垒。为完成这项工程，两万名劳工迎难而上。他们利用各种工具来打磨采石场的巨大石块（考古学家发现了遗留在前往目的地途中的石头，以及在采石场没有打磨完成的石料）。随后劳工用原木、绳子和土路坡道将这些石块运到它们预设的位置上。很多石块上还印着劳工的双手和他们用来打磨石块的工具的印记。有些石块重近200吨，成为南美洲16

☼ 据估计，萨克塞瓦曼堡垒的原始建筑只有40%保存了下来

世纪之前用于建筑的最大石料。

在奥扬泰坦博，人们仍然居住在几百年前印加人居住的房屋里。这里可能是保存最完好的印加小镇了。印加王帕查库蒂修建了奥扬泰坦博堡垒并居住在这里。这里有仓库、梯田、运河系统等，是一座令人惊艳并具有创新性的建筑群。在附近的山坡上，印加人还用粗石修建了一些仓库，用于储藏土豆和谷物之类。山腰比低海拔的地方更凉爽多风，可以保存易腐烂的物资至少两年。地下的排水沟和沙砾也有助于保存贮藏品。这充分展现了印加人非凡的知识和智慧。

“六块巨石之墙”（The Wall of the Six Monoliths）是奥扬泰坦博最有纪念价值的景点。印加人从附近的采石场运来石料建造了这面墙。考古学家不能确定它的用途是什么，但普遍认为它是用于观察冬至点的。这里还有其他更大的石块。它们被遗弃的原因不得而知。

库里坎查主要用来祭拜印加太阳神因蒂

高等器具

这件非常精细的金色装饰品实际上是一把仪式用刀，又称“图米”。图米有很多用途，包括作为金属器具、狩猎或血祭用刀，也可以作为吊饰。很多印加上层人士下葬的陪葬品中都有图米刀。

☼俯视图展示了这座堡垒的厚重外墙和壮观的内部生活区域

印加的堡垒

走进印加帝国防御工事中最坚固的萨克塞瓦曼堡垒

印加人在库斯科城周围山脉7400多亩的土地上修建了一座让人惊艳的堡垒。这座印加帝国最大堡垒上精心放置的每块石料都展示着在托帕·印加统治时期两万名工匠的才华与实力（尽管有一些考古学家认为这里最初是基尔科人修建的，印加人只是加以扩建。基尔科人在约900—1200年居住在库斯科周边）。没有证据显示，印加人通过动物或机械设备来运输这些沉重的物料。工人们只能徒手滚动建筑材料，从四面八方运来物料。最后建成的堡垒海拔超过3500米。堡垒拥有绝佳的选址，能够有效保卫这里的居民和财物。

堡垒位于城市之上，守卫人员可以及时发现进犯的迹象，为战争做好准备并保卫自己的家园。此外，堡垒周围的山峰纵横交错，提供了天然屏障，想来进犯也很困难。城堡坚固的墙壁让库斯科人平安度过了近一个世纪。

印加的建筑师用近4米高、几千千克重的巨石来修建18米高的墙。这个看来坚不可摧的设计一直挺立到16世纪西班牙人进犯，他们将堡垒据为己有。

如果现在去萨克塞瓦曼，看到的石制建筑遗迹并不是原始的建筑。不同的印加统治者掌管过这座堡垒，而且建筑方法也在不断更新，因此堡垒的墙壁已经发生了变化。原始的萨克塞瓦曼堡垒只用了泥和黏土修建。后来，黏土砖换成了更大的石料，其中很多保留至今。

修建这个堡垒对印加人来说并非易事。每块石料都很坚硬，并要用铜制工具来精心切割和塑型。印加人采用的石料都经过切削，从而让它们紧密地衔接在一起，即使发生地震也不会有太大移动。这种柔性设计让石料在地震波消散后可恢复原位，从而避免碎裂和剥落。如今再到这个地方，你可以看到这些大石块的摆放位置。很多石块衔接得很紧密，甚至都穿不过一张白纸。

走进这座坚固的堡垒，三扇小门把我们引到萨克塞瓦曼的独立台地上。这些台地被均匀分布的锯齿形墙壁分开。这个设计可以阻挡入侵者进入，让堡垒内部更加安全。

堡垒的中心有一座外凸的多层塔。这座塔与沿着堡垒墙壁排列的多座塔相连。虽然目前它已残缺不全，但从残留的遗迹中也可以看出它原本的形状和位置。堡垒内部还有一个相当大的观景台，统治者在那里观看各种仪式。观景台还用来控制水资源供应和把污水排出堡垒。

如今，堡垒的遗址上还在举行传统的印加仪式

萨克塞瓦曼（现库斯科古城区景点）周围发现了大量的美洲驼和鹰

向前看

这是个着实令人不安的人体雕像，其特点是眼睛是用贝壳镶嵌而成的。它可能是印加木乃伊的陪葬品。它头戴挂毯带子，制作于 1100 年至 1400 年。

鸟瞰印加农耕梯田（位于秘鲁库斯科附近的皮萨克的神圣谷考古公园）

农业和食物

在南美多变的气候中生存下去是印加人每天都要面临的挑战

印加人在一个非常多元的环境中生活。他们在安第斯山的阴面、潮湿的丛林和炎热的沿海地区建设家园。然而，无论他们居住在哪里，每个印加人的首要任务都是农耕。

他们用运河和灌溉系统来改造土地，并且修建多层梯田来让农作物产量最大化。他们还把湿地的水分排干，让它更适合耕作。他们经常轮种庄稼，把鱼头、海鸟粪和干燥的羊驼粪用作肥料，因此每年的收成都很好。然而，这还远远不够，因为疾病、干旱、洪涝和相对恶劣的气候会造成庄稼严重歉收。

印加人用一系列工具来耕种土地，包括足耕犁、打土块机和锄头。锄头的刃是用削尖的锋利鹅卵石打造的——很简单但非常高效。耕地是集体劳动，男人和女人分别组成小组，边唱边辛勤劳作。男人们锄地，女人们打散土块、拔草和播种。孩子们负责照顾牲口，主要是美洲驼和羊驼。

这些骆驼科动物是印加人生活中不可或缺的。它们提供肉类、皮毛，可作为交通工具（普通居民和印加军队使用）——同时还是移动的财富。每年11月，印加要进行一次人口普查，这时要统计所有的动物。有些大型国有牧群有数万头动物。

印加发展出了一个庞大的农耕体系。被征服的其他部落的农场的牧群和农作物作为这个体系的补充。这里的土地和牲畜分成三部分，但并不平均。一份献给国王，一份分给当地人，还有一份分给国教组织。这种方法可以保障更大的存储网络，这在艰难时期是无价的。农民被派到统治者的土地上工作，以服劳役的形式缴纳税款。农民还帮助完成其他工作，如建筑和铺路。

一个家庭要自给自足。每个家庭都是阿伊鲁的组成部分。阿伊鲁拥有集体农耕地。为让食物多元化，阿伊鲁会在不同海拔耕种。可可只能种植在低海拔地区，而玉米和土豆更适合种植在高海拔地区。整个阿伊鲁体系是经过周详考虑建立起来的。一对新人结婚后，阿伊鲁会分给他们一块土地，让他们糊口。这块土地大概有1.5亩，称作“图普”(tupu)。他们生第一个孩子的时候会得到另外半个图普作为奖励。某个没有继承人的人去世时，他的土地会被阿伊鲁收回重新分配。

对印加人来说，耕作的一个很大且至关重要的部分是献祭和仪式。印加人信奉很多神明，包括地球神、太阳神，甚至玉米神。印加的上层社会和下层社会的一个共同点就是宗教信仰。这也常常是他们互相交流的主要原因。很多复杂的仪式会从日出持续到日落。主要的节日是每年的太阳节。这一天，人们对一年的收成表示感谢，同时祝祷和献祭，祈求来年有更好的收成。

印加首都库斯科有很多神圣的土地。这些

印加人饲养羊驼来获取食用的肉，也把它们作为交通工具

印加人种植巴喀豆和仙人掌果

☼土豆在太阳下晾晒。不起眼的土豆受到印加人的重视

土地上的收成被献给上天，祈求神的祝福。一块土地被保留用于每年第一批玉米作物的仪式性种植。8月，国王会仪式性地用一把金犁耕地。为赢得神明的青睐，吉开酒会被倒在泉水和河流附近的土地上。豚鼠和羊驼这样的动物会被屠宰用来献祭。

在储存食物方面，印加人开创了一种如今仍在使用的方法：冻干法。他们在山坡上阴凉处用长方形或圆形的仓库来存储食物，这种仓库称作“科尔卡”（qollqa）。这种简单的单间石屋在印加帝国里有数千个。根据最近的考古发现，这些仓库都排成列，由州官员监管。

烤豚鼠是印加人常见的食物

在安第斯山脉的一个山谷里种植的玉米

印加人每天只吃两餐，一次是早餐，另一次是晚餐。他们在地上就餐，不用桌子。他们的饮食主要是蔬菜，因为肉类和海鲜很贵，要等到特殊场合或者食物充足时才能吃到。他们的肉类一般是野味，如鹿肉、鸭肉、平原鼯（南美洲本地的啮齿目动物）肉、美洲驼肉、羊驼肉或豚鼠肉。骆驼科动物的肉做的肉干也是常见的选择，因为它可以加盐、可以冻干，也方便运输。在海边，印加的渔民乘着芦苇做的小船去捕三文鱼、金枪鱼、黑鲈、贝类、鳀鱼和沙丁鱼。捕获的鱼经常被烹饪成有营养的炖菜。

不起眼的土豆受到印加人的重视，以至于他们常常用土豆为死者殉葬。印加人是最早种植这种宝贵蔬菜的人。事实上，“土豆”（potato）这个词就源自盖丘亚语单词“papa”和台诺语单词“batata”。

谷物是印加人另外一种常见的主食，他们将藜麦、苍白茎藜、玛咖和块茎酢浆草用石杵和乳钵磨碎。大部分食物是用木材或羊驼粪、或者黏土炉或石炉烧火做熟的。烹饪方式主要是烤或者煮，烹制的过程中要加入红辣椒、其他香料和草药。印加人的一个特别做法是做爆米花，虽然他们做的比我们如今享用的要粗糙得多。

印加男人用脚踏犁来锄地，而女人在他们身后播种

皮泽洛整顿军队准备离开西班牙前往新世界

印加帝国的倾覆

在印加帝国的鼎盛时期，西班牙一支小部队的到来让整个印加文明土崩瓦解

1513年，一群西班牙探险者（也就是征服者）穿过中美洲丛林时遇到了一些真正令人震惊的东西：一片无边无际的大洋在地平线上延伸开来。在瓦斯科·努涅斯·德·巴尔博亚的带领下，这群探险者是第一批看到太平洋的欧洲人。他们一路上听到很多有待于开发的奇妙之地的故事。其中一个提到南方住着一个强大的部落，他们住的地方到处都是黄金。这种故事经常被报道，其中大部分被证明是假的，但是德·巴尔博亚团队的一个人从未忘记过它们。这个人就是法兰西斯克·皮泽洛。

☼ 库斯科被围攻期间，奥扬泰坦博为印加的大本营。印加人就是在这里打败西班牙人的

这些探险者都经历过战争的洗礼，其中大多数曾在欧洲做过士兵和雇佣兵。美洲被发现之后，他们中的很多人前往新世界，用他们的战斗技能来寻求财富和地位。大多数人遭遇了艰难、失望、疾病和死亡，但偶尔也会发财。

1521年，埃尔南·科尔特斯带着一小撮人马征服了阿兹特克帝国后，越来越多的探险者追随西班牙的脚步来到了美洲。

皮泽洛便是其中一员，他来自埃斯特雷马杜拉（Extremadura），是一个非婚生、没受过教育的微不足道的小人物。他被黄金、土地和探险这些字眼深深吸引，在新发现的巴拿马殖民地当上了地主。皮泽洛曾参与过多次探险，虽然他已在巴拿马站稳脚跟，但他还是贪得无厌。

在一位名为埃尔南多·德·卢克（Hernandode Luque）的修士的资助下，皮泽洛

☼ 阿塔瓦尔帕（印加末代君主）在卡哈马尔卡的赎金室仍然存在。他承诺用黄金填满这间屋子来换取自己的自由

与同伴迭戈·德·阿尔马格罗（Diego de Almagro）一道踏上探险之路。征服基本上是由投资者支持的商业投资，征服者没有工资，但可以从掠夺物品中抽取一部分。这是为了个人的经济利益而进行的全球扩张。

1524年，皮泽洛向着太平洋南部出发了。这次探险没有取得成功，他们遭遇了恶劣天气、敌对的本地土著和食物短缺，损失惨重。

阿尔马格罗在一次冲突中失去一只眼睛。探险队被迫艰难地返回巴拿马。

皮泽洛和阿尔马格罗又开始为新的探险筹资。1526年，他们带着两艘船和不到200人再次向南出发。这一次他们再次遇到恶劣天气，团队的人走散了。皮泽洛来到了如今的哥伦比亚，而阿尔马格罗回到巴拿马去寻求增援。水手巴托洛梅·鲁伊斯（Bartolomé Ruiz）继续向南前行。他在那里见到了一艘本地的运载陶瓷、布匹和吸引西班牙人眼球的黄金、银和宝石的木船。鲁伊斯掳走了几个囚犯，训练他们当翻译。后来他和阿尔马格罗一样回到了皮泽洛身边，但他们进一步的探险毫无收获。

最后，皮泽洛和80个队员留在了潮湿而不友好的德尔加洛岛（Isla del Gallo）。他们需要增援和补给，明白再次无功而返就会面临毁灭。而阿尔马格罗和鲁伊斯回到了巴拿马。

皮泽洛的部队等了几个月。其中有些人让阿尔马格罗带信给巴拿马总督，请求援助，声称皮泽洛失去了理智。总督不久就派出两艘船来营救他们。面对失败的前景，皮泽洛向他灰心丧气的队友发出了绝望的恳求。

由于岛上荒凉孤寂，皮泽洛和他手下的13个人（也有16个人一说）转移到了附近的戈尔贡岛（Isla de Gorgona），至少那里更适合居住。他们又等了5个月左右，直到鲁伊斯回来。然后他们再一次向南出发，发现了通贝斯市。

皮泽洛载着黄金和与通贝斯人交易的货物成功回到了巴拿马。但是他已经开始计划再次回到通贝斯了，这一次他就不打算再离开了。

征服之旅

在通贝斯取胜后，皮泽洛来到了西班牙，宣布自己的发现，赢得了王室征服这个地区的

皮泽洛被困在德尔加洛岛上时愿意追随他的“著名的十三人”

许可。对王室来说这是双赢的，因为皮泽洛可以自己出资，王室无须付出也无须负担任何风险就会取得收益。皮泽洛获准担任尚未被征服之地的总督，而阿尔马格罗虽作为皮泽洛的同伴，却毫无所获。

1531年，皮泽洛56岁这一年再一次从巴拿马启程。这一次他的同伴是三艘配备不完善的舰船、180人和27匹马。征服者们沿水路航行，最后抵达如今的厄瓜多尔，之后他们步行登陆，洗劫了所到的城镇。他们的目的是再次来到通贝斯。然而，到那里之后他们发现这座城市已经荒废。建筑物都已被摧毁，土地被烧焦，人们四散奔逃。皮泽洛明白通贝斯被附近的普纳人摧毁了，并且听说大范围的

一个当时的西班牙征服者说：“阿塔瓦尔帕只活到30岁。他相貌堂堂，体格健壮，既英俊又暴躁。”

☼被捕之后，阿塔瓦尔帕承诺用一屋子的金子来换取自由

内战毁掉了这片土地。

当他听说阿塔瓦尔帕在距他不到600千米的安第斯山脉的卡哈马尔卡享用温泉时，幸运再次降临。这是皮泽洛等待已久的时刻。1532年9月，他带着110名步兵和67个骑士出发。这些人中很多人是后来的增援部队，可能还有本地盟军部队和奴隶，但数目不详。

虽然两人之间的距离在缩短，但皮泽洛的部队必须穿越一些复杂地形，从塞丘拉沙漠（Sechura Desert）到丘陵地带，再到连马都容易冻伤的冰冷的安第斯山脉地区。这趟行程步履维艰，皮泽洛必须与部下低迷的士气做抗争。

路上他们遇到了一个阿塔瓦尔帕派来的使者，使者邀请他们继续前行。他们离卡哈马尔卡越来越近，穿过狭窄陡峭的通道。随着海拔升高，他们呼吸越来越困难。他们一路上发现了一些无人把守的堡垒——阿塔瓦尔帕没有阻挡他们，对他们的行动似乎毫不在意——他有士兵防卫且刚刚赢得了内战胜利，因此志得意满。也许他觉得自己完全无须惧怕这么一小撮人马。但他太天真了。

最后他们来到了卡哈马尔卡。这是一座中等规模的城市，到处都是石制建筑，中心有一个三角形广场。征服者们了解到阿塔瓦尔帕在城外。皮泽洛四个兄弟中的一个埃尔南多·皮泽洛和一个名叫埃尔南多·德·索托(Hernando de Soto)的士兵被派去和阿塔瓦尔帕谈判。

最后，阿塔瓦尔帕同意在卡哈马尔卡广场与皮泽洛相见。皮泽洛身边是自己训练有素、忠心不二的部队。阿塔瓦尔帕身边只有轻装上阵的士兵和未武装的仆人，他的自满无疑是一个严重的错误。

卡哈马尔卡大屠杀

皮泽洛命令手下埋伏在广场四周，让骑士站在外面，枪手藏在附近。毫无防备的阿塔瓦尔帕在广场举行盛大的仪式。三支身着不同服饰的中队走上来，他们载歌载舞。然后一群携带武器的男人走上来，他们头戴金属盘、金银皇冠。阿塔瓦尔帕就在其中。他身着彩色金刚鹦鹉羽毛装，身上装饰着金银盘。

皮泽洛抓住机会。他走上前去，抓住阿塔瓦尔帕的胳膊并大喊“圣地亚哥!”，西班牙士兵向广场上毫无防备的印加人展开攻击，在他们试图逃脱时屠杀了他们。

多少人在大屠杀中丧生我们不得而知，可能是几百人甚至数千人。西班牙人自此控制了南美洲最重要的部族。

印加人的赎金

阿塔瓦尔帕被锁在一个屋子里。皮泽洛过来的时候提出一个协议：尽可能地高举双手，阿塔瓦尔帕承诺用金银把这间屋子填到举手的高度，从而换取自己的自由（这间屋子如今还在，长12米，宽8米）。阿塔瓦尔帕向子民下令搜集他所承诺的金银。西班牙人被许可在印加帝国上下随意走动，拿走任何他们发现的金子。

这份赎金让这次探险的所有征服者变得超乎想象地富有。阿塔瓦尔帕始终被囚禁，虽然他还能发出指令，其中的一个指令就是处决瓦斯卡尔。当时瓦斯卡尔还被囚禁在库斯科。

☼ 阿塔瓦尔帕犯了一个极大的错误。他在面对西班牙人时没有召集全部的兵力

阿塔瓦尔帕兑现了承诺。但皮泽洛不会放走这位印加统治者，相反他指责阿塔瓦尔帕叛国和密谋反抗西班牙。在一场公开审判中，阿塔瓦尔帕被判有罪。他本应被绑在火刑柱上烧死，但他恳求至少让他换个死法，因为被烧死是违背他的印加信仰的。他同意改信基督教，换取被处以绞刑。

1533年7月，30岁左右的印加国王阿塔瓦尔帕被处决。这甚至震惊了无情的西班牙侵略者，称它是“我们西班牙人做过的最卑鄙的事”。

瓦斯卡尔被阿塔瓦尔帕处决、阿塔瓦尔帕被西班牙人处决后，西班牙人开始搜寻可扶植的新帝。他们把目光投向了曼科·印加，瓦伊纳·卡帕克的另一个儿子，希望把他扶植为傀儡皇帝。西班牙人来到库斯科，但不断遭到

萨克塞瓦曼堡垒的城墙依然挺立，这里曾经是宏伟要塞

袭击。西班牙人最后终于进入了库斯科。曼科·印加发誓要成为西班牙国王的委托人。他可能认为西班牙人是自己的盟友，但他不久就将明白西班牙人的虎狼之心。

西班牙人洗劫了这里的一切。但皮泽洛来此的目的不只是烧杀抢掠。海洋是西班牙军队的根本，于是皮泽洛在海岸附近建立了利马市。西班牙人迅速掌握了主动权，禁止曼科·印加离开库斯科。他们毫不顾忌地掠夺和虐待印加人、消灭敌对势力。紧张局势升级，不久就演化成了全面的冲突。

印加反攻

1535年初，与皮泽洛发生激烈争执之后，阿尔马格罗带着一支西班牙军队和本地的美洲士兵出发去探索和征服智利。随着阿尔马格罗的出走，皮泽洛兄弟控制了库斯科。但曼科·印加有不同的想法。几个月来，他一直在筹划他的下一步行动，下令种植更多庄稼和增加供给，从而供养军队。来自全国上下的壮丁聚集到一起。

1536年，曼科·印加终于寻到机会逃跑。他告诉埃尔南多·皮泽洛自己要出去取回一尊纯金雕像。利欲熏心的埃尔南多放了他。曼科径直找到他的将领，敲定了他们的反攻计划。

曼科的计划是等待全部部队到来，然后在库斯科和利马同时打击西班牙部队。1536年5月左右，曼科发动袭击。他率领数万士兵袭击了西班牙驻守军170人左右及其数千名本地同盟军。西班牙人被围堵在中心广场附近的一

马丘比丘很可能是曼科·印加逃到安第斯山脉时的藏身之地

个建筑群里。印加部队烧毁了库斯科城的大部分，不过没能驱逐西班牙首领。印加部队控制了萨克塞瓦曼堡垒，从而控制了战局。

埃尔南多·皮泽洛命令其兄弟胡安（Juan）和贡萨洛（Gonzalo）冲破印加的战线，从后方袭击印加的堡垒，占领了城墙。西班牙人和他们的同盟军的数量远远超过守卫的印加人。印加人反击了，但没能守住这座堡垒。

胜利的埃尔南多下令袭击印加在奥扬泰坦博的大本营，但印加人利用高地和改道的河流击退了西班牙部队。与此同时，法兰西斯克·皮泽洛在利马遭遇威胁。他派出五个救援部队到库斯科：四支被消灭，第五支因害怕遭遇同样的命运而打道回府。印加将领奎祖·尤潘基（Quizu Yupanqui）来到利马并袭击了这座城市，但西班牙骑兵在本地盟军的支持下击溃了印加部队。

对库斯科的围攻持续了10个月。最后，印加的补给开始减少，士气开始下降。1537年，阿尔马格罗和他的部队从智利回来了。他们在城墙外击败疲惫的印加人，解除了包围。

☼阿玛布尔·保罗·库坦（Amable-Paul Coutan）绘制的法兰西斯克·皮泽洛画像。皮泽洛到秘鲁探险时已年过五旬

新印加国

一败涂地、士气低落的曼科·印加在西班牙军队的追赶下逃到了安第斯山脉的偏远地区。他最终逃到了比尔卡班巴附近的丛林。贡萨洛·皮泽洛穷追不舍，但没能擒获曼科·印加。在偏远的丛林里，曼科·印加建立了新印加国，而西班牙人掌控了剩余的所有地盘。

印加人继续生存了几十年。1544年，曼科·印加被多年前杀害了法兰西斯克·皮泽洛的人杀害了。曼科·印加的儿子萨伊里·图帕克成为新的统治者，但1558年他接受了西班牙人提供的金钱、住宅和仆人，同意离开比尔卡班巴。曼科·印加的另一个儿子提图·库兹（Titu Cus）成为领袖并与西班牙国王谈判，争取印加人被承认为秘鲁的合法继承人。

提图·库兹于1571年去世，继任者是图帕克·阿马鲁。阿马鲁的统治时间很短。1572年，一支庞大的西班牙军队最终找到了印加人，粗暴地摧毁了他们最后的据点。这次袭击昭示着印加文明的陨落。

值得探寻之地

马丘比丘之外的五个令人惊艳的印加遗址

莫瑞

马拉斯

莫瑞（Moray）是最迷人的印加遗址之一，位于遥远的神圣谷，是一处考古遗址。乍一看，那里的同心圆形梯田让人忆起古罗马的露天剧场。不幸的是，这个独特设计的用途至今不得而知。然而，这处遗址的选址意味着它是为特殊目的而建造的，最可能的就是用来试验在不同高度种植庄稼（不同高度的温度有所变化）。耐人寻味的是，莫瑞遗址从未发生过洪灾，这意味着梯田下面可能有一个排水系统。

☼ 莫瑞遗址是印加工程技术的卓越代表

☼ 印加皮萨克遗址有绝佳的山顶视角

印加皮萨克

皮萨克

皮萨克堡垒建在一座山顶上，拥有俯瞰皮萨克城的绝佳视角。印加皮萨克遗址每年吸引数千游客前来。堡垒位于神圣谷。据说这处遗址形似一只鸟。“皮萨克”这个名字衍生自盖丘亚语中的“Pisaca”，意为鹧鸪。这处遗址是秘鲁保存完好的遗址之一。遗址分为四个部分：皮萨克、因蒂瓦塔纳（Inti Watana）、夸拉夸萨（Q’allaqas）和金池拉奎（Kinchiraqay）。古印加人利用这座堡垒进行宗教、军事和农业活动。堡垒里面有寺庙建筑群、仪式浴室、住宅区、农业梯田，甚至还有印加最大的墓地。

如果喜欢徒步，那么萨克塞瓦曼是绝佳的去处

③ 萨克塞瓦曼堡垒

库斯科

人们普遍认为，这座令人惊艳的印加堡垒完建于托帕·印加统治时期。堡垒紧邻库斯科城，距库斯科车程10分钟，步行45分钟。这座堡垒以其密实的石墙著称。每块石料被切割成不同形状并牢固衔接，没有使用灰浆。萨克塞瓦曼堡垒印证了印加人精巧的工艺。建造这座堡垒动用了两万多名劳工。石料取自附近的采石场。不幸的是，只有40%的原建筑保留至今。古印加人用萨克塞瓦曼堡垒举行仪式。1536年的一次战役期间，西班牙人曾把这里当作据点，印加王曼科·印加在围攻库斯科时成功抵御西班牙人的袭击。然而，西班牙人夺得对库斯科的控制权后，用萨克塞瓦曼堡垒的石料以西班牙风格重建了这座堡垒，只留下了矮墙和塔的巨大石料。留下来的遗址成为印加历史上最重要时刻的标志，是那些希望了解这个神秘文明之人的必去之地。

④ 丘克基拉奥考古公园

卡瑟里欧马拉姆帕塔

丘克基拉奥（Choquequirao）印加遗址是秘鲁最偏远的遗址之一，因其建筑风格与马丘比丘相似，常被称作马丘比丘“不知名的孪生兄弟”。但丘克基拉奥比马丘比丘大得多，海拔也更高，因从未被西班牙入侵者发现而保存完好。遗址四周环绕着一个远古灌溉系统和各种印加石制建筑。它的用途可能是一处检查站，古印加人需要经过这里进入维卡巴斯（Vilcabamba）丛林。在这里可以看到寺庙、神龛、房屋和浴室。对这处遗址的挖掘始于约40年前。目前大约只有30%到40%展现在世人面前，仍有很多奥秘有待开发。

对探险者来说，丘克基拉奥是一个充满挑战的地方

☼ 奥扬泰坦博拥有印加保存最完好的遗迹

⑤ 奥扬泰坦博

奥扬泰坦博城是由帕查库蒂占领并重建的。他在这里修了宏伟的神殿山（Temple Hill），又称堡垒。山上有用来耕种的梯田、一个灌溉系统和石屋。这处遗址因作为曼科·印加与西班牙人对战的最后一个据点和要塞而知名。这里有一个军事据点，位于山顶，印加将士可以在此眺望敌军何时到来。然而，奥扬泰坦博最后被法兰西斯克·皮泽洛和他的手下占领。他们逼迫曼科·印加撤退到比尔卡班巴的雨林。曼科在那里创立了新印加国。在这里可以看见大量的堡垒结构，包括石屋和公主的浴房（沐浴仪式在这里举行）及其他一些破碎的遗迹，如太阳神庙、10个神龛的围栏和“六块巨石之墙”。据说这座山上雕刻的人脸是印加创世神维拉科查。这些遗迹展示了秘鲁最壮观的景色。奥扬泰坦博还是游览标志性的印加古道的起点。

印加的遗产

从现代安第斯人的生活中仍然可窥见这个丛林帝国的影子

秘鲁神圣谷是盖丘亚文化的现代核心

库斯科是南美洲最具活力的城市之一，热闹非凡，位于安第斯山脉的高处。作为印加帝国的首都，库斯科在音乐、烹饪、语言、艺术和建筑领域都布满了本土的印记。这里也是印加古道的起点。

在将近80千米远的地方，繁华的广场和充满各种美食的街道之外矗立着马丘比丘，一座已经荒废了的山顶堡垒。那里有200多座令世人惊叹的印加风格建筑。干燥的石墙、台地和寺庙是南美洲真正的地标性宝藏之一，经常出现在明信片、电影和无数的旅游手册中。人们蜂拥而至，只为一睹它的真容。

☼印加古道上的前哥伦比亚时期文化遗迹

☼印加人工于纺织。纺织业是南美洲的旅游贸易之一

来自世界各地的游客都前来踏上了印加古道

从1911年马丘比丘再次出现在世人面前起，这里的看守人始终为是要接待日益增多的游客还是保护这里独特的建筑而争论不休。马丘比丘是秘鲁最受欢迎的景点，每年有超过150万人来这里游玩，由此创造的收益对这个国家至关重要。但如此大的游客量给马丘比丘带来了结构和生态两方面的损坏。因此2011年，政府采取了限制每日访问量的方法来控制游客人数。有人说这还远远不够。

那些长途跋涉步行来到马丘比丘的人可能会走完标志性的印加古道。现代的远行路线建在印加道路网的一段路上。人们认为印加古道从如今的哥伦比亚一直通往多山的阿根廷门多萨（Mendoza）。这条古路的很多部分保存了下来，如今仍用作小路和公路。

印加道路网不仅躲过了西班牙的侵犯，还经受住了几个世纪的磨损，这充分体现了修建印加古道时用到的精湛技艺和高度精心的维护。和印加帝国的很多遗迹一样，如今南美洲各国的政府都在努力维护印加路网，避免其损坏。政府积极鼓励游客去游览伟大印加古道中不那么著名的路段，从而筹款用于维护和修复这些路段。2014年，联合国教科文组织将印加道路网作为文化遗产列入《世界遗产名录》。印加道路网横跨6个国家，在遍布6000多千米的范围内包括了273个遗址。

另一个被联合国教科文组织认定的印加宝藏是他们流传下来的充满活力的纺织传统。起源于南美洲的羊驼毛和几何图案深受全球青睐，如今已从印加文化中走出来，在全球主要商业街的店铺中售卖了。即使是在古印加时期，印加的时尚也因其高度程式化的动物图案和精湛的工艺而著名。这种技能如今被很多秘鲁人传承下来，尤其是在神圣谷这样的地方。那里的妇女开办工作室，把古印加的知识传给下一代，并向感兴趣的游客介绍。

印加的食物也被出口到国外，在全球范围内被享用。印加人种植土豆，土豆是当地的主要作物。印加人种植出了辣椒、西红柿、花生和藜麦，我们才得以大享口福。然而，它们也不仅仅是美味佳肴。我们如今使用的很多调料是印加人的珍贵药材。具有抗疟疾功效的奎宁（Quinine）取自金鸡纳树（Cinchona tree），这种树是秘鲁的特产。

西班牙人可能曾试图扼杀印加文化，但印加文化的一部分还是在秘鲁、玻利维亚等国数以百万计的盖丘亚人中存活下来。南美洲土著继续举行印加传统宗教仪式。如果在6月24日访问库斯科，就会沉浸在太阳节庆祝活动中，750名盖丘亚演员将共同演出敬拜太阳神的传统节目。

印加的语言盖丘亚语对这个地区具有重要影响。秘鲁的很多地方和常用的地名都源自盖丘亚语。盖丘亚语于1975年被认定为秘鲁和玻利维亚的地区性官方语言。

印加没有留下任何书面历史记录（其他形式的证据都被殖民者系统地销毁了），这意味着我们对印加的了解是不完整的。但这种难以被忽视的真相加深了我们对这个古代帝国的好奇。被毁的神秘印加城市出现在书本里、电影屏幕上，甚至电脑游戏中。在现实世界里，被遗弃的印加寺庙和城镇不断吸引着想要一探究竟的游客。

当地人每年6月会维修保养这座印加绳索桥，目的是保持印加传统的活力